中外经济史

ZHONGWAI JINGJISHI

杨 林 编著

四川大学出版社

责任编辑:曾春宁
责任校对:曾 鑫
封面设计:墨创文化
责任印制:王 炜

图书在版编目(CIP)数据

中外经济史 / 杨林编著. —成都:四川大学出版
社,2016.1
四川大学校级立项教材系列
ISBN 978－7－5614－9291－8

Ⅰ.①中⋯ Ⅱ.①杨⋯ Ⅲ.①世界经济－经济史－高
等学校－教材 Ⅳ.①F119

中国版本图书馆 CIP 数据核字(2016)第 021783 号

书 名	中外经济史
编 著	杨 林
出 版	四川大学出版社
地 址	成都市一环路南一段24号 (610065)
发 行	四川大学出版社
书 号	ISBN 978－7－5614－9291－8
印 刷	郫县犀浦印刷厂
成品尺寸	185 mm×260 mm
印 张	14.25
字 数	345 千字
版 次	2016 年 2 月第 1 版
印 次	2016 年 2 月第 1 次印刷
定 价	29.00 元

◆读者邮购本书,请与本社发行科联系。
电话:(028)85408408/(028)85401670/
(028)85408023 邮政编码:610065
◆本社图书如有印装质量问题,请
寄回出版社调换。
◆网址:http://www.scup.cn

目　录

1 导论

经济史是经济学专业学生的必修课之一，经济学本科生在学习经济学理论的同时，也要了解人类社会经济发展的脉络，正是由于社会经济的不断发展，产生各种各样的经济问题，从而才有了解决经济问题的理论与方法。这些理论与方法的系统化、体系化，就构成了经济学这一庞大学科。所以，学习中外经济史、了解中外社会经济发展的历程，对于理解经济学理论有着非常重要的作用，可以说，经济史是经济学理论的来源。

目前，国内很多高校经济学教学计划中，都开设有经济史这门课程。但由于经济史本身内容极其丰富，有若干分支，不同的学校采用的体例有所不同。多数高校经济学教学计划中只开设"中国经济史"，也有些学校既开设"中国经济史"，又开设"外国经济史"（或称"西方经济史"），但很少有把"中国经济史"和"外国经济史"两部分内容合并在一起，作为一门课程开设。因此，目前国内有关中外经济史的教材，出版得非常少。

把"中国经济史"和"外国经济史"两门课程合并在一起作为一门课程，这样做便于学生在学习过程中横向比较人类社会不同历史时期，不同国家、不同地区、不同民族的经济发展状况，对经济发展路径有着更深刻的理解。因此，四川大学经济学院长期以来坚持把这两门课程合并为一门课程来教学。但是，由于这一门课程的教学时间有限，决定了这门课程只能从大的脉络方面来说明中外经济发展历程，无法涉及更加具体的细节。

1.1 中外经济史的学科性质

从学科性质来看，中外经济史是一门边缘学科，边缘学科又称为交叉学科，是指由两门或两门以上的基础学科的相互交叉、相互渗透而形成的一门新学科的总称。从研究对象上讲，边缘学科的研究对象是构成它的若干门基础学科研究对象的交集；从研究方法上讲，是用几门基础学科的研究方法对同一对象进行研究；从学科研究中所涉及的概念、工具和范式来看，边缘性学科兼具几门学科的共同特点。

虽然中外经济史是由经济学和历史学这两门学科交叉融合而形成的一门新的学科，但它的构成中，两门基础学科所处的地位是不相同的，可以说，中外经济史更加偏重于经济学。它与历史学的共同点在于都是按时间顺序阐述过去发生的事情，都是以史料为依据进行研究，都要尊重客观事实；但是，研究经济史的思维方式、所应用的研究方法与理论都是属于经济学的。可以这样说，经济史属于经济学的范畴，而不属于历史学的范畴。

中外经济史是由经济学与历史学这两门基础学科构成的边缘性学科，它兼具两门学科的一些共同特点，这就要求我们在学习和研究的过程中要做到"以经济的视角看历史，以历史的眼光看经济"。

1.1.1 以经济的视角看历史

学习"中外经济史"要从经济视角看历史，所谓历史，是指过去已经发生的事实。历史所涉及的范畴非常大，人类社会几千年来所发生的事情涉及政治、军事、文化、经济、社会、艺术等各个方面，经济史所感兴趣的是人类社会经济发展的历史，是历史中与经济有关的内容。所以，学习经济史要从经济的视角来看历史。

从研究内容来看，经济史是历史中与经济发展有关的内容，但是不能因此认为经济史就是历史学中经济的分支，不能单纯地把经济史当作历史学中涉及经济的部分。经济史和历史学中的经济部分也有不同。因为从研究方法上来看，历史学的研究注重于史实，用史料说话，史料包括历史上的文字记录和考古发现，要求客观、翔实地记录已经发生的事情；经济史不仅要尊重历史，用史料说话，而且还要用经济学的思维方式、应用经济学提供的理论与方法对历史中的经济部分进行研究，总结出规律。经济史的研究更注重应用经济学的理论与方法。

1.1.2 以历史的眼光看经济

经济史最大的特点是把时间的概念引入经济分析。所以，经济史学不同于静态的经济学，它是动态经济学的重要组成部分。经济学有很多分类方式，从研究对象的范围来看，可以分成宏观经济学、微观经济学以及区域经济学；从学术体系来看，有政治经济学、西方经济学等；从研究的方式来看，可以分成静态经济学和动态经济学，经济史就属于动态经济学的范畴。所以，学习经济史，要以动态的眼光、以历史的眼光来看经济。经济史的最大特点就是它的动态性，因为时间在变化，社会条件在变化，因而人们的生产能力、生产方法、生产技术，甚至社会组织模式都在变化，由这些因素决定的经济状况也在变化。经济史是动态经济学，它把时间的概念引入经济学的研究，因此，学习经济史要以历史的眼光看待经济。

经济史的研究对象是人类经济活动的历史过程。这就要求我们一方面对人类的经济活动历程进行客观、翔实的描述，另一方面要求我们对经济的发展做出时序性、规律性的阐释。从本质上说，经济史是研究生产力和生产关系的矛盾运动与演变规律的科学。

1.2 学习中外经济史的作用

1.2.1 了解经济发展的历史

经济是人类社会的一种现象，是客观存在的，它不是从来就有的，有一个产生、发展和演变的过程。经济活动是随着人类社会的出现和发展而产生、发展的。人类社会的经济活动发展轨迹遵循由简单到复杂的模式：从刀耕火种的原始农业发展到机器化大生产现代工业，从男耕女织的自然经济发展到有着细致社会分工与合作的市场经济，从以物易物的简单交换方式发展到现代复杂的金融体系，其经历了漫长的过程。了解这一发展过程，是学习经济史的目的之一。学习经济史就是要明白现代的经济表现是如何一步步发展而来的。

1.2.2 总结经济发展规律

所谓经济学，就是由各种经济理论构成的学科。任何理论都是从实践中总结出来的，经济学也不例外。了解经济发展的历史，我们就可以从中总结经济发展的规律，从而形成一系列经济学理论，推动经济学的进步。因此，经济史是任何一个经济学家必备的基本素养。熊彼特①曾经说过："经济学家应该掌握三门知识，一是经济理论，二是统计学知识，三是经济史。如果三门只能学习一门的话，情愿选择经济史，而放弃前二门。"虽然这只代表熊彼特个人的观点，但也足以说明经济史知识对于从事经济学研究的重要性。

1.2.3 验证经济学理论

科学哲学认为任何理论都来源于经验和事实，也就是说，理论来源于实践；而且，理论必须经过实践的检验，只有与实践相吻合、相一致的理论才是科学，才是真理，才能称之为理论，不经过现实检验的理论只能称为假说。经济学的假说、理论的正确与否同样要经过实践的检验才能证明。经济史为经济假说的验证提供了大量的经济史实，过去发生的经济事件庞大而多样，为验证经济学假说、理论提供了充足的事实。可以说，经济史一方面为经济学的假设、命题提供可靠的经验实证，另一方面也为经济学提出更符合经济事实的假定打下基础。

1.2.4 预测经济发展趋势

虽然经济发展受到各种因素的影响、制约，但总体上说，经济发展具有惯性，沿着一定的路径运行，有规律可循。了解了过去经济发展的轨迹，那么对未来经济发展的方向就可以有一定的判断。学习经济史为预测经济发展趋势创造了条件。而对未来经济走向的科学合理预测对指导现实有着重要的意义。

首先，从宏观角度来看，任何经济政策的制定离不开对未来经济发展的预测。政府部门，不论是中央政府、省市级政府还是县级政府，甚至乡镇基层政权组织，在指导管理范围内的经济发展时，离不开制定各种政策，而政策出台以后所指导的是未来的经济发展，规范人们在未来经济活动中的行为，如果没有对未来经济发展趋势相对合理准确的预测，那么制定出来的政策必然不能有效指导未来经济发展，这种政策即称为"拍脑袋"政策。其次，从中观角度来看，企业的发展也离不开对未来经济形势的判定，从而确定适合企业发展方向的正确路径，这样企业才能健康发展，否则将把企业引向歧途。

---

① 熊彼特（J. A. Joseph Alois Schumpeter，1883—1950），美籍奥地利经济学家，当代资产阶级经济学代表人物之一，发展经济学的创始人。

最后，从微观角度来看，每个家庭、每个个人在经济环境中活动，也离不开对经济发展趋势的判定，一件商品，特别是大宗商品（如住房），是不是要购买、什么时候购买，离不开对未经经济发展趋势的判定。

1.3 中外经济史与经济学的关系

经济史既可以认为是经济学的分支学科，也可以认为是与经济学并列的学科。一方面，经济学是一门内容庞大的学科，包括政治经济学、西方经济学、宏观经济学、微观经济学、经济史学等内容；从经济学的史学部分来说，除了经济史以外，还有经济学说史、经济思想史等学科。从这一点上说，经济史是经济学的组成部分。另一方面，经济史与其他经济学的分支学科有所不同，它与经济学并非是包含与被包含的关系，而是相互提供方法论。经济史的研究离不开应用经济学的理论、模型，同样，经济学的研究离不开经济史提供的实证。所以，经济史与经济学是相互独立、平行的两门学科。经济史与经济学说史不同，经济学说史是经济学本身的发展历史，可以说它是经济学的流，而经济史是经济学的源。

1.3.1 经济史为经济学研究提供实证工具

经济史为经济学研究提供了大量的事实证据。从科学哲学意义上讲，经济学的方法主要是实证方法，实证方法包括证实与证伪两个层面。所谓证实，就是证明经济学理论与现实相吻合；所谓证伪，就是证明经济学理论与现实不相吻合，从而要推翻原有的经济理论，创建新的经济理论。

在经济学实证过程中，证实与证伪在不同时期所起的作用是不同的。在经济学发展的早期，证实主义方法占据主导地位，经济学家普遍应用证实的方法，即在提出一项经济学假说以后，列举大量的事实证明这种假说的正确性。20世纪初，证伪主义被引进经济学，从而证伪主义开始主导经济学发展，导致经济学领域的一系列创新、革命，用证伪的方法来证明过去被认为是正确的理论，随着时代的发展、条件的变化，正确的理论已经与变化了的条件不相符，必须有新的理论出现，替代过去的理论。所以，证实的方法能够促进经济学量的积累，而证伪的方法促进经济学质的提升。

20世纪以后，证伪方法的应用，为新经济学理论的出现起到非常重要的作用。例如，垄断竞争理论和凯恩斯主义宏观经济学，都是通过对新古典经济学中长期被认为不可动摇的定理进行证伪而实现的。新制度经济学和发展经济学，也通过证伪的方法实现了创新、发展。

经济学研究中的证实方法与证伪方法并不是矛盾的，不论是证实还是证伪，本质上都是实证主义方法，都是为理论假说提供实证材料。经济史作为经济学的实证工具，具有极大的优势，主要表现在：

首先，经济史为经济学研究所提供的经验或事实是极其丰富的。熊彼德指出："经济史造成了当前的事实，它也包括当前的事实。"凡已经发生的事实，都可以看作是历史。这就大大扩展了经济学的实证范围。从经济学方法论意义上讲，这种扩大可以为经济理论的真理性验证提供更多的事实依据。其次，经济史所提供的经验事实比经济学家所感知的现实经济世界要可靠得多。一方面，这是由于经济史所提供的经验事实，是经过长期经济过程的历史；另一方面，经济史不仅仅是史料的堆砌，而且是经过经济史学家的提炼、抽象，其内容具有规律性，本身就具有相对真理的性质。第三，经济学家可以利用经济史提供的经验世界，对经济学的假设和命题进行"试错"式研究①。经济学家不可能对人类社会的经济过程进行受控制的实验，这就使经济学假说特别是趋势性预测命题无法通过经验证实。但经济学模型却可以在经济史的世界里，通过不断"试错"的方法，检验理论与实际经验是否一致。最后，经济史特别适于经济学溯因法②研究。经济学的实证过程，既可以从历史和现实到理论抽象，也可以从科学假设到历史和现实。此外，还可以将观察到的经济现象看作是一个历史过程不同阶段的产物。这样就可以从现存的事实中，搞清楚事物的发展过程，并证实经济现象的起源，从而根据事物的最原始状态做进一步的假设。

1.3.2 经济学为经济史研究提供理论、假说与模型

经济史对经济学研究做出了巨大贡献，但从另一方面讲，经济史的研究也离不开经济学提供的理论、假说与模型。历史是客观的，经济史的研究必须尊重事实，但经济史的任务并不是简单地叙述历史事实，而是要用经济理论、方法与模型对历史进行加工，形成科学的体系。经济史重在求证，但也不可偏废推理。史料总是有限的，利用史料不能给我们完整地再现过去发生的一切经济事实，必须在理论的指导下进行推理，以经济学的思维方式来理解经济的历史。与经济学一样，经济史的研究也离不开一定的假设，离不开经济理论模型。

（1）经济学假设

经济史的研究过程中所应用的经济学假设主要有以下几种。

① "经济人"假设。"经济人"假设是西方经济学提出的一个基础性假设，认为经济社会中所有人都具有 3 个共同的特性：第一，具有自主性，每个人可以自主决定自己的行为；第二，具有理性，每个人可以判定行为的利弊得失；第三，具有自利性，每个人的行为目的都是为了使自己的利益最大化。正是这三个基本特性，使得经济运行中市场机制、价格形成得以实现。可以说，西方经济学的一切研究都是基于这一假设。

② 反事实假设。在经济史研究中，有一种"反事实假设"方法。这种方法是由美国

---

① 科学研究中有一种方法叫做"试错法研究"，这种研究方法的内容为：首先，猜测是试错法的第一步，没有猜测，就不会发现错误，也就不会有反驳和更正。猜测不是胡乱地想象，随意地编造。它要尊重已有的事实。反驳是试错法的第二步。没有反驳，猜测就是一厢情愿，且可能是错误多的设想。反驳就是批判，就是在初步结论中寻找毛病，发现错误，通过检验确定错误，最后排除错误的思维过程。排除错误是试错法的目的，也是它的本质。因为不能排除错误，认识就不能得到提高，就不可能从错误中走出来。所以，人类高明于动物的地方，其中之一就是能够排除错误，以免干扰新的认识。而动物能够发现错误，但不能排除，从而导致它以后重犯。如"六六六"药粉，其得名于它经历了 666 次试验之后才获成功这一事实。试错法就是猜测与反驳的结合。这种方法同假设-演绎法有相同之处，也有不同之处。

② 溯因法是指从观察到的客观现象出发，对现象进行解释，在解释的过程中发现隐藏在现象背后的规律，从而提出新的命题和假说，是增加理论知识存量的有效方法。

经济史学家福格尔首创的。一般的经济史教科书都断言，美国 19 世纪的经济增长与铁路建设迅猛发展密切相关，就是说，如果没有铁路，美国的经济增长就不会有实际那么快。福格尔提出一个"假如没有铁路"的假设，对 19 世纪的美国经济史进行计量研究。他的最后结论是：在其他条件不变的情况下，1890 年美国国民生产总值也不会比实际低 3％以上。这种假设可谓是一种大胆假设，但这种假设并不是作为经济史研究前提的假设，而是一种"描述性假设"，与经济学和经济史学的实证方法并不直接相关。尽管如此，美国主流经济史学也不赞成这种"反事实假设"，认为这种方法用于分析历史的长期变化会歪曲历史变革的复杂性。

（2）经济学理论模型

经济史研究中所应用的经济学理论模型主要有以下几种。

①历史主义模型。经济学的历史学派强调经济学的历史分析方法，这种方法自然成为经济史研究的重要理论指导，特别是历史学派的经济发展阶段方法，成为经济史研究的重要传统。

②创新模型。熊彼特提出创新理论，而美国经济史学家福克纳将美国经济史作为一个创新过程来理解，通过分析历史上的创新要素，探讨美国经济成长的性质和原因，客观地描述美国自殖民开发以来的经济发展历程。其《美国经济史》成为教科书中的经典。

③新古典和制度分析模型。新古典主义经济学缺乏历史分析，但诺思将新古典主义方法与产权和制度分析方法结合起来，对人类经济活动的历史进行大跨度考察，提出经济史的制度变迁理论。

④起飞模型。美国经济学家和经济史学家罗斯托，利用其独创的起飞理论，对西欧和北美的工业革命进行研究，提出起飞和从起飞进入持续成长的理论。其他各种经济理论都可以成为经济史研究的方法。

经济学为经济史学提供的分析方法就更多了，如宏观分析方法和微观分析方法，以及中观层面的分析方法。此外，经济史的研究中还大量应用经济学的研究方法，主要有：区域和部门分析方法、均衡分析方法和非均衡分析方法、边际分析方法，以及计量经济学方法等。

1.4 经济史的范式与发展历史

1.4.1 经济史的范式

任何独立的科学或学科，都有自己的范式，没有独立的范式就不可能成为独立的学科。范式是指常规科学所赖以运作的理论基础和实践规范，是从事某一科学的研究者群体所共同遵从的世界观和行为方式。作为一门边缘性学科，经济史的范式必然融合了经济学与历史学两门学科范式的特点；但是，由于这两门学科在经济史学科构成中所处的地位不同，经济史的范式应当与经济学的范式相近。

前面已经强调过，经济史属于经济学而不属于历史学，它与历史学的共同点仅仅在于考察对象在一定程度上重叠，叙述方法上有一定的时序性，以及用史料说话的特点；但在研究者的信念、观点和方法上，特别是在采用的理论模型上，基本上都是经济学的。经济史作为经济学的一部分，其范式应该与经济学范式更接近，即经济史学研究，一方面，要依靠史实说话；另一方面，如何整理史料、如何用史实说话，却依靠经济学提供的观点和方法。经济史学要用经济学的理念、观点和方法，以及理论模型来分析和阐释历史。但是，目前的情况是，从事经济史研究的学者中，大多是学习历史学的，他们把历史学的研究方式带入经济史的研究中，从历史学的角度来看，经济史是历史中有关经济的部分，是历史学研究的一个分支。历史学家研究经济史，只不过是再现过去经济发展的事实，不是以经济学的方式去研究经济发展中所蕴含的规律性的东西，使经济史的范式基本以史学范式为主导。目前，经济史学家大多还没有习惯使用经济学的研究方法。

因此，目前亟须打破过去经济史研究的模式，把经济学思维方式和研究方法引入经济史研究之中，使经济史范式脱离史学范式，采用经济学的理念、观点和方法，以及经济理论模型，实现经济史与经济学的有机结合。经济史的范式应当包括以下内容：第一，必须在世界观层面上明确马克思主义唯物史观的统治地位，并作为经济史学家具有的共同理念；第二，明确经济史学的任务，即为经济理论提供证实与证伪，包括提供更多、更可靠的经验事实，证实或修正经济学的假设和命题，并在历史经验基础上为经济学提供更新、更可靠的假设和命题；第三，坚持以经济史实为实证依据，以经济学理论为逻辑出发点的分析方法，特别强调经济史与经济学的有机结合；第四，采用共同的经济史语言、工具和方法，在此基础上组成经济史学家的共同研究与合作群体，以及为追求科学而形成的各个经济史学派。①

1.4.2　经济史的发展历史

作为一门独立的学科，经济史在西方是在 19 世纪晚期从历史学中分离出来的。其分离是因为经济学已经发展成为系统的理论，原来历史学中的经济内容可以用经济学的理论来分析和解说了。

经济史学作为一门独立的学科在中国出现．是在 20 世纪前期，随着西方近代历史学、社会学、经济学等社会科学理论的传入逐步形成的。20 世纪初，梁启超倡导"史学革命"，社会经济开始进入史家的视野。1904 年出版的梁启超的《中国国债史论》，可以视作中国经济史学的开端。到 1927 年南开大学的何廉以经济理论和统计学方法研究物价变动的《三十年来中国外汇指数及循环》，已经是完全意义上的经济史著作。进入 20 世纪 30 年代，中国经济史研究才比较全面地开展起来，并形成了经济史学科发展的第一个高潮：1932 年，北平社会调查所（后改组为中央研究院社会学研究所）创办了中国第一个经济史学术期刊——《中国近代经济史研究集刊》（后改称《中国社会经济史研究集刊》）；北京大学、中山大学等国内一些大学开始设立经济史课程；南开大学经济研究所于 1932 年开始招收经济史专业的硕士研究生。其后，在抗日战争和解放战

---

① 高德步，王珏. 世界经济史（第二版）［M］. 北京：中国人民大学出版社，2005：9.

争期间，经济史著作、刊物不断涌现，研究领域不断扩展，其佳作传于后世，沿用至今者，尤以巫宝三主编的《中国国民所得·1933》最为著名。

1949 年新中国成立后，中国经济史学发展进入第一个繁荣期。这一时期，经济史学科以生产关系作为研究对象，科研、教学机构和学术团体开始有计划地收集整理经济史料，资本主义萌芽等有关中国古代和封建社会性质的问题成为经济史研究的热点。

20 世纪 80 年代改革开放以后，中国经济史学进入了一个全面发展的新时期，大学中开设经济史课程，设立经济史专业的硕士、博士点，成立专门的经济史研究机构和经济史学会，并创办了专业学术期刊《中国经济史研究》等；经济史的研究进入以生产力为主要研究对象的发展阶段，企业史、城市史、区域经济史和少数民族经济史成为经济史研究的新领域。

进入 21 世纪以后，中国经济史的研究进一步向社会史、环境史、气候生态史、文化史和思想史等多学科交叉的方向发展。

1.5 中外经济史的时空结构

人类社会的经济发展从纵向看，不同历史时期，经济发展实绩[①]不同；从横向看，同一时期，不同地域经济发展实绩也有所不同。正如恩格斯所说："人们在生产和交换时所处的条件，各个国家各不相同，而在每一个国家里，各个世代又各不相同。"[②] 中外经济史就是要研究世界上不同国家、不同民族、不同区域的经济发展、冲突与融合的历程。因此，中外经济史的研究存在一定的时空结构。从时间角度来考虑，不同时期人类社会的经济发展与制度演进不断变化，称为历时性；从空间角度来考虑，在同一时期，世界上不同地区经济发展状况与制度结构有所不同，区域间存在经济上的冲突与融合，存在着交流与合作，这种状况称为共时性。经济史就是历时性与共时性的统一，时间与空间的统一。

在历时性意义上，中外经济史要考察与研究的主要内容可以分为 3 个层面：第一，经济水平，即不同历史时期经济发展状况，包括社会分工、生产技术、产品各类、交换方式、资源利用情况等。第二，社会制度结构。社会制度属于上层建筑层面，它由经济基础决定，反过来又对经济发展起着重要的作用，与经济发展水平相适应的制度结构能够促进生产力的发展，反之则会阻碍生产力的发展。中外经济史同样要考察人类社会经济形态和经济制度演变的历史。第三，社会进步，包括人类社会的经济发展和人文发展两方面的历史。

从共时性的角度来看，由于人类的历史具有不断扩展其自身活动范围的特点，逐渐从狭窄的民族历史走向广阔的世界历史的过程。马克思说："各个相互影响的活动范围在这个发展进程中越是扩大，各民族的原始封闭状态由于日益完善的生产方式、交往以

---

① 经济实绩是指经济学家所感兴趣的一些能够衡量不同历史时期经济发展水平的指标，如劳动工具、投入产出、技术水平、生产方式等。

② 马克思恩格斯选集（第 3 卷）[M]. 北京：人民出版社，1995：489.

及因交往而自然形成的不同民族之间的分工消灭得越是彻底，历史也就越是成为世界历史。"① 从共时性的角度考察经济史，主要包括 3 个方面的内容：第一，经济交往。自古以来，不同区域之间就存在经济的交往。中国西汉时期，张骞出使西域，打通了著名的"丝绸之路"，促进了东西方经济的交往。16 世纪由欧洲人主导的地理大发现活动，打通了海上到达东方的通道，也发现了美洲大陆，把欧洲的产品运往东方，把美洲的农产品带到欧洲和亚洲。第二，冲突与融合。十字军东征时期，欧洲人以宗教的名义自西向东进入中亚，对当地居民进行残酷的屠戮，在给中亚经济带来巨大破坏的同时，也促进了欧洲与中亚地区的经济、物产与技术上的交流。中国历史上，中原地区多次受到外族入侵，外来的少数民族虽然能够在中原地区建立政权，但中原强大的经济、文化内涵同化了外来民族，促进了不同民族的交流与融合。第三，共同发展。经济冲突与融合的最终结果就是导致世界不同地区与民族的共同发展，特别是 20 世纪以后，在交通、通信技术的推动下，经济全球化②的趋势更加明显。经济全球化是当代世界经济的重要特征之一，也是世界经济发展的重要趋势。经济全球化是指贸易、投资、金融、生产等活动的全球化，即生产要素在全球范围内的最佳配置。从根源上说，这是生产力和国际分工的高度发展，要求进一步跨越民族和国家疆界的产物。我们每个人都生活在"地球村"里，我们每一个人都是世界经济史发展演进的结果。经济全球化进一步将世界各国经济的发展过程变为一个不可分割的统一过程，世界各国的经济活动愈益朝着跨国化方向发展，民族国家的经济主权日益受到削弱；但是，经济全球化并不是没有限度的。

人类社会的经济发展历程中，不同的区域呈现交错发展的现象。农业社会时期，东方经济发展较好；而到了近代，欧洲掀起了"工业革命"的浪潮，经济发展一举超越东方，成为世界经济发展的中心。第二次世界大战以后，在第二次工业革命的促进下，美国崛起，成为世界经济强国。进入 21 世纪以后，中国在改革开放的推动下，经济迅速发展，成为世界上经济发展最迅速的地区。这种现象，是人类社会经济发展内部运动规律所决定的。因此，在研究经济史的过程中，一方面要抛弃各个国家和民族的"自我中心论"，另一方面要抛弃长期以来统治世界历史的"西欧中心论"。"自我中心论"表现为狭隘的民族主义，即以各自民族为中心建立世界经济史的结构。"自我中心论"的结果必然导致民族自大心理和经济孤立主义，并采纳封闭、自守的经济模式，最终回归为部落主义。事实上，自世界市场出现以来，历史就成为世界的历史，民族和区域的经济史也日益转变为世界经济史。"西欧中心论"是近代以来，欧洲在经济水平不断提升的情况下，人文科学与自然科学开始形成与发展，在历史的研究过程中，欧洲人带着强烈的民族优越感来看世界、看历史，以西欧经济史代替世界经济史。事实上，近代以来资本主义的发展，通过不断建立海外殖民地，已经使欧洲资本主义非中心化了，特别是第二次世界大战结束后发展中国家工业化的发展，结束了欧美在世界上的经济霸权，并且使资本主义进一步脱离了欧洲中心主义。

---

① 马克思，恩格斯. 德意志意识形态对费尔巴哈、B. 鲍威尔和 M. 施蒂纳所代表的现代德国哲学以及各式各样先知所代表的德国社会主义的批判 [M]. 北京：人民出版社，1960.

② 这是指世界经济活动超越国界，通过对外贸易、资本流动、技术转移、提供服务、相互依存、相互联系而形成的全球范围的有机经济整体。

1.5.1　中外经济史研究的时间范畴

人类出现的历史，可以追溯到 160 万年以前，这漫长的时间并不是经济史要研究的范围。距今约 1 万年前左右，人类才出现农业革命，开始了定居生活，才开始形成有组织的生产活动，才由食不果腹的状态进入了有产品剩余的状态，才有交换和分工。可以说，农业革命以前的人类历史是没有"经济"的活动的历史[①]。因此，中外经济史研究的时间起点从农业革命开始。

在距今约 1 万年左右，由于人类进化达到一定水平，在世界不同区域，相继地、独立地出现农业生产活动，这些区域包括两河流域、尼罗河流域、黄河流域、恒河流域以及中南美洲，这些区域在没有相互交流的情况下，各自独立出现了农业。农业生产的出现深刻地改变了人类发展的历程：由于粮食的增加，使人口数量逐渐上升，经济活动的内容变得复杂而多样，分工与交换开始出现；产品的丰富促进了私有制的产生，进而出现阶级与国家；定居的生活使人们有条件研究自然规律，生产技术不断进步，交换手段不断创新，持续的发展形成今天这样经济生活异常丰富、复杂的状况。这期间经济发展的历程，是中外经济史要研究的时间范围。

西方历史学的研究把人类历史从时间上分为两大部分，这两部分的分界线就是1500 年。1500 年以前，由于距离的阻隔、交通工具的落后，世界上各个地区处于孤立发展的状况，相互之间交流非常少。而 1500 年以后，由于航海技术的发展，人们对地理学、天文学知识的不断丰富，欧洲开始出现被称为"地理大发现"的伟大创举，逐渐地，欧洲人的足迹踏遍世界每个角落，所有的陆地都被发现，各地区的经济交流成为常态，人类历史进入一个全新的阶段。列宁曾形象地比喻："世界历史是个整体，而各个民族是它的'器官'。"[②] 世界历史与民族历史具有整体与部分的关系。一方面，部分离不开整体，每一个民族国家都不是孤立存在的，它必然会与其他国家发生这样或者那样的联系，正如不与其他人建立一定关系的个人不是现实的个人一样，不同其他民族国家发生关系的民族国家也不是"现实的国家"；另一方面，整体离不开部分，并由部分构成。

在 1500 年以前，世界各个民族处于孤立发展的状况，从中外经济史研究的角度，也可以分为几个阶段。黑格尔认为，世界历史起初是东方世界，其次是希腊世界，再次是罗马世界，最后是日耳曼世界。实际上，这些阶段的各种形态就是代表世界历史的各民族历史。他认为，世界历史从东方开始，自中国、印度后，波斯帝国兴起，历史开始进入世界的联系。而马克思则把 1500 年以前的人类历史分为 3 种生产方式，即亚细亚生产方式、古代生产方式、日耳曼生产方式。这种划分方法事实上与黑格尔的划分方法有着共同的内在联系。亚细亚生产方式存在于东方，可以认为是黑格尔所说的东方世界，这是一种刚刚进入阶级社会的不发达奴隶制经济时期；古代生产方式是黑格尔所说

---

①　这样说可能太绝对，农业革命以前原始社会时期也有简单的生产分工，也有偶尔出现的产品交换，但由于不成规模，不是经常的行为，可以忽略。

②　列宁全集（第 55 卷）[M]. 北京：人民出版社，1990：273.

的希腊世界与罗马世界时期，是一种典型的奴隶制经济；而日耳曼生产方式是黑格尔所说的日耳曼世界，是西方封建社会时期，西方封建社会存在的时间与状态与东方相比存在巨大差距，但它经过演变逐渐发展成为西欧封建经济和资本主义经济。东方的亚细亚生产方式演化成封建地主制经济，具有极大的优越性与稳定性，在促进经济迅速发展的同时也阻碍了资本主义生产方式的出现。因此，采用亚细亚生产方式的中国古代创造了农业社会最发达的生产力，以及高度发达的封建制度和文化。但是，这种发达的封建经济和文化，严重阻碍了资本主义萌芽的产生和发展，导致中国在工业化和现代化过程中的滞后。

1500 年以后的人类社会历史是现代化的历史，因而现代化成为世界经济史的主线。不过，1500 年以后的世界仍可以分为两个阶段，即 16 世纪到 19 世纪、20 世纪到现在。16 世纪到 19 世纪的世界经济史，对于西欧国家来说，是封建经济向资本主义经济过渡的历史过程，也是人类生存基础由农业向工业转移的过程，亦即工业化或现代化的过程。这一阶段的中外经济史特点是世界市场的建立和工业革命的展开。如果说各个国家、民族的封闭性曾是保持传统农业社会的主要条件，那么，世界市场的建立则彻底打破了这种封建宗法式的经济关系。一方面，在世界市场的刺激和推动下，"生产的不断变革，一切社会状况不停地动荡，永远的不安定和变动，这就是资产阶级时代不同于过去一切时代的地方。一切固定的僵化的关系以及与之相适应的素被尊崇的观念和见解都被消除了，一切新形成的关系等不到固定下来就陈旧了。一切等级的和固定的东西都烟消云散了，一切神圣的东西都被亵渎了。"① 代之而起的是一个全新的时代即现代社会。另一方面，世界历史并不仅仅标志着一场以"技术革命"或"工业革命"为单一特征的变革，而是包含社会生活全面变革的"社会革命"。在世界历史条件下，不仅生产、消费具有世界性，而且精神、文化的发展也具有世界性，就连人的发展也成为世界历史作用的结果。这就是马克思所说的："地域性的个人为世界历史性的、经验上普遍的个人所代替"② "资产阶级，由于一切生产工具的迅速改进，由于交通的极其便利，把一切民族甚至最野蛮的民族都卷到文明中来了。""它使未开化和半开化的国家从属于文明的国家，使农民的民族从属于资产阶级的民族，使东方从属于西方。"③ 这就是说，对于非西方国家来说，16 至 19 世纪的现代化，是资本主义市场经济和工业生产方式的移植过程。这种移植有的是通过这些国家和民族有意识地引进实现的，有的则是通过西方列强侵略而传播实现的。这两个过程就是所谓的资本主义改良和殖民化过程。到 19 世纪末，世界大部分地区已经纳入资本主义世界经济体系，正如列宁指出的，帝国主义已经将世界领土瓜分完毕。

20 世纪之所以成为一个新的历史阶段，首先是社会主义经济制度的出现。社会主义思潮是 19 世纪资本主义经济矛盾的产物。20 世纪苏联和中国的计划经济试验，标志着社会主义从理论到实践的转变，在经济史上具有极其深远的意义。其次是资本主义由

① 马克思恩格斯选集（第 1 卷）[M]. 北京：人民出版社，1995：275.
② 德意志意识形态//马恩选集（第 1 卷）[M]. 北京：人民出版社，1995：39—41.
③ 马克思恩格斯选集（第 1 卷）[M]. 北京：人民出版社，1995：277.

自由放任经济向国家干预经济的过渡。20世纪30年代的大危机和两次世界大战，既是资本主义自由放任的市场经济体制的危机，也是资本主义世界经济秩序的危机。经过大危机和世界大战的调节，资本主义经济体制和世界经济秩序进入重建时期，并导致了进一步的繁荣。再次是世界殖民体系的瓦解和第三世界特别是东亚国家和地区的崛起。资本主义殖民体系在19世纪末发展到顶峰，这种发展一方面标志着西方资本主义扩张的顶峰；另一方面预示着资本主义殖民体系瓦解的开始。20世纪五六十年代，大部分殖民地地区都获得了独立，并进行工业化，积极发展经济，因而出现了独特的发展中国家经济。不过，在现代化过程中，发展中国家也出现分化，一部分国家和地区通过发展进入中等发达国家行列，另一部分国家和地区则进一步陷入贫困。而东亚地区经济的高速发展，成为20世纪下半叶世界经济的一大亮点。

20世纪末，经济史出现一系列新的迹象。一方面，科学技术和生产力发展的同时，也造成生态环境的破坏、国际经济竞争加剧，因此，人们开始对16世纪以来的现代化和20世纪的现代经济进行反思，如西方后现代主义哲学的出现、凯恩斯主义经济学的流行、关于罗马俱乐部"增长的极限论"的争论等；另一方面，新科技革命特别是数字技术的革命，导致新经济的产生以及经济全球化趋势的出现。因此，世界经济进入"后工业社会"或"后现代转型"阶段。

1.5.2　中外经济史研究的空间范畴

经济史的时间结构，是从历时性角度来考察世界经济史，而经济史的空间结构，则是从共时性角度来考察世界经济发展的历史。这种研究即可以对世界不同区域和民族的经济发展及其特点进行比较，又可以考察各地区不同经济形态的相互影响和演变。从共时性角度来考察世界经济史，可以区分出核心经济形态和边缘经济形态。核心经济形态就是指在一个区域内，具有主导作用的、对其他社会和民族产生较大影响的社会经济形态。在这种社会经济形态基础上产生的文明为该地区的主体文明。而受核心经济形态影响产生的经济形态，为边缘经济形态，在边缘经济形态基础上产生的文明为边缘文明。

根据考古学研究，人类最早的农业出现在西亚地区的两河流域，稍晚以后，尼罗河流域和黄河流域也相继独立地出现了农业生产。由于这几个地区自然环境不同，所出现的农作物品种也有差异，农业的出现并不是在某一地区产生以后向其他地区传播，由于地理空间的阻隔，早期不同地区之间的交流几乎没有，因此，可以认为这几个地区是各自孤立发展起来的农业文明。那么，为什么人类出现了160万年的漫长进化时期，仅在距今约8000~10000年这一时期才能够出现农业文明？而且是在几个不同的区域相继地、独立地出现？这个问题也是考古学界一直思索的问题。这样的问题不是经济史所要研究的内容，我们只是在这种既定的情况下，确立经济史研究的时间起点。

由于地理空间的阻隔，早期的区域经济形态之间由于缺少交流和相互之间的影响，形成了具有地缘特征的不同类型的经济形态。远古时期人类社会可以分为3个核心经济形态和3个区域中心，这就是以两河流域为核心所形成的西亚经济形态，人类农业文明起源于这个地区，人类最早的文字也产生于这个地区，富饶的美索不达米亚孕育了人类社会早期最辉煌与灿烂的文化。但是，随着农业文明向西方的欧洲传播，西亚地区明显地衰落了，在经济衰落的过程中，宗教逐渐成了主导这一地区的核心，这一地区产生了世界上最具影响力的三大宗教。在以后的历史发展过程中，这一地区的经济形态一直具有明显的宗教特征。欧洲奴隶社会时期，以希腊和罗马为核心形成西方经济形态，创造了奴隶社会时期经济与文明发展的顶峰。以中国为核心的东方经济形态以小农经济为特征，充分发挥土地效用，达到了封建社会时期经济与文明发展的顶峰。东方经济具有较明显的指令经济特征，中央集权统治在这一地区根深蒂固；而西方经济具有明显的习俗经济和市场经济特征，商品交换与贸易的理念很早就产生并在发展过程中不断加强。而在这三大区域中心的影响下，周边的其他民族的社会形态受到影响而产生的经济形态就称为边缘经济形态。概言之，古代社会人类三个主体经济形态为以阿拉伯—伊斯兰为代表的西亚经济形态、以雅典和罗马为代表的西方经济形态和以中国为代表的东方经济形态。受其影响的日本、印度、拜占庭和俄罗斯等，属于边缘经济形态。

1.6 中外经济史的逻辑演进规律

总之，在16世纪以前，世界经济史始终都存在着以不同民族为代表的不同生产方式的竞争，而在竞争中不同生产方式走向趋同。趋同以后，在内外竞争下，又进一步融合与创新，产生新的生产方式。16世纪以后，世界经济面临新的变革。在封建生产方式大一统的世界经济格局下，以西欧为代表的落后的西方，逐步采取资本主义生产方式。这种变革使大一统的封建生产方式出现了分化：西欧以及后来的北美，通过变革或革命，实现了从封建生产方式向资本主义生产方式的转变，采取市场经济模式，并通过工业化和现代化，实现了农业革命以来的又一次经济革命。资本主义市场经济和工业生产方式成为占统治地位的生产方式，而西欧各民族也改变了落后面貌，一举成为占统治地位的"世界历史民族"。

在资本主义生产方式和世界市场产生以后，世界上存在两种生产方式和两种社会制度，并存在着激烈的竞争。在这种竞争中，资本主义生产方式逐步显示出其先进性和优越性，成为主导型生产方式或核心型社会形态。当西方资本主义国家以其经济、军事、文化的力量侵入落后、停滞的东方封建社会之后，造成了宗主国和殖民地的民族斗争。随着资本主义侵略的扩张，东方各国长期与世隔绝的状态被打破，停滞的封建社会受到冲击，"接踵而来的必然是解体的过程，正如小心保存在密闭棺材里的木乃伊一接触新鲜空气便必然要解体一样。"[①] 而在以后的几个世纪里，西欧资产阶级通过对外扩张，将这种生产方式传播到全世界。这时，世界分为两大板块；一大版块是西方资本主义经济，另一版块是东方和其他非西方国家地区的殖民地、半殖民地和半封建经济。这两类国家的并存，使整个世界经济的结构和运动具有空前复杂、空前激荡的特点。到19世纪末、20世纪初，世界上绝大部分地区都在资本的统治之下了，世界各地的生产方式又一次出现趋同和统一趋势。然而，20世纪资本主义统一世界的格局发生了变化，一方面，用列宁的话讲，就是在帝国主义统治最薄弱的环节，出现了社会主义革命。这是

---

① 马克思. 中国革命和欧洲革命 [N]. 纽约每日论坛报，1853-05-20.

社会生产方式的又一次革命性变异，是西方资本主义生产方式占据统治地位以后，世界经济出现的又一次创新和分化。另一方面，非西方国家和地区也相继走上工业化和现代化道路，特别是亚洲，出现了一系列新兴工业化国家和地区，逐渐缩短了与西方的差距。20 世纪世界经济的这种分化和变异，其意义是十分深远的。

总之，世界经济史是历时性与共时性的统一，因而才有世界经济史的时间结构和空间结构。就世界经济史的时间结构来讲，是从传统经济向现代经济逐步发展和演变的历史；而就世界经济史的空间结构来讲，是不同区域的核心经济形态根据地缘不断扩散和转移的历史。而在世界经济史时空结构基础上的演进过程，可以抽象出不同生产方式之间的"竞争—趋同—创新—分化"的逻辑演进规律，也体现了人类社会单线式发展和多线式发展的统一。因此，中外经济史研究必须坚持历史与逻辑一致的方法。

2 中国及东方其他国家奴隶社会经济概述

人类社会的早期，由于缺乏必要的交通工具，加上距离的遥远，以及山川河流等的自然障碍的阻隔，不同文明之间缺少必要的交往，处于相对孤立的环境。在这种情况下发展起的不同类型文明，主要可以分为两大类型的文明形态，即东方文明和西方文明。东方文明主要是指亚欧大陆东部以亚洲为代表的文明形态，是人类文明起源较早的区域；东方文明也不仅仅指亚洲的古代文明，起源较早的文明形态均可称为东方文明，包括非洲的埃及文明，因为有着共同的特征，也被归入东方文明之中。西方文明主要是指起源于亚欧大陆西部，即现在的欧洲地区的文明。

中外经济史研究的时间起点是农业革命，在农业革命之前，人类没有大规模的、有组织的社会经济活动。远古人类过着居无定所的采集狩猎生活，人们从大自然中获得的生活资料仅够维持生存的需要，甚至有些时候连满足生存的最基本的生活资料都不能够满足，经济活动形式简单，经济史没有必要对农业革命之前的人类经济活动进行深入的研究。只有农业革命出现以后，人类开始了定居生活，生产资料有了剩余，出现私有制和产品交换，人类的经济活动才开始丰富多彩。农业革命的发生是中外经济史考察的时间起点。

2.1 农业革命的出现

农业的产生是人类历史上的一次巨大革命。所谓农业革命，简单地说就是农业生产方式的出现。在此以前，人类祖先过着"采猎"的生活，即采集植物的可食用部分，猎取动物以获取肉食。这种生活方式的特点是直接从自然界获取生存所需要的物质。在漫长的采猎过程中，人的智力不断进化，人类改造自然、征服自然的能力不断加强，逐步观察和熟悉了某些植物的生长规律，慢慢懂得了如何栽培作物；在狩猎的过程中，逐渐发现动物生长的特征，开始有意识地驯养动物，原始农牧业开始出现。

原始农业的出现，改变了人类的生存方式。首先，农业的出现，使人类从过去直接获取大自然的物质作为生存的基础，演变为通过劳动创造自己生存所需要的物质，人类改造自然的能力得到加强。其次，它改变了人类的生活方式，由过去居无定所发展为定居生活。在采猎时期，人类的祖先无法固定居住在某一个地方，因为一个地方的动植物数量有限，当一处资源枯竭，人们必须转移生活地域，到另一处植物资源丰富的地区。而农业出现以后，一方面，农业生产需要进行田间管理；另一方面，由于土地平整及浇灌设施逐步完善，人们不能够离开已经开垦出来的土地，必须过上定居生活。第三，农业的出现使人类劳动生产率大大提高，劳动产品由过去勉强维持生存需要，发展到除了生存以外，人们开始有了剩余产品。第四，定居生活和剩余产品的出现，大大改变了人类的生存方式，使人口快速增加，使人类生活更加丰富多彩，逐渐出现了私有制、阶级和商品交换，为人类文明的产生奠定了社会基础，为以后一系列的社会变革创造了物质基础。

值得一提的是，到了 14 世纪，欧洲封建社会末期，出现了另外一次农业的大发展，有些历史学家把这一时期农业上的变革也称为农业革命。为了区别起见，人类历史上农业的出现，我们称之为第一次农业革命；14 世纪发生在欧洲的农业大发展，称为第二次农业革命或近代农业革命。

2.1.1 农业革命的发源地

农业的出现经历了漫长的积累过程。事实上，人们在农业革命出现以前就已经了解促进植物生长的方法。他们知道：种子萌芽，长出幼苗，有了水分和阳光，植物生长会更加茂盛，植物在某种土壤里能生长得很好，而在另一种土壤里却无法生长。但是，把种植植物作为生存的主要方式，出现在距今约一万年左右。世界各地区农业出现的时间不一致，在采集经济的基础上，积累了经验，世界上一些地区，分别最早独立地出现了农业。由于各地经济发展的差异，不同地区的农业出现的时间很不一致。

根据考古资料，农业革命最早发生于西亚的两河流域。两河是指底格里斯河与幼发拉底河。这一片区域，古希腊人称之为"美索不达米亚"，意为"河间之地"。两河之间所形成的区域像一轮新月，所以当地人称之为"新月沃地"。这一区域在农业生产上具有得天独厚的优势，每到春季，高耸的土耳其山脉上冰雪消融，使得两河定期泛滥，形成大片冲积平原，土地肥沃，适于种植业发展。这里是大麦、小麦、小扁豆等栽培作物的原产地。

另外一处较早出现农业的区域是尼罗河流域。尼罗河被称为世界第一长河，发源于赤道南部东非高原上的布隆迪高地，干流流经布隆迪、卢旺达、坦桑尼亚、乌干达、苏丹和埃及等国，最后注入地中海，全长 6670km，是目前世界上流程最长的河流。其流域面积约 287 万 km^2，占非洲大陆面积的 1/9 以上，入海口处年平均径流量 810 亿 m^3。埃及的北面是尼罗河三角洲沼泽地，南面则是难以通行的尼罗河险滩，因此，古代埃及实际上是与周围世界隔绝的大块绿洲。古希腊历史学者希罗多德把埃及称为"尼罗河的恩赐"，埃及的降雨量少，尼罗河是唯一的水源，尼罗河的定期泛滥灌溉了土地，并用肥沃的淤泥给土壤施了肥。但尼罗河的自然泛滥并不能给农业以足够的水分，所以埃及人很早就开始修建水库及其他水利设施。这里的原产农作物是大麦、小麦和亚麻。

黄河流域与长江流域也是农业文明的重要发源地之一。近些年的考古发现表明，中国黄河流域的农业起源之早，差不多与西亚相当。在河南新郑的裴李岗遗址和河北武安的磁山文化遗址、浙江余姚市罗江乡的河姆渡遗址，是中国最早的农业生产的遗址，大约公元前 6000 年-5000 年，就有了农业种植。在这些遗址中，人们发现了农业生产工具：石刀、石斧、石铲、石锄、耒耜、石镰、粮食脱壳用的石磨盘和石磨棒等。石刀、石斧的作用是砍树，石铲、石锄、耒耜的作用是翻土、耕地，石镰的作用是收获，石磨盘和石磨棒的作用是加工粮食，从砍烧、松土、种植、收割到加工粮食所需要的工具一应俱全。磁山遗址中还发现了 88 个堆放粮食的窖穴，据考古学家测算，如果这些窖穴装满粮食的话，可以装 13 万斤粮食，可见当时的农业产量已经达到惊人的程度；里面有很多已经炭化的粟，这说明粟最早在我国开始种植，是原产地，另一种原产作物是水稻。

中南美洲的墨西哥、秘鲁、玻利维亚分别是玉米、豆类、马铃薯等作物的原产地。

新石器时代就出现了畜牧业。早在中石器时代或更早些时候，人们已开始驯养与人类经济活动和生活关系较密切的某些小动物。狗和绵羊是最早被人驯养的动物，如伊拉克的帕勒高拉洞穴遗址内发现公元前 1 万年家养狗的骨骼。

2.1.2　农业革命的意义

农业革命的出现，是人类发展历程中的一个里程碑，它改变了人类的生存模式，极大地提高了劳动生产率，促进了人类文明的发展。具体来说，农业革命的意义表现在以下方面。

2.1.2.1　农业革命使攫取性经济转变为生产性经济

农业、畜牧业的产生，使人类的经济从旧石器时代以采集、狩猎为基础的攫取性经济转变为以农业、畜牧业为基础的生产性经济，人类从食物的采集者转变为食物的生产者。这一获得食物方式的转变，改变了人与自然的关系，标志着人类在获取生活资料的生产方面，从过去依靠、适应自然转为利用、改造自然。

2.1.2.2　农业革命要求人类更多地认识自然界

农业、畜牧业的生产过程中，要求人类更多地认识自然界。于是，人们开始对日月星辰的活动、水土的特点、气候现象进行观察，积累经验，从而产生初步的天文、地理和数学知识，把人类对客观世界的认识推到一个新的高度。

2.1.2.3　农业革命促使人类生活方式发生根本性的变化

农业生产的周期性劳动，要求人们较长时间居住在一个地方，以便播种、管理、收获。这样，人类从采猎时期的迁徙生活逐渐转为定居生活。这就产生了原始的农业村落。到公元前 7000 年—公元前 6000 年，西亚已经出现一些较发达的农业村落。

2.1.2.4　农业革命为以后一系列的社会变革创造了物质基础

在狩猎、采集经济下，人们难以获得超过维持劳动力所需的食物。人类从事农耕和畜牧后，有了稳定而且丰富的食物来源，劳动产品除了维持生命需要以外有了剩余，这样就使人口得以较大增长，并可使一部分人去从事维持生存以外的活动，从而出现了社会分工；有了社会分工以后，就出现物品的交换，有了交换就要求明确所有权，就出现了早期的产权制度，出现了私有制，导致社会分化，出现阶级，出现了国家和城市等。

2.1.3　财产制度的起源

农业革命的一个重要影响，就是导致人类开始产生产权的意识。

农业革命以前，由于生产力低下，人们通过劳动能够得到的物质仅够维持一个部落或一个团体的所有成员的生存需要。在这种状态下，人类必须把所有物品全部集中起来，均匀地在部落内部分配，以保证部落所有成员都能够尽最大可能满足生存需要。这种状态下，人们没有物品所有权的概念，所有物品都是归部落集体所有，人们采集或狩猎所得到的东西不是归自己所有，而是上交给氏族部落的首领，由他来进行分配，实行的是公有制。

随着农业的出现，生产力得到发展，人们的劳动产品除了满足生存需要以外，还有了剩余。在剩余物资逐渐增加的情况下，人们开始有了物权的观念。物权的出现，可能最先从个人生活或生产用品开始。最初，衣服、首饰等个人专属性比较强的物品，逐渐明确权属关系，归使用者所有；后来，生产工具，如石刀、石斧、盛器等由于个人经常使用，而明确了归属；随着剩余产品的增加，多余的产品也归为不同个体所有。进一步的发展是集体土地产权的归属。农业生产离不开土地，而在早期由于工具的缺乏，土地的平整、浇灌设施的建设都要付出巨大的劳动，人们意识到一块适宜耕种的土地对氏族来讲非常重要，于是，相邻部落之间土地所有权逐渐明确。

随着生产力的进一步发展，特别是生产工具的不断改进，铁制工具、犁等先进工具的出现，使得生产规模越来越小，过去需要整个氏族共同完成的工作，已经变得一个家庭小量人口就可以完成，劳动单位缩小到家庭范围，财产所有权由过去整个氏族共同拥有，演变为家庭所有。财产共享的产权制度不利于调动生产者的积极性，生产单位的缩小，人们的劳动积极性增加，进一步促进了生产力的发展。生产力的发展使剩余产品更加丰富，人口也开始大量增加。随着人口的增加，资源变得越来越稀缺起来，为了保证劳动生产效率的提高，也是为了保证人类自身的存续，必须建立排他性产权。

产权制度的进一步发展，出现了私有制，一切物品都有了较为明确的归属。产权明确也促进了商品交换的产生，剩余产品要参与交换，而归属不明确交换就无法进行。也就是说，交换的需要是促进产权发展的重要因素。而交换的不断发展导致人类社会开始出现了分工，劳动分工进一步促进生产力的发展，促进剩余产品的增加，导致交换的范围和内容更加丰富。

私有制的出现，使人与人之间拥有财富的数量出现悬殊，贫富差距拉大，一部分人拥有大量的生产资料和生活资料，而另一部分人失去了生产与生存所需要的物质，他们为了生存下去，不得不出卖自己或者家人，沦为另一部分人的财产。于是，阶级开始出现。

2.2 东方型奴隶制经济的起源和发展

2.2.1 奴隶社会出现

私有制的发展导致阶级的出现，人类社会出现的第一个阶级社会是奴隶制社会，社会分化为奴隶主阶级和奴隶阶级。奴隶主阶级因为占有生产资料和生活资料而成为社会的主宰，他们把奴隶看作是自己的财产，是会说话的牲口。而奴隶完全失去人的权利，他们不能够拥有财产，不具有民事能力，他们被看做是奴隶主的财富。社会形成了一部分人剥削另一部分人的状态。社会分为主人和奴隶、剥削者和被剥削者。

在奴隶社会中，奴隶来源主要有以下几种途径。

2.2.1.1　战俘

农业革命的出现，使人的劳动成为创造财富的源泉，劳动力成为稀缺。早期社会土地是广阔的，只要有劳动的投入，就能够创造财富。在这种前提下，氏族部落之间的争斗，战俘不像过去那样被处死，而是强迫他们进行生产活动。这种做法对氏族来讲是非常有利的，他们只需要提供战俘简单的维持生存的物资就足够了，而战俘的劳动能够为部落带来的物质远远多于他们的消耗。相对于部落的原住民，这些在战争中失败的部落成员，既然没有剥夺他们的生命，那么他们没有人身自由，他们不被当作人看待就是很自然的。这是奴隶社会早期奴隶的一个最重要的来源。

2.2.1.2　失去生活资料的人

私有制的出现使得社会贫富悬殊逐渐增大，当一部分人失去生存所需要的基本物质的时候，他们为了活命，可能会把家庭成员作为财产出售给富有的人以换取生活资料。这种做法，在巴比伦的文献中有记载，一个家庭中，父亲可以把自己的子女出售。而作为购买方，他们既然把人像物品一样购买回来，那么在他们眼里这些人不具有人的基本权利，他们只是工具，是能够劳动的财产。

2.2.1.3　奴隶的子女

既然奴隶是奴隶主的私人财产，那么奴隶的后代当然也是奴隶主的财产，奴隶生育的子女已经不属于自己所有。奴隶没有财产，无法养活自己的子女，这些人需要靠奴隶主提供生活物质，让他们长大成人，因此他们也是奴隶。

奴隶社会的出现，是一大进步，推动了社会的发展。一方面，战俘不被处死，使社会生产的劳动力增加，为社会创造了更多的财富；另一方面，在当时的生产力条件下，也只有通过奴隶制这样的野蛮的压迫方式，才能将社会产品集中起来，用于供养一部分脱离社会生产的人员从事其他活动，社会才能发展。所以，恩格斯指出："如果我们深入地研究一下这些问题，我们就不得不说——尽管听起来是多么矛盾和离奇——在当时的情况下，采用奴隶制是一个巨大的进步。"[①]

2.2.2　东方国家的"普遍奴隶制"

奴隶制的提法最早是由马克思提出来的。马克思考察了人类社会的发展过程，把人类社会分成5种形态：原始社会、奴隶社会、封建社会、资本主义社会和共产主义社会。但是，马克思是在考察欧洲社会发展过程中提出的这五种社会形态。东方国家在发展历程中，所经历的社会模式虽然与西方有共通之处，但是很多地方有着自身的特点。从奴隶社会的形态上看，东西方之间存在巨大的差异。所以，我们称欧洲的奴隶社会是典型的奴隶制，或发达的奴隶制。

欧洲的奴隶制主要有以下几个方面的特点：第一，奴隶没有人权，奴隶不被当作人看待。罗马的法学家从不把奴隶当作人看，"奴隶不是人"被明确写入法律条文中，如

---

①　马克思恩格斯全集（第3卷）[M]. 北京：人民出版社，1960：524.

《法学阶梯》中就有这样明确的提法。法学家盖乌斯和乌尔比安则更加明确地指出，奴隶即畜类，是"另一种家畜"。罗马法就是在这种前提下剥夺了奴隶的所有权利。奴隶都有自己的主人，是主人的财富。第二，奴隶没有财产权。奴隶不能拥有财产，奴隶主有时因为奴隶工作勤勉给予一些赏金。奴隶在给奴隶主经营工商业时，也可分得一部分红利，这些收入叫做奴隶的"彼库里"。然而，这种"彼库里"在法律上没有保障，奴隶主可以随意取用，奴隶死亡后这种财产自然即归奴隶主所有。第三，奴隶没有婚姻权。罗马法把两性奴隶之间或自由人与奴隶之间的结合称之为同居，法律上没保障。如奴隶结婚时尚未获得释放，则所生子女亦是奴隶，不归父母所有，而是奴隶主的财富。奴隶主不鼓励奴隶生子。第四，奴隶在法律上没有民事能力。奴隶不能作证人．不能立遗嘱，不能对人起诉或被起诉，甚至对于自己的行为也不能负责，奴隶如果伤害自由民，那么在法律上受到处罚的不是奴隶而是奴隶的主人。

东方国家在氏族部落解体以后，也进入奴隶制社会。但是，东方国家由于社会条件和演变过程的不同，其奴隶制的表现形式与西方国家有明显的区别。这些国家的奴隶制并不发达，没有出现发达的奴隶制形式。东方国家也有真正意义上的奴隶，但是奴隶数量占整个社会人口的比例很小，不是社会的主要劳动者，不能代表社会生产力水平。东方国家存在大量社会底层民众，他们被限制在土地上。一些国家的法律明确规定，民众不能离开土地，否则会受到严厉的处罚，从而失去人身自由；东方国家的社会底层民众要承受繁重的赋税和劳役，他们除了维持生存以外，没有其他任何财产，他们的生活状况与奴隶无异。因此，可以把这些社会普遍存在的民众看成是奴隶，他们是国家的奴隶。但是，这些人与欧洲奴隶制时期的奴隶也存在很大的差异。首先，他们具有相对自由，虽然不能够离开土地，但是他们的其他行为不受管制；其次，他们没有主人，不是其他人的财产表现形式；第三，他们不能被买卖。因此，有些学者提出东方国家不存在马克思所说的奴隶制社会时期。其实，我们可以把东方国家的这一时期认为是"普遍奴隶制"时期，"普遍奴隶制"不是法律上的规定，而是指东方国家民众的生活状态。

普遍奴隶制这种社会形式广泛存在于古代埃及、古代巴比伦、古代印度和古代中国。

在埃及古王国时期，国王拥有全国的土地，赏赐给贵族、寺庙；建立全国性的政权机构，管理土地。生活于公社中的农民对这些土地拥有世代使用的权利，拥有这些权利而在国有或公社土地上耕作的农民称为"尼苏提乌"（"国王之民"），他们要为国王缴纳贡赋、承担劳役等。还有一种农民称为"麦尔持"，是丧失了土地而沦为佃户、雇农甚至农奴的人，他们都不是奴隶，但受到法老专制政权的直接控制，每次全国土地清查都登录在案，法老可以把他们随同耕作之地分封给神庙或臣属。

与埃及不同，古巴比伦早期的奴隶制相对比较发达。这里所谓的发达，不是指经济水平，而是奴隶社会的表现形式更加接近典型的奴隶制度。两河流域曾经建立过大大小小的苏美尔城邦国家，国家与国家之间由于抢夺资源导致战乱不断，于是有大量的战俘被作为奴隶，他们是真正意义上的奴隶。汉谟拉比统一建立古巴比伦王国以后，战争减少，因而战俘奴隶来源也减少。奴隶的后代也是奴隶，但是，一代一代传下来，奴隶的生活方式也发生了变化，他们不再作为主人的财富。例如，古巴比伦时期，允许奴隶聚族而居，自造房屋，组成家庭，本族上层人物还受到较多的礼遇，也可保留本族的宗教和语言，如对"巴比伦之囚"中的犹太人就是如此。农业中使用的奴隶多采用分成交租的办法，即奴隶主将土地分成小块，交奴隶自行耕种，收获的劳动产品按一定比例交给奴隶主；除交地租外，还要交一种称为"曼图达"的人身租。另外，巴比伦的父权制家庭是基本的生产单位，父亲在家庭中具有绝对的权力，甚至可以将家庭成员变为奴隶。这说明，东方奴隶制的一个最大特点，就是不仅奴役本族人，甚至奴役家庭成员。

古代印度的奴隶制是与种姓制度联系在一起的。印度的低级种姓首陀罗与奴隶无异，但这种奴隶并不属于某个奴隶主所有，而是从事各种低级行业的人，是所有高级种姓的奴隶；家庭中的奴隶却可以有自己的财产。例如《摩奴法典》规定，奴隶一般是没有不动产的，但允许有少量维持生计的动产或生活资料，其子女可以继承。这种奴隶是指族内家庭奴隶，而不是首陀罗。首陀罗即使有积蓄能力，也不能积蓄财产，也就是说，婆罗门有权随时没收首陀罗的持有物。农业中使用的劳动力主要来源是战俘，也有一些平民因犯罪而沦为"罪隶"。

在中国古代，来源于俘虏的奴隶在社会经济生活中并不占主要地位，占主要地位的是被称为"众"的本土奴隶，他们是社会中最大多数的人口，"众"在名义上不属于任何人，但是他们是整个国家的奴隶。"众"作为奴隶的名称早在夏代就出现了。在原始社会末期，黄河流域分布着许多氏族和部落。由于生产力的发展和私有制的出现，各部落经常发生相互掠夺和吞并的战争。夏王朝就是吞并了周围的氏族和部落后建立的第一个奴隶制王朝。被吞并的各个部落，变成了夏王朝的集体奴隶，世代延续，"子孙为隶"；以后就逐渐成为夏代社会中主要的农村居民，被称为"众"。在商代，俘虏和这种奴隶没有绝对的界限，擒获敌对国的成员均称俘虏，有的用作祭祀的人牲而被杀掉，这就是单纯的俘虏；有的没有被杀掉，而是迫使他们劳动，这些用于劳动的俘虏就是奴隶。奴隶主贵族利用他们手中掌握的国家权力，将广大奴隶强制束缚在奴隶制的生产方式下，在社会经济的各个领域都广泛地使用奴隶劳动。到了商代，这种农村居民仍被称为"众"。他们在奴隶主的统治下，没有任何权利，被迫以大部分时间为奴隶主从事各种农田劳动。他们的劳动是在严格监督下进行的集体劳动。有时他们还被征集当兵，在奴隶主贵族的带领下征伐周围的方国。此外，奴隶还必须为奴隶主承担各种劳役。但"众"和其他奴隶不同，其他源于俘虏的奴隶因为是外族人，他们对商王朝有很大的敌意，必须严加防范，人身控制比较强，因而常遭到屠杀。但"众"是本族、本土的奴隶，世世代代生存在这块土地上，成为商代社会的主要生产者，商王朝对他们人身的控制相对要松一些，虽然残酷地剥削他们的劳动，但并不把他们作为屠杀对象。

2.2.3 普遍奴隶制存在的原因

古代东方国家没有像欧洲那样存在典型的奴隶社会，有一定的社会根源，具体原因有以下几点。

2.2.3.1 土地归国家所有

国家拥有全国土地的最高所有权，这种所有权的实现形式是帝王名义上拥有全国的土地。事实上，帝王不能够直接实现这种所有权，而是通过村社组织或地方政权组织间接实现对全国土地的所有权。东方国家土地所有权集中，与浇灌设施具有统一性有关，土地所有权分散，不利于建设大范围的浇灌设施。

2.2.3.2　东方国家的奴隶制，是在商品经济极不发达的情况下出现的

商品经济的发展，要求有明确的所有权观念，这种明确的所有权观念也是商品经济发展的原因。在发达的商品经济中产生的发达的所有权制度，可以将所有客体都作为所有权对象，包括奴隶。在这里，奴隶是作为财产而存在的，有明确的所有者。但是，在不发达的商品经济中，交换活动较少，将奴隶作为财产交换的情况也不普通，所以，奴隶作为财产的制度也就没能发展起来。在这种情况下，奴隶没有固定而明确的产权主体，说他们是奴隶，只是说他们生活在奴隶状态下，如没有人身自由、不具备支配自己行为的充分权利，但绝不构成某个所有者的财产客体。

2.2.3.3　东方国家没有公民或自由民概念，所以也就没有平民与奴隶的对立

古代西方的氏族公社解体后建立了国家，而公社社员自然成为国家公民。国家公民是相对于非氏族公社成员和其他氏族成员而言的。尽管在历史发展过程中，公民的范围可以扩大，但公民与非公民的界限是十分清楚的。任何人都不能奴役本族成员，不能奴役公民，奴隶只能来源于战俘、外族。在这样的社会中，除了公民或自由民就是奴隶。但是在东方，没有产生过公民或自由民概念，广大平民尽管绝不是奴隶，但他们也绝不是公民或自由民，不论在法律地位上还是经济地位上，都没有取得明确的独立地位。

所以，说在东方国家没有发达的奴隶制，不是说东方国家奴隶数量少，更不是说东方国家的人民所处的状况比较优越，而是说东方国家的人民处在一种普遍被奴役的地位。而且，东方国家的普遍奴隶其数量是惊人的。没有大规模的奴隶，埃及的金字塔是不可能建立起来的，宏大的水利工程是不可能完成的。在古代希腊和罗马，奴隶制度尽管发达，但在奴隶规模上却逊于东方国家。

2.2.4　东方专制主义国家制度

奴隶社会时期，东方国家普遍实行专制主义统治。恩格斯在研究东方国家社会形态时指出："古代的公社，在它继续存在的地方，从印度到俄国，在数千年中曾经是最野蛮的国家形式即东方专制制度的基础。"[①] 与专制相对应的概念是民主，民主的概念起源于西方，这与东西方早期社会结构有关。东方国家专制主义流行。专制主义是指一个人或少数几个人独裁的政权组织形式，体现在帝位终身制和皇位世袭制上，其主要特征是皇帝个人的专断独裁，集国家最高权力于一身，从决策到行使军、政、财大权都具有独断性和随意性。

东方国家的专制主义具体表现在以下几个方面：第一，皇权至上。皇权是不可动摇的，皇权高于一切权力。第二，帝位实行终身制和世袭制。作为帝王，终身都是帝王，只要政权不更替，只要帝王不死，没人能够动摇他的帝位，即使他在位时犯下大错，即使他的能力不能胜任，仍然是帝王；皇位世袭制是指帝王死后，皇位也不会落到其他人

---

① 马克思恩格斯选集（第3卷）[M]. 北京：人民出版社，1995：524—525.

手里，而是由他的直系子嗣继承。第三，从中央到地方的各级官吏一律由皇帝直接任免，官吏向皇帝负责，所做的一切事情的出发点就是让皇帝满意，而不是让百姓满意。第四，皇帝从决策到行使立法、司法、行政等独断权力。第五，宣扬"君权神授"，认为皇帝的权力是神给的，具有天然的合理性，皇帝代表神在人间行使权力，管理人民。人民应该绝对服从他们，凡是君主喜欢的事，老百姓应该无条件去做。第六，思想文化的专制统治，强调君权的天然合理性和神圣不可侵犯性，自称"奉天承运"，或者说"替天行道"，把自己的活动说成是受上天的指使，从而达到神化自己及其活动的目的。

东方国家实行专制主义制度的原因主要有以下几点：第一，土地归帝王所有。在农业社会土地是最重要的生产资料，土地归帝王所有，是专制主义存在的根本原因。第二，水利设置的修建与维护。东方国家普遍建立复杂的遍布全国的灌溉网络。这种灌溉网络的建立和维修不是任何一个家庭、任何一个村镇能够完成的。建设、维护和调配水资源，必须建立在中央集权的政权体制下，这是专制主义存在的客观原因。第三，东方专制主义与军队组织和军事扩张有着紧密的联系。国家必须供养一个庞大的军队组织和国家政权组织，社会生产的所有剩余产品，都用来支持这架国家机器。这需要在专制制度下建立起来。马克思曾引用贝尔尼埃《大莫卧儿等国游记》的记述，来说明东方国家的军队和国家机构的情况："国王是国中全部土地的唯一所有者，由此必然产生的结果是，整个首都，如德里或阿格拉，几乎完全靠军队生活……。这些城市一点也不像巴黎，它们实际上是军营。"[①] 中国古代也是这种情况，城市，特别是作为国都的城市，基本上被国王及其各级统治机构占据着，城市的生产和消费，完全是为了满足官僚机构和军队的各种需求。事实上，这是一切专制社会的共同特点。

2.2.5 东方专制主义国家制度的表现

东方国家虽然普遍实行专制主义，但是由于历史演变的原因，专制主义在不同的国家其表现形式各有不同。

从埃及来看，古代埃及是古代东方专制主义国家的典型。统治这个国家的是拥有无限权力的国王——法老，法老是埃及语的希伯来文音译，原指国王居住的宫殿，自新王国第十八王朝图特摩斯三世起，开始用于国王自身，并逐渐演变成对国王的一种尊称。法老作为奴隶制专制君主，掌握全国的军政、司法、宗教大权，法老的意志就是法律，是古埃及的最高统治者，按照世袭制代代相传。法老自称是太阳神阿蒙-赖神之子，是神在地上的代理人和化身，令臣民将其当作神一样来崇拜。在这个国家中建立了庞大的官僚机构，过去的地方氏族贵族变成了宫廷的公职贵族，国家的一切土地都是法老的财产。法老把名义上归他所有的土地分配给贵族及神庙，村社农民所拥有的土地名义上也是归法老所有。农民是国内的基本生产力，他们被认为是国王的世袭耕种者，神庙及贵族的土地也由农民耕种，但要交纳地租；农民耕种土地，其收入的大部分以赋税的形式交给国库。在自然经济条件下，赋税以实物形式缴纳。此外，农民还要为国家服劳役，农闲时参加灌溉系统的建设，无偿为法老建造宫殿、神庙和金字塔。农民生活的物质条

---

① 马克思恩格斯全集（第28卷）[M]. 北京：人民出版社，1973：256.

件低下，人身自由在一定程度上受到限制。在古代埃及也存在大量的奴隶，奴隶主要来自于战俘。奴隶的劳动比较普遍，但受到数量的限制，所起的作用不如农民重要。在某种程度上讲，农民与奴隶的界限并不明显。奴隶主要集中在灌溉工程、建筑工程和贵族的各种家务工作中劳动，贵族的财富是按牲畜和奴隶的数量来计算的。法老、州尹、祭司依靠奴隶的无偿劳动，积累了大量财富。埃及还建立了在当时说来是相当强大的军队，用以维护其集权统治。

从巴比伦来看，两河流域曾经出现很多城邦国家，彼此更替。其中经济最为发达，最有典型意义的是古巴比伦王国。巴比伦第一王朝的第六代国王（前1792—前1750）。汉谟拉比继承先王遗志，继续为取得幼发拉底河河水的使用权而奋斗，通过长年战争统一了美索不达米亚地区。现在，人们对于古巴比伦的了解源于《汉谟拉比法典》的记载。古巴比伦王国土地制度的基本格局是王室土地和私人占有土地并存。汉谟拉比在征服过程中，不断地把被征服地区的土地划归王室所有，因此王室占有大量的土地。王室土地大体上可分为以下三部分：第一部分是王室直接享用的土地，包括王室庄园和皇家牧场、花园等。第二部分是分配给为王室服务的人员的土地，称为"服役田"或"供养田"。凡为王室负担某种义务之人，均可享有与其所负义务相当的一份土地，作为其报酬。这些人包括祭司、商人、军人、官吏，以及各种以技能为王室服务之人，如书吏、占卜者、歌手、金银细工、碑铭刻工、宝石工、木工、石工、纺织工、轿夫、渔人、牧人和厨师等。这类土地的所有权归王室，服役之人具有使用权和支配权。第三部分为出租地。王室将这类土地出租出去，以收取租税。这是王室的主要收入来源之一。领取和租种这类土地之人被称为纳贡人。这类土地同样不能买卖和转让。通常，纳贡人要将所租种土地收成的一半或三分之一交给王室，自己则留下另一半或剩余的三分之二。这类土地直接归王室管理，王室负责组织和安排这类土地的耕种。另外，也有私人拥有土地的情况。

从《汉谟拉比法典》中可以看出，古巴比伦社会的居民明显地划分为3个等级：阿维鲁、穆什钦努和奴隶。一般认为，阿维鲁是在公社中占有土地并享有全部权利、处于公社司法管辖之下的全权公民。在公社中拥有土地是保持公民身份和地位的必要前提，一旦丧失公社土地，也就丧失了阿维鲁身份或公民地位。阿维鲁中的上层为少数的王族、大官吏、高级祭司和大商人等，下层主要为拥有小块土地的小土地所有者、自耕农以及自由的小手工业者。穆什钦努是没有公民权的自由民，他们自己没有土地，靠为王室服务获得土地使用权利。穆什钦努租种的土地其收成的大部分要以地租或赋税的形式上交，因而物质条件低下。他们被禁锢在土地上不能自由离开，当土地所有者出卖他们的土地时，连同土地上的穆什钦努一起出卖。他们是国家主要的劳动者，但是他们的生活处境悲惨，大部分人很贫穷，地位极其低下，是国家的被剥削阶层。奴隶处于社会的最底层，他们同牲畜一样被视为奴隶主的财产，可以任意买卖、转让、交换、租借和赠送。根据《汉谟拉比法典》，1名奴隶的价格一般为20舍克勒。奴隶大多数被控制在王室、神庙、大官吏和大商人手中。这三个等级的人的法律地位显然不同。根据《汉谟拉比法典》的规定，伤害了阿维鲁的眼睛或骨头，必须受到同样的惩罚；伤害了穆什钦努的眼睛或骨头，只需赔偿一定数量的银子就可以了；伤害了奴隶的眼睛或骨头，则只需向奴隶主赔偿奴隶身价的一半。

从印度来看，古印度和古埃及以及两河流域的其他古代国家一样，建立了专制主义的集权国家。关于对古代印度的认识和了解来源于两部文献，即《摩奴法典》和政治著作《政事论》，这些著作描述了古代印度的社会基本面貌。古代印度有着严格的种姓制度，将人分为 4 个不同等级：婆罗门、刹帝利、吠舍和首陀罗。婆罗门即僧侣，为第一种姓，地位最高，从事文化教育和祭祀；刹帝利即武士、王公、贵族等，为第二种姓，从事行政管理和打仗；吠舍即工商业者，为第三种姓；首陀罗即农民，为第四种姓，地位最低，从事农业和各种体力及手工业劳动等。除四大种姓外，还有一种被排除在种姓外的人，即"不可接触者"或"贱民"。他们的社会地位最低、最受歧视，绝大部分为农村贫雇农和城市清洁工、苦力等。贱民只能居住村外，从事被认为是最低贱的职业，如抬死尸、清除粪便等。贱民不可与高种姓人接触，走在路上，贱民要佩带特殊的标记，口中要不断发出特殊的声音，或敲击某种器物，以提示高级种姓的人及时躲避。婆罗门如果接触了贱民，则认为是一件倒霉的事，回去之后要举行净身仪式。4 个等级在法律面前是不平等的。《摩奴法典》规定，刹帝利辱骂了婆罗门，要罚款 100 帕那（银钱单位）；如果是吠舍骂了，就要罚款 150 到 200 帕那；要是首陀罗骂了，就要用滚烫的油灌入他的口中、耳中。相反，如果婆罗门侮辱刹帝利，只罚款 50 帕那；侮辱吠舍，罚款 25 帕那；侮辱首陀罗罚款 12 帕那。高级种姓的人如果杀死了一个首陀罗，仅用牲畜抵偿，或者简单地净一次身就行了。《摩奴法典》规定，高级种姓之男因"贪欲"可以娶低级种姓之女；相反，低级种姓之男不得娶高级种姓之女。前者称"顺婚"，后者称"逆婚"。古印度的财产所有制形式是个人所有制和家族共有制两种形式并存。家族之长是财产的所有者，家族成员共同居住、饮食，使用公共财物和信奉同一宗教。财产归家长或他所同意的儿子们所有，他的妻子与女儿是不能继承的，只有在无男性后嗣的情况下才允许妇女继承财产；但个人仍可以拥有牲畜、武器、珠宝、奴隶甚至土地。在这些个人财产中，惟土地是不能买卖的。古代印度专制主义集权国家中，古印度僧侣和武士两个高级瓦尔那共同组成专制统治的支柱。国王独揽军事、政治、立法与司法大权，外交内政诸多事务都由国王裁决。国王之下，中央设有负责专门事务的文武大臣，地方则有省长总督，而且多由王族成员和国王亲信担任。国王从统治阶层选拔官员，主要包括 3 类：第一类是地方官吏，主管修治河渠、丈量土地、监督灌溉用水的分配，同时管理渔猎、林木、采矿等；第二类是城市官员，主管工商业、外侨外商、人口登记、市场交易、产品检查、征收城市的什一税等；第三类是军事长官，分别掌管海陆部队，以及骑兵、象兵和后勤辎重等。

从中国来看，古代中国的宗法制度大约产生在公元前 21 世纪，在生产力十分低下的木石器时代，中国便打破了氏族社会，家族取代氏族而成为社会的基本细胞，进入父权制时代。最早的专制主义国家为第一个王朝夏朝。在夏以前，还没有建立国家，中原地区的氏族部落结成联盟，由联盟首领统一负责管理部落联盟的事务，主要的首领有尧、舜、禹。到了夏代，夏禹传子，"天下为家"，家族也就扩大而成为国了。这样，中国就沿着由家而国的途径进入阶级社会，产生了独特的宗法—国家制度。在这种制度下，宗法血缘关系对于社会的许多方面都有深刻的影响，宗法与政治高度结合形成家国一体的特有体制。商代的国家组织实行"亲贵合一"的原则。商王及其亲属和显贵组成大贵族集团，商王是奴隶主贵族的总代表、大家长。商族对祖宗的祭祀是一种久远的制度，商朝建立后这种制度逐步形成为宗法制度。在这一制度下，商王是全国同姓和异姓贵族的大宗，各级贵族为小宗，各级贵族中间也分为大宗和小宗。商王以下的贵族家族参加国家管理，担任国家官职并世代相袭。例如，盘庚在一次对贵族集团的讲话中说，他们的祖先同商先王有"胥及逸勤"（《尚书·盘庚》）的共政关系，并保证他们世代担任国家官职，即"世选尔劳"的特权。他们与商王一心，民就得顺从；他们同商王离心，民就会叛乱。到商朝晚期，王位继承和宗法关系已经结合在一起，从而赋予宗法关系以明显的政治性质。在这种家国一体的制度下，家就是国，国也是家，国家的组成、政治结构与国家活动，都以家族血缘与政治的结合为基本形式。

2.3　城市和工商业的起源与发展

2.3.1　古代东方国家城市的起源

城市是随着生产力发展到一定程度而出现的。原始社会时期没有城市，原始人过着"采猎"的生活，居无定所，没有建立城市的条件。农业革命以后，随着人类祖先开始定居生活，才逐渐出现城市。城市是一个历史范畴，有其产生与发展的历史过程。

世界各地城市出现的原因有多种多样，但是如果我们研究早期城市的出现，不外乎为两个基本原因：一是剩余产品与社会大分工；二是私有制出现与阶级分化。随着古代人生产率的不断提高，剩余产品开始出现，简单的商品交换开始出现，社会出现 3 次大分工，有些人从农业生产中脱离出来，专门从事手工业生产。社会大分工的出现，使得人们生产的产品并不单纯为了满足自己的需求，而是通过交换满足其他人的需求。由于交换的不断发展，于是出现了一部分人不从事具体的生产，而是专门从事交换，于是，商业阶层出现。手工业者和商人为了生产、交换的方便，于是相对集中地聚集在一起，形成了与从事农业生产的农村地区相区别的城市。随着社会贫富悬殊不断加大，社会上形成了两大阶级，即奴隶阶级和奴隶主阶级。奴隶主阶级利用占有生产资料的优势，无偿占有奴隶的劳动，为了防止奴隶的反抗，于是修建城墙等，形成了早期的城市。

目前公认的世界上最早的城市是两河流域的乌尔城，大约建于公元前 4000 年，它位于现伊拉克的巴格达市东南约 300 公里的幼发拉底河畔，现在的伊拉克的穆盖伊尔区域。该城平面呈叶形，南北最长处为 1000 米，东西最宽处为 600 米。城内中央偏西北为塔庙区，该区东南是行宫。其附近为王陵。城西和城北各有一个码头。城西码头附近和城中央偏东南处各有两处居民区。继乌尔城以后，尼罗河畔城市起源于大约公元前 3200 年。埃及第一王朝美尼斯所建的首都城市孟菲斯，因其土坯墙壁涂为白色，而得名为白城。孟菲斯位于埃及尼罗河三角洲南端，今开罗西南 23 公里的米特·拉辛纳村；曾作为古王国（公元前 27 至前 22 世纪）的都城，公元前 2000 年为底比斯所取代，但仍为埃及宗教、文化名城；公元 7 世纪被毁；当时是全世界壮丽、伟大的都市，现在只留下一个迷你博物馆及花园中残破的石雕供人凭吊。

在两河流域及尼罗河流域出现城市之后，印度的恒河流域和中国的黄河流域才有城市出现。通常认为黄河流域的城市，最早出现在商朝，大约是公元前 1600 年。据史料记载，商汤推翻夏王朝以后，建都于西亳。1983 年，我国考古工作者在河南偃师县城西 1 公里处发掘的商城遗址"尸乡沟商城遗址"被认为是西亳城的遗址，可以认为是中国最早的城市。

2.3.2　古代东方国家工商业起源

伴随人类文明的起步，手工业和商业就开始出现并逐渐发展。马克思曾经说过，人与动物的最大区别就是人可以制造和使用工具。远古人类对工具的制造，可以说是手工业的萌芽。

古埃及的手工业已经达到较高水平。古埃及人的石头加工技术具有相当高的水平。制石业是埃及人最古老的手工业技术之一。埃及人使用一定的技巧，通过打磨等方法可以把石头加工成便于使用的各种工具、器皿、武器以及装饰品。伴随着石器加工技术的发展，古埃及的建筑业也有了一定程度的发展。当时的法老对自己的陵墓修建特别关注，他们希望能够通过修建完善的陵墓而使自己在死亡以后有机会得到复活。所以，在每一个法老掌握权力以后，首先要考虑的事情就是如何为自己建立一座辉煌的金字塔。在这种动力的驱动下，建筑技术得到快速发展并且达到一种很高的程度。随着人们对自然界各种物质认识的不断深化，金属加工业逐渐发展起来。古埃及时期，金属加工业已经很发达，他们已经知道铅、铜、金，后来又知道铁，但当时最重要的是铜。到古埃及王国的晚期，金属制品排挤了石器，手工艺达到很高的水平；木材加工也取得巨大的成就，他们已经发明整套木材加工工具；当时的造船业已经达到很高的水平；陶器、用芦苇制成的纸莎草和亚麻织物生产都达到相当高的水平。除了个体的手工业者外，还有主要属于神庙的手工作坊，从事手工业生产的既有埃及的自由人，也有奴隶。虽然古埃及的经济基本上保持了自然经济性质，但日益发展的劳动分工导致各州之间、南北埃及之间以及与其他国家之间进行贸易往来。最初的商业具有物物交换的性质，如用镰刀交换谷物、纺织品等，执行货币职能的是谷物，后来是铜块。随着交换的发展，出现了商店，银变成主要的交换媒介。商人的地位是比较低的，当权的奴隶主阶级很蔑视他们。随着手工业的发展及剩余产品越来越多，商业也随之发展起来。埃及同邻国之间的贸易主要是迫切需要进口原料而引起的。对外贸易归国王和州贵族独占，为了进行对外贸易，建立了巨大的船队。对外贸易也由陆路的商队进行，输入的商品主要是金属、象牙和黄金制品、木材、纺织物等。因为埃及手工业品日益成为出口品，所以法老、州尹增加了作坊中的劳动日。据文献记载和考古发现，埃及当时的海外贸易范围可达东非一带，东可至阿拉伯海及波斯湾，北则遍及地中海沿岸各地。与此相配合的还有两条南北陆路通道，南通努比亚，北连巴勒斯坦。

位于两河流域的古代巴比伦的手工业发展已经达到一定的高度。当时，出现了独立经营的手工业者以及受雇于私人之家和手工业作坊的手工业者。《汉谟拉比法典》中提到的手工业有制砖、缝纫、宝石加工、冶金、刻印、皮革制造、木工、造船和建筑等。该法典规定了受雇者每日应得的报酬，对医生、建筑师和造船工还规定了严格的责任。

贸易在巴比伦是相当发达的。巴比伦、西帕尔、尼普尔、拉尔萨等城是重要的商业中心。王室和神庙控制着商业，但也出现了私人合伙经营的商业。在《汉谟拉比法典》中曾列举以下产品为贸易对象：粮食、羊毛、油脂、椰枣等。除了奴隶和农产品外，金属制品、纺织品和其他物品也是贸易对象。富商经营大规模商业，主要是对外贸易和批发商业，但这种商业基本上为国家所独占。尽管商业有所发展，但对整个国家来说，巴比伦的经济是深刻的自然经济。它的基础是小型的与外界隔绝的村社，在这种村社里，原始的自然经济占据主导地位。

中国的商朝手工业和商业得到很大的发展。商王朝建立以后，为了适应整个社会经济的发展和统治阶级的奢侈消费，在城里普遍设立手工业作坊，驱使大批奴隶从事各种手工业生产。当时的手工业种类很多，分工也很细，有石器、骨器、玉器和铜器等作坊，还可以生产皮革、舟车、从事酿酒、养蚕、织帛等。其中青铜器最为发达。在商代早期，商人就已经制造出精致的武器、容器以及工具等，青铜武器有戈、矛、锻等，青铜容器有鼎、壶、盘、爵、尊等，青铜工具有刀、斧、锯、钻、铲等。青铜器主要供贵族使用，而广大人民群众主要使用陶器，制陶业已经有相当规模。商人长于贩运交换。传说商王汤的十一代祖相土发明马车，七代祖王亥发明牛车。《诗经·商颂》说："相土烈烈，海外有截"，说明商人祖先已使用牛车和马车，到很远的地方进行贸易。商王朝建立以后，随着农业、手工业和畜牧业生产率的提高，以及各部门内部分工的发展，商品生产和商品交换也随之发展起来。随着商品交换的发展，货币也出现了。当时，作为货币使用的主要是海贝。商王和奴隶主都曾用海贝赏赐臣下，以后又出现骨币和铜币。这一切都说明商朝时商品货币关系已经有了相当的发展。

2.4 关于亚细亚生产方式的探讨

关于古代生产方式与经济的起源，马克思总结出 3 种基本方式，即亚细亚生产方式、古代生产方式和日耳曼生产方式。关于这三种生产方式的具体内容，以后会逐一进行详细介绍。而正是由于生产方式起源的不同，导致后来东西方走向不同的经济发展方向。东方的生产方式即亚细亚生产方式。马克思虽然提出东方生产方式，并将其命名为"亚细亚生产方式"，但是亚细亚生产方式的具体内容是什么、有什么特点，马克思却没有给出明确的阐述，甚至没有给亚细亚的生产方式下过定义，没有明确指出亚细亚生产方式在社会发展序列中所占的位置。这就引起后世的学者关于亚细亚的生产方式产生了较多的争议，有学者称为"亚细亚生产方式之谜"。

2.4.1 关于亚细亚生产方式的争论

俄国思想家普列汉诺夫最早将"亚细亚生产方式"作为理论问题提出来。他认为，亚细亚的生产方式最大的特点是建立在土地国有制基础上而形成的中央集权统治，并在这种模式下发展起来的经济模式。结合当时俄国的具体情况，普列汉诺夫进一步提出俄国是一个有专制主义传统的国家，而这种专制主义统治是建立在土地国有制基础上的。如果不废除土地国有制，就难以保证专制统治不在俄国再次出现。所以，在俄国，反专制的革命不可能同社会主义革命结合起来。俄国要在资产阶级革命后经过一个较长时期的资本主义发展，直到条件成熟后再进行社会主义革命。这种观点与列宁的不断革命论相矛盾。列宁认为，俄国虽然带有深厚的专制主义传统，但是革命可以割断这一传统，从而开辟出新的天地，无须再经过一段长时期的资本主义发展过程。俄国革命的基本要求就是在资产阶级民主革命以后，适时通过无产阶级革命进入社会主义。事实上，普列汉诺夫与列宁的争论，从根本上说就是具有专制主义传统的东方国家如何进行社会主义革命的问题。进一步说，就是在进入社会主义之前，是否要有一个比较长时期的反封建、反专制、发展资本主义经济和政治制度的问题。所以，关于亚细亚生产方式的争论，对于理解中国历史和中国革命也具有重要意义。

2.4.2　亚细亚生产方式的基本特征

究竟什么是亚细亚的生产方式？亚细亚的生产方式有哪些基本特征？要回答这样的问题，应当从亚细亚生产方式的本质入手来进行分析。亚细亚的生产方式是古代东方国家在经济开始发展时所采取的生产方式，与西方国家的经济方式有着较多的差异。分析东西方经济方式的差异，可以归纳出亚细亚的生产方式的基本特征主要有以下几方面。

2.4.2.1　从经济上讲，实行土地公有制，拒绝土地私有制度

东方国有经济上最重要的特征是实行土地公有制。亚细亚所有制的前提是自然形成的共同体，包括家庭和通过家庭组成的部落或部落的联合，土地是共同体的基础和财产。在生产力水平低下的条件下，每个人只有作为这个共同体的成员，才能把自己看成所有者或占有者。亚细亚土地所有制是共同占有和利用土地的公有制，或公社占有制。马克思指出：在东方特有的形式下，公社成员是公共财产的共有者，财产仅仅作为公社财产而存在，每个成员本身只是一块特定土地的占有者。不存在个人所有，只有个人占有，公社是真正的实际所有者；所以，财产只是作为公共的土地财产而存在。在这里，单个人只是占有者，所以，决不存在土地的私有制。东方社会以土地公有制这一基本关系为基础的形式，可以通过不同的方式加以实现。"例如，跟这种形式完全不矛盾的是，在大多数亚细亚的基本形式中，凌驾于所有这一切小的共同体之上的总合的统一体表现为更高的所有者或唯一的所有者，实际的公社却只不过表现为世袭的占有者。"[①]　这种统一体表现为一种特殊的东西，即许多共同体之父的专制君主。剩余产品不言而喻地属于这个最高的统一体。例如，汉谟拉比自称是"巴比伦的太阳，光明照耀于苏美尔及阿卡德全境"，并使"四方威服"。在《汉谟拉比法典》中，逐一指出两河流域的城市、神庙所在地及其统辖地区 30 多处，以成文法形式确认巴比伦国王即中央政府对它们具有永久统治权。而印度的《摩奴法典》直接宣称"国王是大地的主人"。中国在夏、商乃至西周三代，可以说都是土地国有制。但是，夏、商与西周又有所不同。夏、商是完全的土地国有制，通过村社来占有土地，而西周是以国有制为核心的等级所有制，通过分封制占有土地。所谓"普天之下，莫非王土；率土之滨，莫非王臣"，是土地国有制的

---

① 马克思恩格斯全集（第 46 卷）上 [M]. 北京：人民出版社，1960：205.

真实写照。

2.4.2.2 从政治上讲,实行专制主义统治

在自然经济的农业社会,生产都是以既定的社会组织为前提,而作为前提的社会组织又基本上是自然产生的。氏族社会时代低下的生产力以及农业经济的劳动方式,强化了这种社会共同体组织。这是因为,在氏族社会生产条件下,首先土地财产按其自然特性,无法由孤立的个人占有,只能依靠一定的社会组织占有。马克思说:在原始部落时期,"孤立的个人是完全不可能有土地财产的,就象他不可能会说话一样。……把土地作为财产,这种关系总是要以处在或多或少自然形成的,或历史的发展了的形式中的部落或公社占领土地为媒介的。在这里,个人决不能象单纯的自由工人那样表现为单个点。"①

农业劳动的第一种方式是集体耕作土地,这种方式与生产工具的落后相适应。在这个阶段,由于劳动为集体进行,因而对土地的占有也是集体的,氏族共同体既是土地的所有者,又是土地的实际占有者和使用者,人们直接以氏族群体面对自然界,"人类朴素天真地把土地看做共同体的财产,而且是在劳动中生产并再生产自身的共同体的财产。每一单个的人,只有作为这个共同体的一个肢体,作为这个共同体的成员,才能把自己看做所有者或占有者。"② 因此,以农业生产为主导经济的氏族社会,自身内部就蕴含着制约私有制产生的土地财产公有因素。

马克思对整个亚洲东方"亚细亚"之路的考察分析,是包括中国在内的,并且"中国是马克思主义意义上的'亚细亚'社会的最典型的例子"③。中国古代以农业为主的生产方式,使氏族公共机构职能除了财政、军事外,主要就是公共水利工程。

土地的公有制是东方国家实行专制主义统治的物质基础。与土地相联系的另一个制约因素,是农业生产对自然条件的依赖。农业主要是植物再生产过程,它在很大程度上要依靠气候、水利等自然条件,而对自然条件有效利用,特别是对农业至关重要的水利灌溉事业,必须依赖共同体的力量。马克思说:"社会地控制自然力以便经济地加以利用,用人力兴建大规模的工程以便占有或驯服自然力,——这种必要性在产业史上起着最有决定性的作用","在印度,供水的管理是国家权力对互不联系的小生产组织进行统治的物质基础之一"④。恩格斯也指出:"政治统治到处都是以执行某种社会职能为基础,而且政治统治只有在它执行了它的这种社会职能时才能持续下去。"在亚洲不管兴起或衰落的专制政权有多少,"它们中间每一个都十分清楚地知道自己是河谷灌溉的总的经营者,在那里,如果没有灌溉,农业是不可进行的。"⑤

在当时那样的生产力水平上,单个人或分散的部落是不可能承担起大型水利工程的建设和维修的。"文明程度太低,幅员太大,不能产生自愿的联合,所以就迫切需要中

---

① 马克思恩格斯全集(第23卷)[M]. 北京:人民出版社,1972:371.

② 马克思恩格斯全集(第46卷)上 [M]. 北京:人民出版社,1979:484.

③ 翁贝托—梅洛蒂. 马克思与第三世界 [M]. 高铦,徐壮飞,涂光楠,译. 北京:商务印书馆,1981:117.

④ 马克思恩格斯全集(第46卷)上 [M]. 北京:人民出版社,1979:471,481.

⑤ 马克思恩格斯全集(第3卷)[M]. 北京:人民出版社,1960:219.

央集权的政府来干预。"因此,"亚洲的一切政府都不能不执行一种经济职能,即举办公共工程的职能。"① 中国古代从大禹治水开始,兴修水利一直是国家的一项重要职能。据统计,自公元前 722 年至公元 1911 年,前后 2600 多年间,共有治水活动 7000 余次。② 由此可见农业社会的中国对水利的依赖与重视。因此,农业对水的依赖,同时水利对社会共同体的依赖,强化了氏族社会共同体的功能与存在。禹帝创建的夏王朝是向真正国家过渡的第一个朝代。禹帝由于他主持的巨大水利工程而为古代农业奠定了基础,并成为古代贤王中传奇式的英雄。照马克思的分析,在当时亚洲公社中,大规模治水工程需要在各部落或各村庄之间发展起一个级别更高的机构,需要产生"多数公社之父"。国家主要是要满足当地修建必要的排灌系统、堤堰等水利工程的基本要求而产生的。③ 而在土地私有的情况下,不同的土地归不同的私人所有,那么,私人之间只有达成协议或者是默契,才能够进行跨地域的水利工程的建造。由于利益主体的分散,这种协议或默契很难在广阔的范围内实施。这也是早期东方国家经济上领先于西方国家的一个重要原因。

2.4.2.3 从社会组织上讲,实行农村公社是亚细亚生产方式的重要基础

农村公社是亚细亚生产方式的重要基础。土地国有制,国王是土地的最高所有者,但是国王以及国王的臣属不可能自己经营国有土地,而是由农村公社集体占有土地,然后分给村社农民耕种。村社不仅是亚细亚社会的基本经济细胞,而且是基层行政组织,负担着组织缴纳贡赋、组织各种劳役等任务。建立在亚细亚土地公有制基础上的农村公社自然经济的特征是:生产的范围仅限于自给自足,农业和手工业结合在一起,公社成员劳动的目的不是为了创造价值以便为自己换取他人的产品,主要是为了满足个人、家庭以及整个共同体的生存需要。这种农业和手工业结合的、自给自足的自然经济,使得农村公社完全能够独立存在,而且在自身中包含着再生产和扩大再生产的一切条件。这就是农村公社在东方社会长期存在的根本原因,也是东方社会长期停滞的重要原因。农村公社制度以及农业与手工业结合的自然经济,决定亚细亚生产方式中存在着自然的宗法血缘关系。在人类文明初期,在生产力低下的古老社会形态中,生产劳动只能一方面以生产条件的公有制为基础,另一方面以个人尚未脱离氏族或公社的"脐带"这一事实为基础。在农村公社内部,单个的人同自己的家庭一起,独立地在分配给他的份地上劳动;每一个单个的人只有作为这个共同体的成员,才能把自己看做所有者或占有者。牢固的宗法血缘关系把单个的人锁在这个共同体中,成为共同体不可分割的组成部分。这种以自然经济为基础的生产方式导致与这种生产方式相适应的宗法血缘关系,而这种宗法关系一旦形成,又反过来加强这个生产方式的牢固性、封闭性和排他性。

2.4.3 中国的亚细亚生产方式问题

关于中国古代社会是不是亚细亚生产方式问题,过去一直存在着认识上的误区,即

---

① 马克思恩格斯选集(第 2 卷)[M]. 北京:人民出版社,1995:117, 67.
② 冀朝鼎. 中国历史上的基本经济区与水利事业的发展 [M]. 北京:中国社会科学出版社,1998:36.
③ 马克思恩格斯选集(第 2 卷)[M]. 北京:人民出版社,1979:64.

根据马克思对于亚细亚生产方式的论述，来推论中国古代社会状况，并以此推论中国古代社会是否属于亚细亚生产方式。有学者认为，中国古代从生产方式起源来看，不具有亚细亚生产方式的特征。

"亚细亚"历史道路表明，古代中国所处的自给自足的小农经济，以及低下生产力所必须依赖的社会组织形式，使得国家公共职能在没有完全分化解体的氏族组织基础上产生起来。由此，国家的社会结构自然就落在了天然的血缘组织上。在一般意义上，氏族血缘组织同国家政治、经济组织是完全不同的，氏族制度同国家制度也存在本质区别。

中国古代的夏、商朝，都是在氏族部落的基础上发展起来的宗君合一的宗法性国家，周朝在此基础上进一步实行了分封制。夏代虽已建立了国家，但还带有过渡性；商代始完成了过渡，至西周而达到全盛。禹帝时代虽已建王朝，但毕竟仍具氏族社会性质，在当时有的只是氏族、部落和部落联盟，还没有真正的国家。史书记载，此时期之"国"，大抵是在域邦、族邦、诸侯意义上而说，所以夏禹时代有"万国"之称。氏族正向国家过渡，氏族与国家合二为一，氏族国家的特征在此时最为明显。在此时，氏族部落血缘组织尚未解体，而氏族公共机构在功能上又适应了国家产生的需要，开始履行国家职能。带有氏族遗制血缘组织的"国家"，就不可避免地在统治方式上沿用氏族组织的道德治理方式。如周朝在社会管理方式中，就既需要体现新的政治关系的"忠"与"尊"，同时也需要有体现旧的血缘关系的"孝"与"亲"。诸侯们既要把自己同周天子的关系当成臣与君的关系，同时也要当成子与父的关系。而各诸侯间则既有臣臣关系，同时也有兄弟关系。如此，"惟忠惟孝"，"忠孝合一"，便可维护治理这种政治关系与血缘关系相合为一的社会。正因为如此，西周统治者才制定"周礼"，用这种道德礼义规范来协调社会人伦秩序。在一定意义上可以断言，是"亚细亚"历史道路造就了儒家。儒学由于反映并适应了中国独特的血缘宗法社会而最终又被历史所选择。中国古代以血缘为根基的"亚细亚"历史道路，是理解中国古代氏族国家宗法社会的关键，也是解开儒家德性思想产生及在中国宗法社会有强大生命力之谜的钥匙。

事实上，马克思的亚细亚生产方式思想，是为研究各种生产方式起源而提出来的，亚细亚所有制与古代所有制和日耳曼所有制同属于某种生产方式的初始形态。所以，中国古代社会以后逐渐演化出来的各时期的不同生产方式，都是亚细亚生产方式的发展形态。但是，中国以亚细亚生产方式为基础的社会经济形态的发展，与发生在欧洲的各种社会形态不同。中国的社会形态是在基本上没有受到其他社会形态影响的情况下发展起来的，所以，一直是沿着亚细亚生产方式的自身发展轨迹而发展着的。就西方国家的资本主义社会形态来讲，事实上是两个起源：一个是古代所有制形式，其成熟形态是古代希腊和罗马的奴隶制，该社会制度给欧洲留下的最重要遗产是商品经济的基本规范；另一个是日耳曼所有制形式，其成熟形态是中世纪的封建制。在这种封建制经济瓦解的过程中，两种社会生产方式或社会形态的结合或融合，最终发展成为资本主义生产方式或社会形态。中国的亚细亚生产方式，在自身的发展过程中先后采取了普遍奴隶制、封建领主制和封建地主制。但不论如何发展，其原生的或初始的亚细亚生产方式的基本特征仍然保持着。所以，中国社会历史是亚细亚生产方式本身的发展和变迁史。就是说，中国古代社会是沿着亚细亚生产方式确定的轨迹发展，从而衍生出各种亚细亚生产方式的发展形态，包括普遍奴隶制、封建领主制和封建地主制，这些都是亚细亚生产方式的发展形态，而不是亚细亚生产方式的原生形态或初始形态。

同时，中国的亚细亚生产方式与印度的亚细亚生产方式不同。马克思基本上是以殖民化前的印度为样本研究并提出亚细亚生产方式理论的，如果没有殖民化以前的印度，人们也许不会发现亚细亚生产方式这种原生的或初始的形态。可以说，殖民化前的印度是研究亚细亚生产方式原生形态或初始形态的活化石。但我们绝不能将印度的这种原生的或初始的亚细亚生产方式视为典型的亚细亚生产方式。印度的亚细亚生产方式自形成以后，由于社会发展的停滞而没有发展成为类似中国封建社会的各种形态，所以，原生的或初始的特征才得以保持。事实上，殖民化前的印度早已经封建化了，土地尽管名义上仍是国有的，但封建主已经直接控制了土地及其土地上的收益，只是古老的村社制度保留了下来，使我们仍可以从中看到亚细亚生产方式原生形态的部分特征。尽管中国也存在村社制度，村社制度也是中国社会制度的重要基础，但由于中国专制政权高度发达，这种专制政权深入到中国社会的每一个细胞之中。事实上，村社也是专制政权的一个基层组织。这就使村社的地位和作用被大大掩盖了，而不像印度那样突出。

3 西方国家的奴隶社会经济概述

3.1 西方文明的起源

亚欧大陆是地球上最大的陆地，以乌拉尔山、乌拉尔河、大高加索山脉和土耳其海峡为界，东侧为亚洲，西侧为欧洲。欧洲文明的源头在希腊，希腊文明的源头在西亚两河流域的美索不达米亚文明、希伯来－腓尼基文明和北非尼罗河流域的古埃及文明，以及地中海东部的爱琴文明。

爱琴文明是指公元前20世纪至公元前12世纪间的爱琴海域的上古文明，是希腊文明的源泉。其主要包括米诺斯文明（克里特岛）和迈锡尼文明（希腊半岛）两大阶段，历史约800年。它与东方各古国、特别是埃及新王国有过频繁的经济和文化的交往。德国考古学家谢里曼在《荷马史诗》等传说的启示下，成功地发掘出小亚细亚西北部古城特洛伊及南希腊（伯罗奔尼撒半岛）的迈锡尼、太林斯等遗迹，使长期湮没的爱琴文化再现于世。20世纪初，英国考古学家伊文思发掘出克里特岛古城诺萨斯、米诺斯王宫等重要遗址，大大充实了此项文化的内容。爱琴文明主要包括克里特文明和迈锡尼文明。

克里特文明（相当于我国夏朝，即前2300年至前1500年）于公元前1700—前1400年发展到它的全盛时期。克里特岛有兴旺的农业和海上贸易，宫室建筑及绘画艺术、造船业均很发达，形成了海上霸权，控制了东部地中海的海运贸易网。克里特文明的最大特征是宫殿的修筑，每个城市国家多围绕王宫而形成，宫廷是国家的经济、政治和文化的中心。克里特首都克诺索斯王宫当时有人口约10万，是地中海的最大城市。克里特出现了欧洲地区最早的文字，初呈图形，后字体逐渐简化为线形，向音节符号演进，称线形文字A，至今仍未被释读，大概为非希腊语。克里特文明不久突然衰退，公元前1450年左右，操希腊语的人占领了克诺索斯王宫，标志着克里特文明的衰落。从此以后，爱琴文明的中心便转移到希腊本土的迈锡尼地区了。

迈锡尼人约在公元前2000年前后定居于伯罗奔尼撒半岛。此时，克里特已建立米诺斯文明，在克里特直接影响下逐渐向文明过渡，到公元前1600年才称王立国。公元前1450年，迈锡尼人可能通过联姻继承等和平方式，得以入主克诺索斯王宫，这是迈锡尼文明发展的关键一步。此后，从公元前1400—前1200年，迈锡尼达到其文明的盛期；从公元前1200年以后渐呈衰败之势，后被北方的多利亚人灭亡。随着与海外先进文明地区交往的密切，迈锡尼的经济与文化迅速发展起来，具有自己的一些特点，如城堡坚固、陆战力强，喜用马拉战车，尚武精神突出，等等。迈锡尼统治克里特后，既承袭了克里特掌握的爱琴海商业贸易网的控制权，也全面吸收了克里特文明的遗产。克里特原有的线形文字，现在被用来书写迈锡尼语言，形成了迈锡尼线形文字（学术界通称前者为线形文 A，后者为线形文 B）。线形文 B 于 1952 年被释读成功，证明迈锡尼语言是古希腊语的一支。迈锡尼城是迈锡尼文明的中心，在希腊诸国中最为强大。其他王国中著名的还有斯巴达、派罗斯、雅典、底比斯等，它们有时组成一个军事同盟以联合作战，奉迈锡尼为盟主。考古发现的迈锡尼遗址城堡，有宏伟壮观的"狮门"（以刻有双狮拱卫一柱的浮雕得名），其繁荣富庶当不低于克里特的克诺索斯。在海外贸易方面，迈锡尼较克里特也是有过之无不及。迈锡尼文明的分布也较克里特文明广泛、众多，现已发现的当地大大小小的迈锡尼文明遗址在 1000 处以上。

3.2　西方经济形态的起源

马克思和恩格斯十分重视所有制形式的研究。早在 1845—1846 年，他们就对部落所有制、古代公社所有制和国家所有制以及封建的或等级所有制作过探讨。1857 年，马克思在其《资本主义以前诸形态》一文中又对资本主义以前的 3 种形式，即亚细亚的所有制形式、古代所有制形式和日耳曼的所有制形式进行过认真的研究。

马克思所指的古代所有制是指存在于希腊、罗马早期的一种所有制形式，它从原始所有制发展而来，是原始部落动荡的历史生活、各种遭遇以及变化的产物。古代所有制以共同体作为第一个前提，它不是把土地而是把城市作为自己的基础。古代所有制形式的突出特点是"所有制表现为国家所有同私人所有相并列的双重形式"①，公社是其存在的第一个前提，公社的范围规定着这种所有制的范围。"公社（作为国家），一方面是这些自由的和平等的私有者之间的相互关系，是他们对抗外界的联合；同时也是他们的保障。"② 城市是古代所有制的重要基础。马克思和恩格斯早在《德意志意识形态》一文中就明确说过："古代的起点是城市及其狭小的领地，而中世纪的起点则是乡村"。在古代，农业是社会最重要的生产部门，在当时的经济生活中处于举足轻重的地位。亚里士多德在其《政治学》一书中指出，在古代世界，谋求生存的主要途径有以下 5 种：首先是畜牧业，其次是农业耕作，再次是海盗，还有捕鱼和狩猎。但他认为其中最主要的还是农业。

3.3　希腊的城邦制经济概述

古代希腊是古代西方文明的发源地之一。公元前 8 世纪至公元前 6 世纪，古代希腊城邦制度开始形成，城邦制度是希腊最典型的特征。城市是古代所有制的重要基础，"古典古代的历史就是城市的历史，不过这是以土地财产和农业为基础的城市。"③ 从马

---

① 马克思恩格斯全集（第 46 卷）上［M］. 北京：人民出版社，1995：484.
② 马克思恩格斯全集（第 46 卷）上［M］. 北京：人民出版社，1995：427.
③ 马克思恩格斯全集（第 46 卷）上［M］. 北京：人民出版社，1995：480.

克思的这些论述中，我们能够清楚地知道：古代城市首先是"经济整体"，即古代所有制形式的基础。这种所有制不可能越出古代城市的范围。当然，这种城市与中世纪产生的生产和消费型城市有着很大的不同，它只是农村居民的居住地。"集中于城市而以周围土地为领土，为直接消费而从事劳动的小农业；作为妻女家庭副业的那种工业（纺和织），或仅在个别生产部门才得到独立发展的工业（Fabri，古罗马的匠人）等等"①，便是以这种所有制为基础的社会的主要特征。

3.3.1　希腊城邦制度的起源和特点

城邦制度起源于氏族制度。古代希腊城邦在形成之初，政权一般都由原来的氏族贵族把持，决定着氏族内部重大事项的安排。随着氏族部落逐渐解体，原来由氏族贵族成员组成的长老议事会转化为城邦的贵族会议，掌握着决定城邦事务的大权。部落军事首领演变为城邦的执政官，负责处理城邦的行政事务。部落民众大会则转变为城邦的公民大会，在形式上保留了对贵族会议的提议进行表决的权力。这样的城邦政权组成形式被称为贵族政治。

城邦制度并非希腊人的发明。不用说东方的两河流域的城邦制度，即使在地中海地区，腓尼基人的城邦也比希腊人的城邦早（公元前 10 世纪至公元前 8 世纪是腓尼基城邦的繁荣时期），但是，只有希腊人的城邦制度发展到极高的水平，并导致西方文明的发达。古代希腊城邦制度的形成和发展，是当时希腊社会经济发展和文化进步的结果，反过来又促进了社会经济和文化的进一步繁荣。城邦制度与希腊当时的社会发展相辅相成。

城邦通常是以城或市镇为中心，结合周边农村形成的经济政治共同体。希腊时期的城邦制度有以下特点：

第一，小国寡民。大多数的城邦国土面积一般只有百余平方公里，人口数万，但也有例外，如雅典的面积达 8000 多平方公里，人口超过 10 万。在战争期间，作为周围一切乡村居民避难所的城市，也是人们集会，从事宗教事务、交易和诉讼等的地方。

第二，长期分立，各自为政。虽然希腊古典时代的这些城邦在制度、风俗、语言、经济、宗教、文化上有相当大的一致性，但由于希腊属于丘陵地形，各城邦相对独立。发展到今天，形成东西方城市制度的不同。

第三，城邦的基本居民由两部分组成，即自由民和奴隶。自由民中又分为地主和小生产者。大地主多半是氏族贵族的代表，他们以剥削奴隶为主；而小生产者也分化出比较富裕但不显贵的农民，特别是手工业者，他们也剥削奴隶。

第四，实行国民政治，定期选举管理者。只有斯巴达的国王为终身制。

第五，经济上以小私有经济为主，商业较发达，无神庙经济，以家庭为生产单位和经济细胞。这与东方国家普遍奴隶制时期土地归国家或集体所有不同。

第六，军事上实行公民兵制，无固定军队。和平时期，公民以经济活动为中心；战争时期，所有公民都要为保卫城邦而战斗。

---

① 马克思恩格斯全集（第 46 卷）上 [M]．北京：人民出版社：1995：476．

3.3.2 斯巴达城邦与雅典城邦

古代希腊时期，形成的大大小小的城邦数量大约有 200 多个，在众多城邦中，从综合实力上看，雅典第一，斯巴达第二。通过对这两个城邦的了解，可以大致明确古希腊的城邦结构。

3.3.2.1 斯巴达城邦

斯巴达城邦是以农业生产为主要经济特征的城市。它是在多利亚人征服伯罗奔尼撒半岛南部的拉哥尼亚区域以后建立起来的。在征服拉哥尼亚的过程中，斯巴达人把原有的居民变成奴隶，称作希洛特。斯巴达是一个好战的城邦国家。公元前 8 世纪，斯巴达人又向邻邦美塞尼亚发动长达 10 年的战争，最后征服了美塞尼亚，将多数美塞尼亚人变成奴隶。希洛特被固定在土地上，禁止离开自己耕种的土地，而斯巴达公民每一个人都能从国家分得一块份地，也拥有份地上的希洛特。希洛特从事艰苦的农业劳动，每年将一半以上的收获缴给奴隶主，自己过着半饥半饱、牛马不如的生活。斯巴达是以农业为主的城邦，而农业生产主要由希洛特完成，城邦公民的主要任务就是战争。

一般情况下，斯巴达城邦男孩到 12 岁，就被编入少年队。他们的生活非常严酷，不许穿鞋，无论冬夏只穿一件外衣，睡在自己编制的草编上。所以，进入少年队的第一件事就是为自己制作一件草编。茅草来自湖边，搜集茅草时不能用刀，而是用手拔。他们平时食物很少，但教官鼓励孩子们到外面偷食物吃。如果在偷盗的时候被人发现，回来要挨重打，因为他偷窃的本领不高明。传说有一个少年，偷一只狐狸藏在胸前，狐狸在衣服内咬他，为了不被人发现，他不动声，直至被狐狸咬死。在军事训练的同时，斯巴达人还向儿童灌输斯巴达人高贵、希洛特低贱的观点。教官常在儿童面前任意侮辱、鞭打希洛特，甚至带他们参加"克里普提"活动，直接屠杀希洛特。

满 20 岁后，斯巴达男青年正式成为军人；30 岁成亲，但每天还要参加军事训练；60 岁时退伍，但仍是预备军人。斯巴达女孩 7 岁仍留在家里，但她们不是整天织布做家务，而是从事体育锻炼，学习跑步、竞走、掷铁饼、搏斗等。斯巴达人认为，只有身体强健的母亲，才能生下刚强的战士。斯巴达妇女很勇敢和坚强，她们不怕看到儿子在战场上负伤或死亡。一个斯巴达母亲送儿子上战场时，不是祝他平安归来，而是给他一个盾牌，对他说："要么拿着，要么躺在上面。"意思是说，要么拿着盾牌胜利归来，要么光荣战死被别人用盾牌抬回来。

从社会结构上看，斯巴达城邦的人群主要分为 3 个层次：①斯巴达人。这是城邦中的全权公民，完全靠剥削奴隶劳动生活，最盛时约有 9000 户。斯巴达成年男性公民加入一种军事性质的所谓"平等者公社"，成为斯巴达国家的统治阶层。②伯里俄科。这是被征服的边区城市的居民，他们是希腊公民，约有 3 万户，为自由民，在本地有自治权，但是没有斯巴达城邦的公民权；主要务农，也有的从事工商业。根据斯巴达城邦法律规定，在被征服国家中享有地而仍保有其希腊公民资格的人们，必须亲自耕种自己的土地，在生产过程中不能使用奴隶。在被征服的土地上，征服者成了土地的新主人，而他们并不是将原来的土地所有者变为奴隶，而是让他们继续耕种原来的土地，而在年终将部分收获物交给征服者。③希洛特。他们属于斯巴达城邦所有的农业奴隶，是从事农业劳动的主要劳动力，他们实质上是国有财产，只有国家才能释放或贩卖他们。斯巴达城邦将被征服的土地分成份地，强迫被征服者（希洛特）在这些份地上劳动。希洛特须将收成的半数交给从国家领到份地的斯巴达公民。希洛特可以支配简单农具及一部分产品，但无政治权利和人身自由，不仅受持有份地的斯巴达公民剥削，战时还必须到军中服劳役。斯巴达国家对希洛特操有生杀予夺之权。希洛特不论是否有过错，每年都必须挨一次鞭打，以使他们不忘自己的奴隶身份。

3.3.2.2 雅典城邦

与斯巴达城邦不同，雅典是工商业城邦。雅典地区不适于农业，但盛产白银和建筑用的黏土、大理石等，所以，雅典很早就成为工商业中心。

公元前 8 世纪，雅典的政权全部掌握在土地贵族手中。土地贵族，主要是大地主和奴隶主，通过高利贷剥削小土地者。这一时期，一方面贵族与平民的矛盾日益尖锐，社会上贫富悬殊明显。在梭伦进行改革前，雅典农民的境况是极其艰苦的，借了财主的债若还不清，财主就在借债者的土地上竖起债务碑石，借债者就会沦为"六一农"，他们为财主做工，收成的六分之五给财主，自己只有六分之一。如果收成不够缴纳利息，财主便有权在一年后把欠债的农民及其妻、子变卖为奴。很多雅典公民还不起债而逃到其他城邦，民怨沸腾。愤怒的穷人希望平分富人的土地和财富，而富人却不愿意放弃自己得到的任何利益。另一方面，贵族与富裕的工商业奴隶主的矛盾也很突出，贵族把持国家政权，包揽官职，制定法律，压迫平民。贵族是世代相传的，以血统而论。公元前 7 世纪，随着雅典工商业的发展，部分人发财致富，成为工商业奴隶主。他们经济上富裕，但政治上没有地位，不满贵族的统治，逐渐与平民站在一起。由于社会问题尖锐，激烈的冲突似已不可避免，而一旦陷入内战则可能倾覆城邦。公元前 594 年，梭伦担任雅典首席执政官，调解已经白热化的穷人和富人的冲突，他进行了一系列改革，为雅典经济繁荣打下了基础。

梭伦改革主要包括经济改革和政治改革两个方面。

经济层面的改革，主要包括以下内容：①颁布"解负令"，即废除农民欠土地贵族的债务负担，废除债务奴役，禁止将雅典人卖作奴隶；废除雅典公民以人身作抵押的一切债务，禁止再以人身作抵押借债，由国家出钱把因无力还债而被卖到异邦为奴的人赎回。这一措施使雅典公民集体中的中、小所有者力量得到发展壮大。②鼓励工商业发展，当时规定每一个家庭父母必须帮助子女学会一门手艺，否则子女可以不赡养老人；鼓励外邦手工业者移居雅典并赋予公民权。为促进商业发展，当时规定鼓励谷物进口和限制谷物出口，鼓励出口葡萄酒、橄榄油。梭伦还改革度量衡，铸造雅典新币，制定了一些有关财产继承、禁止厚葬、抚恤为国牺牲公民的亲属等法令。

政治层面的改革，主要包括以下内容：①废除世袭贵族的垄断，不再以出身而以财产的数量来划分公民等级。按一年农产品收入的总量把公民分为 4 个等级，分别规定与其等级相应的政治权利。第一、二等级的公民可以担任国家高级官职；第四等级的公民不能担任官职，但有权参加公民大会和民众法庭。②设立四百人会议作为公民大会的常设机构，作为最高行政机关。四百人会议由 4 个部落各选 100 人组成，除了第四等级外，其他公民皆可当选。③设立陪审法庭（也译为民众法庭，相当于最高法院），作为最高司法机关，任何公民都有权上诉。陪审法庭的陪审员由所有等级的公民经抽签方式选出。陪审法庭受理并裁决公民投诉或上诉的案件，扩大了公民的权力。④制定新法典取代德拉古的严酷法律，只保留了其中有关杀人罪的部分，使整个雅典法较有人道色彩。

恩格斯高度评价梭伦改革。在 1884 年 10 月出版的《家庭、私有制和国家的起源》一书中，恩格斯指出：在梭伦改革后的 80 年间，雅典社会就逐渐采取了一个它在以后数百年中都遵循着的发展方向。在梭伦以前的时代盛行的农村高利贷，以及地产的无限制集中，都受到了节制。商业以及靠奴隶劳动日益大规模发展起来的手工业和工艺，都成了流行的职业。人们也比较开通了，旧时残酷剥削自己同胞的方法已经弃而不用，如今主要是剥削奴隶和雅典以外的买主了。动产，即由货币、奴隶以及商船构成的财富日益增加，但是，这时它已经不是单单用作购置地产的手段，像在眼光狭小的最初时期那样，它已经变成目的本身了。

3.4 希腊大殖民运动

3.4.1 希腊大殖民运动的原因

公元前 8 至 6 世纪，希腊人在城邦形成的同时，进行了广泛的海外殖民运动，殖民的范围扩展到地中海大部分地区和整个黑海沿岸，因此在历史上称为"大殖民"。大殖民是由当时希腊社会的经济、政治条件造成的。此时，殖民者大量出现的原因有以下几点。

3.4.1.1 人口过剩

城邦的特点是小国寡民，耕地有限，人口增长一旦超过土地的承载能力，就必然产生扩大土地的要求，而这种扩大土地的要求往往是通过殖民活动实现的。在狭小的城邦范围内，当时的生产力发展水平还满足不了更多人口的需要，"唯一的出路就是强迫移民"。公元前 7 世纪后期，提洛岛大旱，7 年无雨，居民被迫抽签从两兄弟中选出一人，到库列涅去殖民。

3.4.1.2 工商业奴隶主寻求海外市场和原料产地

希腊城邦中，有的不适于发展农业，但适于发展工商业，所以工商业比较发达。但城邦自己的市场不能吸收这些商品，原材料也不能满足供应，所以，必须向海外扩张。当时，工商业比较发达，工商业奴隶主十分活跃，他们为了寻求更多的原料和奴隶的来源而另辟新路，到外地建立商业据点。他们的商业据点逐渐形成城邦。

3.4.1.3 社会矛盾

当时，希腊有些城邦中社会贫富分化严重，在贫富分化过程中失地的农民，为了谋生，只得纷纷外流。城邦内部政治斗争激烈，斗争中失败的集团在本城邦难以立足，便纷纷外迁。多利亚人在移民过程中，曾造成旧地主与新征服者之间的矛盾和冲突。在被征服者中，有许多人不愿意接受降低了的地位，于是便离开自己的祖国去寻找能够完全属于自己的土地。而在征服者中，也有人由于对征服土地分配不满意或因更富于冒险性而继续泛海前进。许多城市在政治机构没有完全稳定之前就经历了内战、革命，而失败的领袖和人员的土地被没收，他们本人被驱逐出境，这部分人也不得不出去寻求新的土地。另外，希腊的私生子没有继承权，为了继承财产，这些人曾发动暴动，被镇压后往往转向海外建立殖民地。

殖民者到达目的地后，立即赶走或奴役原住居民，分配土地，推行奴隶制生产方式，建立起新的城邦。这类城邦一般实行母邦的政治制度，但在政治上不依附母邦，而是独立的。

希腊人的殖民范围很广，西至西西里岛、西班牙、法国和意大利南部；南临非洲北岸，不过所占地区很少，因为这里有上埃及和迦太基（腓尼的殖民地）；东及东北达小亚细亚和黑海沿岸。

3.4.2　希腊大殖民运动的影响

3.4.2.1　给殖民地人民造成了巨大的灾难

移民运动的性质是属于政治、经济扩张，移民城邦与原有母邦的关系是侵略、奴役和剥削的关系。希腊殖民者侵占原住居民的土地，掳掠奴隶、掠夺资料，进行商业剥削和抢劫，给殖民地原住居民造成了巨大灾难。

3.4.2.2　殖民活动使希腊人的活动范围大大扩大了

过去，希腊人的活动范围仅限于希腊本部和附近岛屿，而现在则穿过爱琴海，环绕着黑海，在利比亚、西西里岛和意大利南部，甚至远至塞浦路斯、西部高卢等地都有希腊人活动的场所了。由于希腊人的开发，这些地区的土地和自然资源价值都显著提高了，耕地、草原、牧场的范围与收获都大大增加。原料的多样化给希腊经济繁荣带来了新的因素。

3.4.2.3　使希腊人牢牢掌握了海洋

殖民地紧邻海洋，希腊人占据了这些富庶的地方，并在远方许多海岸建立了商站和贸易中心以后，也就同时占有了那里的海洋。是海洋将希腊的土地分开，也正是海洋将它们连接起来。这种联系也是通过贸易实现的：希腊人从事麻、毛、金属、陶土、皮革等物品的制造，已经不是为了满足自己家庭的需要，而是为了供应国内市场特别是海外市场的需要。从前，腓尼基人在希腊港口卸下他们的货物，与土产相交换；而现在，希腊的航海家和商人亲自到埃及、叙利亚、小亚细亚，以及欧洲的其他民族中推销自己的手工业品、艺术品、纺织品、武器和珠宝等。

3.4.2.4　促进了希腊世界的分工

殖民地的拓展和贸易的扩大，促进了希腊世界的分工。一些新建的城邦，地处土地肥沃的农业区，可以为希腊本土的城市提供粮食及副产品，还可以作为加工厂、制造车间、市场或贸易中心。这以后，希腊本土的城市成了专业性更强的工商业城市，希腊成了地中海的手工工场和贸易中心。即使是农业，也在希腊世界里实现了有效的分工。由于希腊的土壤、气候更适宜于种植葡萄和橄榄，所以就取代了耕种粮食，而改种葡萄树和橄榄树，这两种作物的产值要比粮食高得多。在希腊世界的分工体系中，希腊本土处在分工等级中的最高级，享有分工的最大利益。这是希腊经济高度繁荣的重要原因之一。

3.5　希腊城邦奴隶制经济

3.5.1　奴隶的来源

希腊城邦奴隶的来源有多种途径，一个普通人变为奴隶或一个奴隶主获取奴隶，主要通过以下几种方式。

3.5.1.1　战俘

希腊城邦是典型的奴隶制城邦，城邦与城邦之间会因为政治原因、经济原因或其他原因而发生战争，战争的结果总是一方取得胜利，一方征服另外一方；战胜方除了获得失败方的财富和土地以外，还把失败一方的人口变为奴隶。所以，从奴隶的来源上看，最主要是通过战争，将战俘在奴隶市场上出卖。例如，雅典统帅西门在攸里梅敦河战役之后，在市场上出卖了2万名战俘。

3.5.1.2　奴隶贸易

希腊从周边地区购进大批奴隶，尤其是从黑海沿岸、色雷斯和伊利里亚地区，那里的部落领袖常把本氏族部落成员卖为奴隶。此外，小亚细亚流行债务奴隶制，该地是希腊奴隶的另一稳定供应地。

3.5.1.3　自然生殖

根据希腊法律规定，奴隶生的孩子自然为奴隶。

3.5.2　希腊奴隶的总数

虽然古代希腊没有留下确切的人口统计材料，但从各种数字存留较多的雅典看，奴隶总人数至少在7~9万，即和公民及其家属总数几近相等。古代世界尚无一个国家的奴隶与自由人有如此高的比例。

3.5.3　奴隶交易

在公元前5世纪，雅典即成为奴隶贸易的主要中心。雅典的奴隶市场每月安排一次奴隶拍卖，卖不掉的奴隶再转运到其他市场。开奥斯岛曾是爱琴海地区最大的奴隶市场之一，萨莫斯岛和提洛岛等地也是较大的奴隶市场。奴隶贩子在出卖奴隶时，把奴隶展览于特设的高台上，并向顾客介绍奴隶的生理特点以及脾气、年龄、性格、特长等。奴隶的价格因供求和"商品"的质量不同而有所不同。在公元前5世纪初，一个男奴隶平均价格约为167达拉克姆，女奴隶的价格为135达拉克姆~220达拉克姆，会手艺的奴隶价格要高一些，性格温顺的奴隶价格也要高一些。一名奴隶的价钱相当于一个成年人一年的饭钱。拥有奴隶不仅是体面的象征，而且是创收的源泉。

3.5.4　奴隶的地位

希腊思想家把奴隶定义为"一种有生命的财产"，"是一切工具中最完善的工具"。由于奴隶是物品、工具，所以希腊人一般把他们排除于法律保护范围，不把奴隶当人看。如对不听话的奴隶可施以刑罚：戴镣铐、拷打、扭关节、灌醋、火烧，直至杀死。但个别地区，如克里特的哥尔金法则允许奴隶与自由人结婚，婚生子女可成为自由人。雅典奴隶可在街上同公民一样行走，不必给自由人让路，奴隶主没有任意杀死奴隶的权力。奴隶在不同的城邦虽然在地位上有些许差别，却不能改变奴隶是社会最低下、最受压迫和剥削的阶级这一事实。由于奴隶制渗入到城邦生活的各个领域，给整个希腊社会打上了深刻的烙印。

3.5.5　奴隶的使用

在早期，奴隶的普遍使用主要是在家庭中，各个等级的公民家庭中都使用奴隶，甚至最贫穷的等级也有使用奴隶的，当然，富有的等级使用的家庭奴隶数量最多。奴隶在主人家中充任看门人、清洁工、厨子、理发匠、歌舞伎、使女等。较高级的奴隶是奴隶主的管家、文书、教师、医生等知识奴隶。富裕的奴隶主上街时必须有奴隶和女奴跟随，在远征、商业旅行等场合也要有奴隶跟随。

公元前 5 世纪，除了在家庭中使用奴隶劳动以外，许多生产部门也已普遍使用奴隶劳动。因此，从使用面的广泛性来看，希腊被公认为是最典型的奴隶制社会。

在农业生产中使用奴隶非常普遍，通常可分为 3 种情况：①斯巴达式的国有奴隶制，农业劳动全由希洛人承担。这种形式不仅见于斯巴达，其他地区也可见到。②贵族田产中使用的奴隶。这种奴隶在管家的带领下劳动，是农业中使用私人奴隶的集中方式，但规模不大，一般在 20 人左右，也不普遍。③自耕农或小农使用的奴隶。这是希腊农业中使用奴隶最常见的形式。当时的奴隶价格大约相当于一头毛驴的价格，所以使用奴隶的小农户很普遍，数目从两三名到五六名不等。

在手工业生产中也普遍使用奴隶劳动。一般小作坊使用五六人至 10 人左右，大作坊使用的奴隶为 20~30 人，有的甚至多达 100 人。有一类从事手工业和商业的奴隶，他们不与主人同居，而是另住别处，但要向主人缴纳一定的人身租。这些奴隶境况稍好一些，甚至可以组成家庭。

除此以外，还有国家机构中使用奴隶的情况，如下级公务人员、狱卒、街道清洁工、造币工人和警察使用奴隶。在雅典，担负公共事务的奴隶约 700 人，他们比私人奴隶有较大的独立性，可以成家立业。雅典的警察通常是从斯基泰人出身的国家奴隶中补充的，他们仍保持斯基泰人的习惯，用短剑和鞭子做武器。所以在雅典，"斯基泰"成为"警察"的同义语。在大型建筑工地做工的奴隶也是国家奴隶。使用奴隶数量最多的是国有矿山，著名的劳立温银矿，使用奴隶曾达 1000 多人。奴隶们在有害健康的条件下进行劳动，而得到的仅仅是不至于饿死的少量食物。

3.6　希腊经济发展

使希腊城邦实现高度文明的是发达的工商业，但这种工商业的发达，仍然是建立在农业发达的基础之上的。希腊各城邦经济发展极不平衡，除少数发达的工商业城邦外，大部分地区还是以农业为主的。不过，希腊的农业也是市场农业，即与市场和贸易紧密联系在一起的，并不是自给自足农业。由于希腊幅员较广，地理条件差异较大，并不是每个地区都适于种植同样的植物。所以，在希腊农业中存在着比较合理的区域分工。一般来说，希腊本土主要生产葡萄和橄榄，并做成葡萄酒和橄榄油输出，而谷物不能满足自给要依靠输入。

3.6.1　希腊的农业

从土地经营方式来看，希腊农业主要有直接经营和间接经营两种类型。直接经营主要有 3 种方式：亲自耕种、由奴隶和自由劳动者耕种，以及由束缚在土地上的隶农耕种。小农的土地都是农民亲自耕种的，主要依靠家庭成员，有时也有一两个奴隶。有些城邦法律要求在被征服国家中享有份地而仍保有其希腊公民资格的人们，必须亲自耕种土地，不能使用奴隶。间接经营方式主要是将土地出租，收取一定数量的收获物或者一定数额的租金。

差不多所有的希腊城邦都存在着大土地占有制与小土地占有制的矛盾。这种斗争引起国家对土地关系的干预。这不仅是由于农业是希腊城邦的经济基础，还由于农民是国民军的基本成分。所以，国家一直阻止大地产制的发展而保护中小地产，通过对土地关系的调整，维持农民的独立性，以保证城邦的战斗力，而这种战斗力又是城邦奴隶占有制经济存在和发展的基础。所以，这些城邦制定了国家对土地占有方式的监督制度。这种监督主要表现在禁止占有超过规定最高限额的土地，以及禁止对一定数额的份地进行抵押和接受抵押。

3.6.2　希腊的手工业

不少城邦的手工业很发达，在公元前 5 世纪时达到相当高的水平。雅典在公元前 6 世纪成为希腊的手工业生产中心。雅典的手工业规模不大，但分工精细，有陶器作坊，有皮革厂、武器制造厂和乐器制造厂；不仅有专门制造车、船、马鞍、马具、鞋的人，而且有只做缰辔的马具店，还有专做男鞋或女鞋的鞋店。奴隶占有制小作坊是希腊手工业生产的基本组织单位，但使用奴隶的作坊主有时同奴隶一起劳动。获得信任的奴隶，如监工，往往管理作坊。手工业的工具是很原始的，作坊内部的分工很不具体，任何一个手工业生产部门都没能使奴隶有稳定、固定的专业。尽管一件产品的全部生产过程都在一个作坊内完成，但每个奴隶都是从头到尾制造一件产品，技术分工常常是偶然的。作坊主多半同时经营商业和高利贷，有时也经营农业。奴隶主使用廉价的奴隶劳动，不关心作坊设备的改善；奴隶在极差的条件下劳动，没有任何积极性，常常怠工、破坏工具。作坊中也使用部分自由民，他们通常是丧失了土地的农民。手工业中还有部分不依靠奴隶而只依靠家庭成员劳动的自由手工业者。这是由于不少工作需要较高的技术，而奴隶没有劳动积极性，一般不关心技术，也不关心设备的改善。

金属采掘和加工在希腊经济中占有重要的地位。铁的产地在拉科尼克、爱琴海各岛和黑海南岸。除阿提边而外，在塞浦路斯和马其顿也开采银矿。采矿工具极其简陋，只有锤子、鹤嘴锄、锹等。在地下采掘时挖掘的矿坑很浅，通常不到1米深。属于国家的罗立温矿山，有上千奴隶，采掘出来的矿石在当地卖给商人。

3.6.3 希腊的商业与对外贸易

希腊的商业与对外贸易较为发达，但相对于国内贸易，海外贸易更加繁荣。希腊地势险峻，道路崎岖难行，交通工具也比较落后，运货的四轮车不是到处都可以通行的；牲畜也不足，所以运费很高，有时占商品价格的一半。一般来说，国内贸易是由小商贩进行的。他们跟随驮运货物的驴、骡等步行，或者随身捎带小商品，交易量较小。所以，通过陆路进行的内陆和城邦之间的贸易规模不大，也不占主要地位。城市中有一些小店铺，手工业者也为出售自己的产品而开设小店铺。不过，在某些城市里已经出现集中交易的商场，一般是将各种商品堆放在帐篷内或露天的场地，而大城市则有专门的商品陈列馆。所出售的商品包括农产品和手工业品，也包括奴隶和牲畜。每逢大的节日，寺庙附近成了特别的集市，许多希腊城市的卖主和顾客都集中到这里。最著名的庙会是在特尔斐的全希腊性质的阿波罗庙会。市场上有特设的公务人员监管市场的贸易。他们征收市场捐税，维持秩序，调节交易时发生的纠纷等。他们还负责根除一切破坏商业的行为，如克扣分量、尺寸不足等。公民大会推选出来的专职官员（度量衡吏）负责监督度量衡制度。对市场上供不应求的商品，制定有专门的规章来调节。例如，雅典和比雷埃夫斯的粮食贸易是由专职的粮食管理人员（粮食吏）控制的。

希腊三面环海，所以海上贸易比陆地贸易更发达。波希战争使得希腊在地中海大部分地区获得贸易和航海自由。波希战争结束后，古代希腊各城邦的商品生产和商品流通特别迅速地发展起来，形成了一些前所未有的商品流转的经济中心。在公元前5世纪中期，雅典海港比雷埃夫斯是爱琴海最大的商港，成为整个地中海的贸易中心，通过比雷埃夫斯出口的有橄榄油、葡萄酒、铜、铅、银、大理石、羊毛、金银制品、陶器和其他商品。在公元前5世纪，比雷埃夫斯成为几乎整个地中海商品的集散地。运到这里销售的商品有：埃及、西西里、博斯波尔的谷物，黑海的鱼、牲畜、皮革，米利都的羊毛，波斯和迦太基的毛毯，阿拉伯的香水，马其顿和色雷斯的亚麻衣料和帆布、大麻、造船的木材，来自高加索和伊利里亚的蜡、建筑木材等，奴隶也运到这里来出卖。

希腊的贸易基本上是自由的，国家没有什么限制，但个别商品除外。例如，希腊不出产粮食，所以粮食是最缺乏的商品之一，只要粮食运输受到影响，粮食的价格就要上涨，粮商和粮食抢购者常常利用这种情况囤积居奇，造成更大的混乱。为了避免这种情况，雅典国家特别重视粮食贸易，对粮食贸易严加管理，谷物只能从比雷埃夫斯输入。国家还发放大笔的粮食贷款，以便谷物的进口。国家干预粮食贸易的另一个原因是国家征收粮食周转税，这笔收入巨大，是国家收入的重要来源。国家对粮食贸易的干预甚至达到这样的程度，即国家有时按固定价格收购粮食和其他农产品，然后在国外市场上出售，或声称对一年的农业收获物的输出实行垄断。

3.6.4 希腊的货币与银行

由于希腊缺少金矿，货币主要是银币。货币关系在希腊经济生活中具有重要作用。一方面，货币是交易的媒介物；另一方面，货币本身也是交易的对象。在希腊流通的货币形形色色，货币的价值波动不定，这样，就需要一些货币兑换另一些货币，兑换商在兑换货币时，收取一定数额的酬金，有时酬金相当高。对外贸易的扩大使得希腊的货币制度更加复杂，兑换商的活动要求非常高，他们必须熟悉各种货币的行情和比价，必须鉴定每一种钱币的质量。货币支付需要非常复杂的手续，这就产生了非现金结算，并使得兑换店逐渐变成了交易的中介人，即某种接受存款并替存款人购买商品付款的"银行家"。存于"银行"中的钱不是死的资本，而是被贷出去，投入商业企业内，所以兑换商成了高利贷者。在公元前 5 世纪—公元前 4 世纪，希腊的高利贷现象已很普遍。寺庙在希腊的金融业务中起着同样重要的作用，大量资金曾以赠款和捐税的形式汇集于寺庙。寺庙发放贷款，不仅贷给个人，还贷给希腊城邦，有些城市变成了寺庙的债务人。借款利息使寺庙得到巨额收入。

3.7 希腊化世界的形成

3.7.1 希腊化世界

公元前 500 年—前 400 年，希腊形成两大集团。雅典周围集合了 170 多个城邦，建立了以民主政体为价值观的提洛同盟，雅典在各同盟城邦设军事基地，甚至雅典的海军司令部也设在海外同盟城邦的领土上。强大的雅典海军一度完全控制了爱琴海和黑海，成为那个时代的海上霸主。以斯巴达为首的伯罗奔尼撒同盟的政体是贵族寡头政治，其价值观与雅典为首的提洛同盟有根本性冲突。在不断的冲突中，大规模的战争不可避免，提洛同盟积极准备推翻斯巴达贵族寡头政治的战争；不久，以攻击斯巴达的同盟国的方式发动了先发制人的战争，伯罗奔尼撒战争爆发。

雅典与斯巴达的争霸导致希腊经济的凋敝，也加剧了希腊城邦的阶级矛盾，使希腊城邦制度陷于危机之中。公元前 338 年，马其顿征服了全希腊。此后，马其顿王亚历山大经过将近 10 年的远征，建立了一个包括大片东方版图在内的大帝国。亚历山大死后，帝国分裂成一些独立的国家，即以叙利亚为中心的塞琉古王国、埃及的托勒密王国，以及原有的希腊、马其顿和其他国家，这些国家统称为希腊化国家。

希腊文明是以城市为标志的文明。所以，希腊化的重要内容就是东方城市的兴起。杜丹指出："希腊人的基本贡献是都市生活的传布。"亚历山大在远征过程中，在被征服的每一个区域都建设了城市来做榜样。除了这些城市外，还有许多古老的城市也接受了大批的希腊移民，以城市生活代替了传统的乡村生活，其中有些城市不久就富强起来了。于是，集中的都市代替了分散的乡村。所以，历史学家认为，亚历山大及其后继者所建设的不仅是战略地点、军事中心，他们还帮助当地人改变了生活方式。

希腊化的另一个重要贡献，是希腊化世界贸易范围的扩大。在希腊化过程中，希腊半岛逐渐没落了，但富足的东方由希腊人加以开发，却空前地繁荣起来。那里的城市迅速兴起，广大的商路被开辟，进出口和转运的中心出现了，远方的有些尚未接触的国家的物产都被吸引来了，并与中亚细亚、印度、阿拉伯、非洲东岸及西欧的市场有了往来。人们似乎知道了前所未闻的经济上的连带关系。各式各样的物品都流入这个繁荣的世界，它们能满足人们的需要，或者引起人们的需要，并导致希腊化世界经济的进一步繁荣。

古代东方各国的君主，通过对人民的横征暴敛，集中了大量财富特别是贵金属。这些作为统治者积累的财富，也用于他们的奢侈消费。而亚历山大将这些财富的一部分分配给军队中的老兵，让他们带回希腊；另一部分用于建设城市和其他公共工程。另外，大量贵金属作为货币投入流通，从而大大增加了经济的活力。东方君主有储藏巨额金银的习惯，而希腊人却将掠夺来的金银投入流通。例如，亚历山大将波斯王宫数以十万塔兰特的金银投入市场，其他将领也将掠夺来的金银投入流通。以后，各国统治者也加以仿效，加强国家铸币和金融管理。这样，就大大促进了工商业的发达。

各种资源的开发，对于东方国家的经济发展来说，并不是最根本的因素，还需要别的条件，即人的潜力，也就是首创精神与方法——自由、睿智、自觉努力等。这种首创精神与方法是希腊人带到东方来的。大批的希腊人移居东方，动摇了原住居民的冷漠心情，引起了他们对于工作的热情、对于进步的愿望、对于冒险的渴望和创造的精神。这与从前波斯统治者的暴虐、自私和漠不关心的统治形成鲜明的对比。开拓殖民地被认为是被征服国家的本地人与新主人的联合努力，本地人为各种经济活动提供劳动力，而希腊人则指导、改进和充实各种经济活动，结果取得了极大的成就。

亚历山大所征服的地区，包括自古就很发达的小亚细亚、两河流域、叙利亚等，希腊不可能将它的制度在这些地区完全推行。希腊一方面以空前的规模把城市生活推广到东方去，而在东方所建立的希腊国家则从古老文明中采取君主政治的政府形态。在尼罗河流域，托勒密朗诸王无论在哪一方面，都是古代埃及国王法老的继承者；在叙利亚和底格里斯河及幼发拉底河两岸，塞琉息咨王朝的权力与前波斯阿开密尼王朝的权力没有多大区别；但是，变化仍然是巨大的，这就产生了希腊制度与东方制度的结合。

3.7.2 希腊的衰落

亚历山大帝国的建立，既是希腊世界发展的高峰，也是希腊世界衰落的开始。亚历山大死后，亚历山大帝国随即瓦解，分裂成 3 个独立的帝国。位于东方的帝国在希腊文明的影响下，迅速地繁荣起来；相反，希腊本土却衰落下去。希腊衰落的根源主要表现在以下方面。

3.7.2.1 城邦创造性的来源与枯竭

城邦的根本精神是自治自给，是完全的主权和完全的独立，这是希腊文明创造性的根本来源。各城邦之间的激烈竞争和经常发生决斗性质的战争，是其致命的弱点。然而，这是随着它的特殊优点即创造性而来的。但城邦雅典在提洛同盟内对盟邦采取的政策，即通过招降盟国、出钱买得和平的"上邦政策"，削弱了其主权，从而成为附庸国家，而使它的公民不再有尚武精神；与此同时，又通过各种途径，招它自己的公民培养成为"上马杀敌，下马议事与审判"的群众政治家。这种自治体制的破坏，导致城邦创造性的枯竭。另外，希腊人在殖民过程中养成的冒险精神也是解释希腊繁荣的重要因素。然而，亚历山大帝国建立后，希腊殖民运动达到高潮，将希腊精神带到东方，导致东方的繁荣，而希腊本土却衰落了。事实上，希腊精神在希腊化过程中与东方文化融合了，最终掩没在东方文化的海洋中。

3.7.2.2 奴隶制的弊端导致希腊的衰落

希腊经济是建立在剥削奴隶劳动基础上的，所以希腊的兴衰也只有通过奴隶制的兴衰来说明。奴隶劳动的扩大，使奴隶制经济加强了对自由民经济的竞争，不少公民失去土地，变成无业游民。恩格斯指出：大量奴隶的存在，是由于许多奴隶在监工的监督下在手工工场、在大房间内一起工作。但是，随着商业和工业的发展，发生了财富积累，集中于少数人手中，以及大批自由公民贫困化的现象。摆在自由公民面前的只有两条道路：或者从事手工业去跟奴隶劳动竞争，而这被认为是可耻的、卑贱的职业，而且也不会有什么成效；或者就变成穷光蛋。他们在当时的条件下不可避免地走上了后一条道路；由于他们数量很大，于是就把整个雅典国家引向了灭亡。所以，使雅典灭亡的并不是民主制……而是排斥自由公民劳动的奴隶制。[①]

3.7.2.3 亚历山大远征与经济中心的东移

亚历山大东征时提出的口号是"把财富带回希腊"。但是，他们没有想到，虽然希腊夺得了东方的财富，但希腊本土却没有繁荣起来；恰恰相反，经济中心逐渐转移到了东方。就像亚历山大把国都定在巴比伦一样，东方始终是希腊化世界的中心，经济也是如此。这就造成这样一个后果，即富裕的东方和贫乏的西方。历史事实证明，经济的繁荣是不可能建立在依靠战争掠夺财富的基础之上的。希腊化国家的历史，特别是希腊化国家东方繁荣与西方衰落的历史，是发人深思的历史。

3.8 罗马奴隶制度的兴衰

古代罗马是西方奴隶社会时期另外一个典型国家。意大利是古代罗马的发祥地，它的自然条件对于古罗马的形成和发展产生过很大的影响。意大利是深入地中海的一大半岛，因亚平宁山脉纵贯全境而称为亚平宁半岛。半岛三面临海，像一只长靴，东为亚德里亚海，南为爱奥尼亚海，西为第勒尼安海；北面高耸的阿尔卑斯山，成为它和中欧的天然屏障。意大利半岛的气候属地中海型，冬雨夏旱，年平均气温较高，但少酷暑和严寒，境内河流纵横，土地亦相当肥沃，有利于农牧业的发展。意大利的海岸线虽长，但缺少良港，所以它的航海业不如古希腊沿海诸城邦发达。公元前509年，罗马建立了共和国。公元前2世纪，罗马成为地中海的霸主。公元前49年，军事将领恺撒夺取了政权。公元前27年，屋大维建立元首制，罗马从此进入罗马帝国时期。

---

① 马克思恩格斯选集（第4卷）[M]. 北京：人民出版社，1995：117—118.

从 370 年左右，罗马就已分裂为西罗马帝国和东罗马帝国。西罗马帝国的首都在梅蒂奥拉努（今米兰），东罗马帝国的首都在君士坦丁堡。但耐人寻味的是，东、西罗马帝国彼此并非敌对关系，反而在很多方面密切合作，同声共气。此后 100 年间，罗马城多次被外族攻占和血洗，西罗马帝国的实力和威严一落千丈。公元 476 年，西罗马帝国解体，末任罗马皇帝自己发出退位诏，宣布西罗马帝国不复存在，帝国的所有殖民地均可自行独立。东罗马帝国却得以保留，即后来的"拜占庭帝国"。

古代罗马曾经创造了发达的奴隶制经济。随着生产力水平的提高，古罗马创造了辉煌的文明，至今仍有大量遗址保留下来，成为人类文明的宝贵遗产。罗马拥有一支庞大的军队，不断对外征服，到公元 2 世纪，地中海周边所有的土地都纳入罗马的版图，地中海成为罗马的"内海"。罗马海军舰船游弋在地中海中，肃清了过去曾经猖獗的海盗，使地中海周边贸易前所未有地发达。罗马的社会管理也达到极高的水平。公元 2 世纪是罗马发展达到顶峰的时期，也是开始走向衰退的起点。曾经繁荣的罗马走向衰退的根源在于奴隶制的危机。随着生产力水平不断提高，奴隶制生产关系已经不能进一步促进生产力的发展，反而成为生产力发展的障碍；社会矛盾不断尖锐，在日耳曼民族的入侵下，庞大的帝国轰然倒塌。

罗马帝国后期，奴隶制经济开始出现危机。一方面，奴隶的劳动是社会劳动的主要构成部分，随着大规模战争的消失，奴隶来源减少，奴隶价格上升，导致生产成本上升；另一方面，奴隶劳动效率低下，奴隶的劳动与自身没有直接的经济关系，所以奴隶不愿意在劳动上付出努力，甚至时常破坏工具，虐待牲畜。罗马思想家科隆美拉认为，奴隶给土地带来极大的害处，他们把耕牛借给别人，又不好好放牧耕牛和其他牲畜。他还说，将土地交给坏奴隶去耕种，简直是交给刽子手。①

罗马帝国后期，社会结构在悄悄地发生变化。一方面，由于社会动荡，苛捐杂税十分沉重，很多小农不堪重负，为了寻求贵族的庇护，"献地"与"请地"成为农村中流行的做法。这一时期，相对于自由而言，安全与生存更加重要，使得过去身份自由的小农变成为身份不自由的"隶农"。另一方面，由于奴隶的劳动效率低下，奴隶主也改变了过去的剥削方式，由劳役地租向实物地租过渡。其具体做法是：给奴隶以一定的人身自由和财产自由，奴隶劳动成果中一部分归自己所有。这样调动了奴隶的生产积极性，奴隶也转化为"隶农"，大庄园制逐渐形成。

这一系列的变化为西欧封建制度的建立打下基础。在日耳曼民族的入侵下，在被征服的罗马土地上，一方面吸收罗马帝国后期的社会结构特征，一方面结合日耳曼的氏族制度，形成了一种全新的生产关系。

---

① 杨脉. 古罗马奴隶制时期经济史探究［D］. 重庆：西南大学.

4 中国及东方国家封建社会经济概述

4.1 封建社会概述

在古汉语中，封建是"封土建国"的意思，即分封土地、建立国家，天子把天下的土地除了自己直接管辖的王畿以外，其他的土地分封给诸侯，并授予他们爵位；诸侯再分封给下一级的贵族，诸侯和贵族在自己的领地上有相当的自主权。分封的目的是让他们建立封国和军队，保卫中央，收买人心。而封建社会是外来词，指一种社会经济形态。马克思考察欧洲社会发展历程以后，总结出人类社会已经出现和即将会出现的 5 种社会形态，其中之一就是"封建社会"（Feudalism）。中国早期翻译家最初并没有把 Feudalism 一词翻译成"封建社会"，如中国近代著名的翻译家严复在翻译亚当·斯密的《国富论》时把 Feudalism 翻译成"拂特社会"。据考证，日本学者最早将 Feudalism 翻译成"封建社会"。后来这种翻译方式传入中国被普遍接受，因为其发音与封建相似，并且和古汉语中"封建"一词本意也有着共同之处。

马克思所说的"封建社会"是一种怎么样的社会形态呢？要说清这个问题，必须回顾一下欧洲封建社会形成时期的那段历史。从 370 年左右，随着日耳曼氏族部落南下，罗马分裂为西罗马帝国和东罗马帝国。公元 476 年，西罗马帝国解体，日耳曼氏族部落联盟首领演变成国王。但是，欧洲的土地辽阔，国王既没有能力也没有经验管理好这么庞大的疆土，于是国王把辽阔的国土除了自己能够掌控的以外，其他的就分封给亲信和军事首领，获得分封的人成为贵族。而贵族的土地同样十分辽阔，于是效仿国君，把土地进一步分封。逐层分封以后，形成各种层次的贵族。所以，欧洲中世纪贵族有级别的差别，贵族层次从高到低分别是公爵、侯爵、伯爵、子爵、男爵。分封土地的人称为封君，被分封的人称为封臣，封臣在领有封君土地的同时也领有对封君的封建义务，最主要的封建义务包括：协助封君战争、向封君交纳贡赋、对封君臣服。封建义务是逐层体现的，即仅对向自己分封土地的封君有封建义务。所以，在欧洲有一句俗语："我的封君的封君不是我的封君"。通过土地逐层分封形成的这样的社会结构模式为封建社会。

我们再看一下中国的封建社会，事实上它分成两个时期，从周朝开始进入封建社会，分封土地，形成诸侯国。这一时期称为封建领主制时期。到了春秋和战国时期，开始逐渐实行土地私有制。从秦朝到辛亥革命这段时间，土地虽然名义上归帝王所有，但是事实上土地的实际控制权归各种大大小小的地主，地主把土地出租给农民，以收取地租，并不实行土地分封，与马克思所描述的封建社会有着很大差异。马克思本人曾声明，马克思主义史学仅适用于西欧，不适用其他国家、文明社会。但在苏联时期，将这一史学的适用性推向全世界，因此，对于中国社会发展阶段，即自秦朝至民国时期也称为封建社会。由于这个阶段与马克思所描述的封建社会有所不同，有些学者也提出这个阶段是"宗法专制社会"[①] 或其他的名称。为了与封建领主制时期相区别，我们称这一阶段为封建地主制时期。

封建地主制经济中，农民的生产活动与自己的利益紧密联系，能够调动劳动者的生产积极性与主动性，提高经济效率，与封建领主制相比，更具有先进性。而中国封建社会时期，封建领主制存在的时间相对短暂，主要是封建地主制时期。这一点与东方其他国家不同，东方很多国家（如印度）仅存在封建领主制时期而不存在封建地主制时期。所以，在亚细亚各个国家中，以中国封建时期经济社会最为发达，最有代表性。本章主要介绍中国封建社会的经济和社会演变。

4.2 封建领主制的起源及发展

4.2.1 中国封建领主制经济的特征

中国封建领主制存在于周朝。这一时期相对于夏、商的奴隶制经济来说，领主制经济有其优越性。这主要是因为农奴经济取得了相对的独立性，调动了农奴生产劳动的积极性。但是，随着生产力的发展，这种制度矛盾也就越来越明显。所以，中国封建领主制存在的时间并不长。

封建领主时期的土地制度的基本特点是井田制。所谓井田制，按照《孟子·滕文公上》的记载为："方里而井，井九百亩。其中为公田，八家皆私百亩，同养公田。公事毕，然后敢治私事。"关于井田制度，中国的历史学界一直存有不同看法，其中部分人否认井田制度的存在，认为井田制仅仅是孟子的主观推测而已，因为孟子的描述太过理想化。土地有河流、山川的阻碍，现实中很难形成完美的井田模式。而且，孟子所描述的井田制模式中，农奴占有的土地也太多了，领主的公田仅为 1/9；领主对农奴的剥削程度太低，与实际情况不符。

但是，更多的学者认为井田制度在中国历史上是存在过的，尽管形式上不一定与孟子的描述相似，土地存在"公田"与"私田"之分。不论是公田还是私田，占有权归领主，公田的产出物归领主所有，私田的产出物归农奴所有。农奴以耕种公田为代价获取私田的耕种权利。所以，我们理解的井田制，就是封建领主制度下的土地制度。从剥削方式来看，井田制是劳役地租的形式。井田制与农奴制相辅相成，也是领主制经济的基础。农奴离不开领主，领主也离不开农奴，领主拥有土地而没有劳动力，需要出让一部分土地的占有权而获取劳动力。农奴有劳动力而没有土地，必须出让劳动力而获得土地的占有权和使用权。

井田制度下的农奴经济，具有以下特点。

---

① 冯天瑜. 封建考论 [M]. 武汉：武汉大学出版社，2006.

4.2.1.1　农奴有了自己的土地，但农奴所拥有的仅仅是对土地的占有权而不是所有权

土地权利可分为所有权、占有权、使用权、收益权和处分权等。从理论意义上讲，国王是全国土地的最高所有者，领主对土地有占有权，他把一部分土地（私田）的使用权和收益权（甚至是占有权）出让给农奴，把公田的使用权给农奴而保留收益权。这样，农奴事实上占有了最基本的生产资料——土地，在一定程度上讲调动了农奴的劳动积极性。

4.2.1.2　农奴拥有自己的生产工具

生产工具和土地一样都是生产资料，但生产工具与土地相比只是次要的生产资料，土地属于农业社会时期的主要生产资料。农奴有了生产工具，会更好地爱护和使用生产工具，会在劳动中通过经验的积累不断改进生产工具，从而促进了新式工具的出现。所以，这一时期有很多新式农具被发明出来，如犁、锄头等，提高了农业生产效率。这也是领主制比奴隶制先进的表现。在奴隶制时期，奴隶会有意破坏生产工具，更谈不上改进了。

4.2.1.3　农奴要使用自己的工具，用固定的时间在领主的土地上无偿劳动

这种劳动纯粹是无偿的，劳动收获与农奴自身利益无关。所以，农奴是在强迫的条件下进行生产活动的，效率低下，常常消极怠工。因此，领主公田经济往往是低效率的。相反，农奴在私田中的劳动效率大大高于公田的劳动效率。农奴在完成领主土地中的耕作、管理和收获工作外，可以在自己的土地上从事自己的农务。这种制度安排，在一定程度上降低了社会效率，因为按照领主与农奴之间的约定，农奴要优先在领主的土地上劳作。但是，农业生产具有时间性、季节性的特点，有些时候要抢收抢种。农奴在最繁忙的季节大部分时间要在公田上低效生产，利用业余时间在私田上高效率劳动，常常误了农时，降低了农业生产效率。

4.2.1.4　领主与农奴的利益边界是非常清楚的

领主除在农奴提供无偿劳动的前提下保证农奴使用土地的权利外，对农奴的生产和生活方面不承担其他责任，他们的利益边界是非常清楚的。西周的农奴制不同于古典奴隶制。在古典奴隶制度下，奴隶是奴隶主的私有财产，奴隶死亡意味着奴隶主个人财产的损失，因此，奴隶主从个人利益出发也要保证奴隶的生命和健康。但是，农奴不是领主的财产，农奴只是依附于领主，农奴为领主耕种"公田"，而领主允许农奴耕种"私田"，即份地。同时，西周的农奴制又与前朝的普遍奴隶制不同。普遍奴隶制下的"普遍奴隶"是属于国家的，并没有明确的个人归属；但是，在农奴制度下，农奴有了明确的归属，即属于具体的某个封建领主。不过，这种归属并不是直接属于领主，而是以土地为媒介，即由于属于某块土地而属于某块土地的所有者。所以，领主与农奴之间的关系，就是农奴为领主耕种"公田"，而领主保证农奴的"私田"即份地，除此之外，领主对农奴的生产与生活不负任何责任。

4.2.1.5　农奴有了自己的利益

农奴份地上的收获物，除了一部分要以赋税形式提供给领主外，其余归自己所有。

这样，农奴就有了自己相对独立的经济。农奴有自己的家庭，家庭是农奴经济的基本单位。农奴以家庭为单位从领主那里接受份地，并经营自己的份地。农奴经济既然是相对独立的，就必然自担风险。对于农业来讲，风险主要是自然风险和市场风险。由于自然经济占统治地位，市场交换不发达、不普遍。农奴经济的市场风险极小，主要风险来自于自然灾害。由于"公事毕，然后敢治私事"，农奴经济的自然风险较之领主要大得多。不过，由于农奴及其家庭成了具有一定自主权的经济主体，有了相对独立的经济利益，与领主的利益边界大致是清楚的，所以，农奴就有在份地上投入更多劳动的愿望。

4.2.2　中国封建领主制的衰落

封建领主制这种社会结构模式在中国延续的时间并不长，很快被封建地主制所取代，因为这种制度自身存在一定的缺陷，不能有效地促进社会生产力的发展。

4.2.2.1　封建领主制的弊端

（1）农奴的劳动生产率极低，使公田经营日益困难

农奴在领主公田中的劳动，是为领主提供的无偿劳动，没有积极性；相反，在自己份地上劳动积极性很高。如《吕氏春秋》中记载："今以众地者，公作则迟，有所匿其力也，份地则速，无所匿其力也。"但是，领主为了维护自己的利益，用各种强制手段保证公田中的劳动，这样就破坏了份地上的劳动生产率，结果使整个经济效率低下。

（2）由于农业生产力的提高和人口的日益增加，领主制遭到破坏

领主制是建立在土地与人口比例稳定的基础上，但是，人口数量不断发生变化，而可以耕种的土地面积变化不大，使得原有的人口与土地的均衡关系被打破，随着人口的增长，出现"土地小狭，民人众"（《史记·货殖列传》）的局面，原来根据人口分配份地的制度已经无法实行。这样，以井田制为基础的领主经济制度也就濒临瓦解。

（3）领主为了维持巨大的开支，就必须对现有的土地剥削制度进行改革

领主为了满足自己的奢侈消费和不断争夺土地的战争，开支巨大。要维持这种巨大的开支，就必须对现有的土地剥削制度进行改革。井田制是以劳役地租为剥削方式，但这种方式效率是低下的，必须有一种新的剥削方式来取代。这便导致领主制的瓦解。

4.2.2.2　封建领主制经济衰落的表现

（1）领主之间争夺领地的战争导致土地的转移，并使封君与封臣之间关系被削弱

领主之间的战争导致封土在领主之间的转移，导致原有的封君与封臣关系的改变。通过战争而获得的土地，因为不来自上级领主，所以这块土地也就不属于封土，无须尽任何封建义务，土地也就不是"王土"了。春秋战国时期，由于封建领主之间争夺封土的战争频繁不断，土地也就在各封建领主之间频繁转移，导致封建关系的混乱，封君与封臣的关系逐渐削弱，所谓"君不君，臣不臣"（《论语·颜渊篇》）。

（2）领主对农奴控制减弱，劳役地租向实物地租转变

地租形式的变化，表面上看是改变了剥削方式，实际上是改变了土地制度。地租形式的变化标志着土地制度的变化，即承认土地的实际占有权和使用权。

（3）农奴与领主的关系也发生了变化，农奴成为身份自由的农民

既然农奴可以不在领主的公田上劳动，而是通过交税完成封建义务，这样，农奴与领主的关系就成为一种契约关系，人身依附关系至少是减弱了。农奴只要缴纳一定量的地租，就可以自由支配原有的土地，享有土地上的收益。农奴对领主的人身依附关系发生变化，只要不依附于土地，就无须依附于领主，农奴的自由身份开始形成，农奴变成了身份自由的农民，相应的，领主的身份也变为地主。到战国时期，封建领主经济走向衰落，代之而起的是地主制经济。

4.2.2.3　历史上封建领主制经济复兴

在中国历史上，地主制经济兴起与发展的同时，领主制经济的残余始终存在，并且时有复兴。领主制经济的复兴主要有两种情况：一种情况是北部游牧民族南下，将他们的奴隶制经济带入中原，但他们又不可能在中原直接建立奴隶制，所以，事实上只能在遭到严重破坏的中原地主制经济基础上，恢复领主制和农奴制；另一种情况是封建统治者为克服土地兼并，试图重建领主制。在土地私有和自由买卖制度下，中国历史上土地兼并问题一直是困扰统治者的一个无法解决的大问题。

4.2.3　印度与日本封建领主制社会概述

4.2.3.1　印度封建领主制社会

在东方，印度的封建经济也很有特色。在印度历史上没有出现过封建地主制经济，占统治地位的是封建领地与公社相结合的经济形态。芨多王朝（320－540）灭亡后，奴隶制向封建制过渡。到7世纪戒日王朝（606－647）建立后，土地被宣布为国有，然后以分配和赠送的名义分封给臣属及各封国。各臣属的封地称采邑，臣属人等皆自食采邑。各封国也照此办理，把土地分给下级贵族作为食禄的采邑。最初的封地还以禄田的形式存在，以后转为世袭领地，受封者转化为封建主。14世纪，德里苏丹王国的领土扩展到最南部，苏丹通过晋封伊斯兰教军事贵族的形式，建立了新的领地经济。这种军事贵族的封地称为"伊克塔"，开始只是用以取得租税以供养军队，以后逐渐转变为世袭领地。与此同时，国王和阿訇也各有领地，称"哈斯"和"伊纳姆"。16世纪上半叶建立的莫卧儿帝国，也是将土地收归国有，皇帝除自己占有一部分皇庄外，将土地以采邑的形式分封，封给军事贵族的采邑称"札吉达"，采邑主称"札吉达尔"，以为皇帝提供一定数目的骑兵为条件，享有收取租税权，不能世袭；封给王公和各级封建主的采邑称"柴明达"，采邑主称"柴明达尔"，柴明达可以世袭，有租税权，但必须向皇帝纳贡。

印度封建领主制的特点是，领主一般不直接经营采邑，而是将土地分给农村公社，农村公社以向土地最高所有者国家缴纳田赋为条件，对所耕种的土地享有永久占有权。公社占有的土地按人口平均分配给社员耕种，有的地区定期重新分配土地。公社负担的田赋也按不同情况分配给社员，每个公社都是自给自足的经济单位，主要任务除了维持年复一年的生产和生活外，就是保证向封建主缴纳贡赋。

莫卧儿帝国晚期，随着商品货币关系的发展，这种封建领主经济开始瓦解。一方

面，札吉达与柴明达的区别消失，札吉达也成为世袭封地，封建贵族为了追求货币，将领地上的租税包给高利贷者；另一方面，公社内部也发生了变化，一部分土地已经转入商人和高利贷者手中。英国殖民者到来后，尽管仍保留并利用了这种制度，但由于资本主义生产关系的引入，这种封建关系开始逐渐消亡。

4.2.3.2 日本封建社会

日本历史上的封建关系比较复杂，也不够典型。公元646年，大化改新标志着日本封建关系的建立。大化改新宣布土地为国有，解放奴隶成为公民。天皇对官吏授予职田，对各类贵族给以封地，封地和职田由贵族和官吏自行出租。封地解除国税，职田的租税部分上缴国家，部分作为俸禄留用。国家对农民实行班田制，即计口授田制，农民承担国家的租庸调义务。大化改新实际上是模仿中国唐朝的均田制度进行的，不同的是，大化改新是在废除奴隶制基础上进行的，所以更多地保留了原有的经济关系色彩，具体说就是保留贵族的封地。另外，日本的土地国有也与中国不同。这些特点对日本以后千余年的土地关系产生了深远的影响，即领主制经济发达，只是在幕府末期才出现领主制经济，在明治时期才得到法律承认。11—12世纪，由于律令土地制度的崩溃，国家已经不能维持班田制、维护水利灌溉设施，从而给传统的农业经营方式造成困难。同时，由于水稻生产的特点，需要较为集约的劳动，因此，那些具有独立经营条件的庄园领主取得了胜利，班田制被彻底废除，大封建领主制经济迅速发展起来。

封建领主制发展的途径有两条：①一般土地所有者请求大贵族地主保护，而大贵族地主往往在僧侣贵族和世袭贵族中寻求庇护，这样就形成一种层层附属的关系；②在军事混战中形成的军事贵族集团把土地授给立战功的武士，从而形成封建领有关系。在这个封建等级制度中，中央贵族称为"本所"，较高级的领主称为"领家"，而直接经营庄园的领主则称为"庄官"，从而形成一个由本所—领家—庄官构成的封建等级制度。

镰仓幕府时期，形成一种所谓"御家人"制度。这里，将军作为主君赐封武士，赐封包括许多有形和无形的权益，主要有土地、守护职、地头职以及寓所职、庄官职等；作为回报，御家人要对将军服军役。没有与将军结成主从关系的领主为非御家人，是独立的领主，但在军事上和政治上要服从将军的统治。南北朝和应仁之乱以后，幕府势力被削弱，有实力的领主脱离幕府各自分立创建了大名领国制。到江户幕府时，这种领主经济相当发达，在国有土地名义下，全部土地皆被大小封建主占有，形成天皇—幕府—藩镇—武士的层层领有关系。

日本领主从不经营自己的土地，而是在农庄设总管即庄官代为管理，这样就形成一种寄生地主制。直接对农民进行剥削的是这些"二地主"。这种寄生地主制到明治维新后仍残存着。到幕府后期，由于商品货币关系的发展，这种封建领主经济逐渐瓦解，土地逐渐转入大商人、高利贷者和富裕农民手中。1871年，明治维新实行了土地改革，这种封建关系最终废除。

4.3 封建地主制经济的起源及发展

封建地主制在中国延续2300多年，从秦朝到辛亥革命之前，可以说世界上没有哪一个国家有如此漫长、如此发达的封建地主制。战国时期是中国封建领主制经济向封建地主制经济的转变时期。这个时期，经济制度的变化可以概括为两个相辅相成的生产关系运动：一方面是封建领主制经济的瓦解，另一方面是新的土地制度和剥削制度的建立。造成这种转变的主要因素是战国时期商品货币关系的发展。由于农业和手工业分工的发展，社会需求的多样化，导致交换的发达。

商品货币关系的发展，侵蚀了原有的封建领地制度，破坏了原有的生产关系，加速了土地的私有化。一方面，一些封建领主为了满足奢侈消费和积累偏好，追求货币财富，不惜放弃对土地的权利；另一方面，一部分人手中积累起货币财富，从而有可能购置土地，这样，就出现了土地买卖现象。而封建主之间争夺领地的战争导致原有封建关系的破坏，维护原有土地制度的力量逐渐消失，土地买卖日益成为普遍现象。而土地在不同所有者之间的转移，进一步破坏了原有的土地关系，土地事实上成为私有财产。土地事实上的私人占有和买卖，为地主制经济的建立奠定了基础。

4.3.1 中国封建地主制土地制度的特征

中国封建地主制的土地制度是私人占有，私有土地主要来源于以下几个方面：

第一，国有土地分配。地主土地的最初来源是封建王朝的土地分配。在中国历史上，通常在王朝建立初期，都进行大规模的土地再分配，即所谓占田、均田等。这种土地分配从原则上讲是比较平均的，并且是以人口为分配标准的；但官僚和有势力的大地主，会通过合法的或不合法的手段，得到更多的土地。于是，从一开始就产生了土地占有上的不平等，这种不平等又为以后土地的流转和再分配打下了基础。占有更多土地的地主在经济上占有优势，而小农由于各种原因丧失了经营能力，往往不得不出卖自己的土地。

第二，战功和赏赐。早在战国时期，秦国商鞅就制定了鼓励耕战的政策，在战争中立下战功的人可以获得土地。通过战功获得土地的人往往成为"军功地主"。以后，历代王朝都采取以土地奖励战功的做法，所以，战功成为地主土地的来源。在以农为主的经济中，土地是主要生产资料，也是主要的财富形式。因此，封建主在赏赐朝臣时，也往往赏赐土地。这种赏赐的数量动辄千亩甚至上万亩，赏赐一次就产生了大地主。

第三，土地买卖。通过战功和赏赐获得土地，是地主土地的最初来源，不可能普遍，地主土地主要靠买卖获得。封建土地买卖制度，是中国封建土地制度与西欧封建领主土地制度的主要差别。只要土地可以买卖，土地就可能在不同的所有者之间转移。所以，中国历史上的大地主只有少数是通过战功和赏赐产生的，大部分是通过土地买卖而由小地主逐渐成长起来的。

这种土地制度的重要特征是地权的频繁变动，变动的结果总是土地的集中。

中国封建土地产权关系变动频繁，对经济、社会产生了重大影响。一方面，政治变动造成封建统治集团的变换和阶层的升降，从而加快地权的变动。这里，一个重要的因素是科举，通过科举，庶民可以上升为统治阶级，并成为大地主，如唐代的"衣冠户"，五代的"形势户"，宋代的"官户"等。统治集团内部的斗争导致一些臣僚的负罪和地权的丧失，从而导致地权转移。另一方面，由于土地是最可靠的财富形式，不论是商业资本、高利贷资本，还是手工业利润，都向地产化方向转化，封建地租也向地产化方向发展。与此同时，由于各种原因，原有的土地所有者可能不得不放弃对土地的所有权。"贫富无定势，田宅无定主，有钱则买，无钱则卖"，这样就加快了地权的转移。由于土地产权的加快转移，造成封建土地关系的破坏，依制占田成为历史陈迹，国家法律也不得不承认这种现实，对土地买卖从限制变为保护。这就进一步加快了地权的变动。所以，总的来说，中国封建社会土地制度的重要特征就是地权的频繁变动，而变动的结果总是土地的集中。

4.3.2 劳役地租与实物地租

在中国，劳役地租仅存在于封建领主制时期，一直没有成为主导形式，而封建地主制时期，实物地租是主要的土地收益形式。实物地租又分为实物分成租和实物定额租。所谓实物分成租，是指按土地收益的一定比例作为地租。宋人洪迈曾有记载："予观今吾乡之俗，募人耕田十取其五，而用主牛者，取其六，谓之牛米。"（《容斋随笔》卷四）实物定额租是指不论土地收益如何，农民租用地主的土地，固定交纳地租。

实物定额租是在实物分成租的基础上发展起来的，在生产力有了进一步发展、土地产出比较稳定的情况下逐渐出现的。从经济效率上看，实物定额租具有更高的效率。首先，地主可以免去对佃户生产活动的监督，获得一个比较稳定的收入；其次，农民在生产过程中也可以尽量发挥其生产潜力，为自己留下更多的收成。在这种制度下，地主的收入是稳定的，而农民的收益和风险增大了。不过，这种制度比分成制更能调动农民的生产积极性，更能发挥农民的潜力，所以是有利于经济发展的。

随着商品货币关系的发展，宋代以后，在实物定额地租取得主导形式的同时，货币地租也开始得到发展。南宋晚期有"佃人用钱折租"的记载，如福州"职田"，沙田"芦场"，建康府"营田"等，都出现了货币地租。但是，在中国封建经济历史上，由于商品货币关系始终没有得到充分发展，货币地租也不普遍，实物地租基本上占据主导地位。

4.3.3 地主制经济与土地兼并

土地买卖会导致土地兼并，导致土地的集中。因为小土地所有者经济力量弱小，抵抗风险能力小，任何变故如自然灾害、战争、家庭变故等都会导致破产，即为了渡过难关而出卖土地权利；而大土地所有者抗风险能力强。所以，在战争或天灾发生时期，小土地所有者大量出卖地权会导致土地的集中。封建社会时期土地是最可靠的财富来源，地主阶层通常会把剩余财富转化为土地资源。封建社会各个朝代随着一段时间的发展，土地集中的情况会越来越严重。土地集中的同时，广大农民失去土地，失去生活的来源，导致揭竿而起，发生农民革命。历代封建王朝都认识到土地兼并是社会动荡的原因，所以，都把抑制土地兼并作为基本国策。为了抑制土地兼并，各朝代统治者设计了各种制度安排。从历史上统治者实行抑制土地兼并政策来看，最严厉的措施莫过于王莽的"王田政策"，它从根本上禁止土地买卖，而其他朝代实行的措施不过是限制占有土地的最高额。

汉武帝首先规定商人不得拥有土地，以后又规定"诸侯王、列侯皆得名田国中。列侯在长安，公主名田县道，及关内侯、吏民名田皆勿得过三十顷"。西汉末年，王莽推行王田制度，规定："……今更名天下田曰王田，奴婢曰私属，皆不得买卖。其男口不满八，而田过一井者，分余田与九族乡党。犯令，法至死。"西晋曾发布一个限制私人占有土地最高额的"占田"法令："男子一人占田七十亩，女子三十亩。其外丁男课田五十亩，丁女二十亩，次丁男半之，女则不课……"北魏初年实行计口授田，到太和九年（公元485年）国家颁布均田令，规定：十五岁以上男子受露田（未种树的田）四十亩，桑田二十亩……唐初也实行过均田制度，于武德七年（公元624年）颁布均田令。

土地兼并的制度性原因是土地买卖，只要有土地买卖，土地兼并就不可避免。然而，除"王田政策"外，上述其他政策并没有从根本上禁止土地买卖。唐代的均田制则明确不禁止土地买卖，而是从法律上承认土地买卖。这也可以说明，中国封建历史上土地买卖是一种不可改变的趋势。在一个人口多而土地稀缺的国家，土地是社会财富和生息财富的主要形式，那么，土地兼并就是不可避免的。事实上，历代统治者采取抑制土地兼并的政策，都不过是做做样子而已，真正抑制土地兼并的是农民起义。每次大的农民起义都是土地兼并引起的，每次农民起义都提出解决土地问题的目标，而起义的结果都导致土地关系的重大调整。

4.3.4　小农经济是中国封建社会的主要经济模式

所谓小农经济，就是以家庭为单位，进行小块土地经营的经济形式。中国封建社会土地制度变动的基本趋势是小农的破产和大地产的产生，而土地兼并和大地产产生的结果，并不是土地经营规模的扩大，而仍然是小块土地经营，所以，小农经济是中国封建地主制时期的主要经济形式。

小农经济作为一种所有制形式或生产方式，在中国封建社会历史上至少存续了2600多年，是中国封建经济结构的重要组成部分，是中国封建中央集权专制统治的重要基础，对中国社会、经济、历史的影响极为深远。可以说，研究小农经济是理解中国封建经济史的关键。

中国小农经济是随着封建领主制瓦解和农奴对领主人身依附关系的逐渐解除而产生的。在西周时代，农奴在领主土地上的劳动基本上还是一种集体劳动，生产工具和耕作方式的落后决定这种劳动必须进行协作。到了春秋时期，铁制农具的出现大大提高了农业生产力，使一家一户个体生产的效率逐渐凸显出来。与此同时，由于农奴在领主土地上的劳动没有任何积极性，生产率极低，迫使统治者不得不改变剥削方式。春秋中叶，齐桓公"相地而衰征"，鲁国实行"初税亩"制度，土地占有制度开始发生转变，农奴对领主的人身依附关系逐渐减弱，最终成为独立的小生产者。

中国封建社会的小农主要是自耕农和佃农。就中国的历史状况来看，唐代以前，自耕农数量较大，所占有的土地面积总数也较大。但每当王朝晚期都出现严重的土地兼并现象，小农的数量大大减少，土地迅速集中，出现大地产；而在唐代以后，自耕农数量减少，地主土地所有制占据统治地位，不过是中小地主占多数。在土地集中和大地产形成的同时，租佃形式也发达起来，地主将土地集中起来，但并不是采取集中的规模经营，而是将土地分成小块出租，取得地租收入。由于小农力量有限，不可能承租大片土地，加上地租很重，租地经营无论如何都不可能获利，所以小块土地经营始终占统治地位。

土地占有方式趋向集中，而土地经营方式则趋向分散，这种相反的趋势是由多种原因造成的。

4.3.4.1　地少人多是导致小块土地占有的自然因素

中国在农业社会时期形成了多子多福的观念，这种观念的形成与当时的生产力水平相适应。在当时的情况下，生养一个孩子的成本与孩子长大以后为家庭经济所做的贡献要低得多，所以人口繁殖率很高，人口增长速度很快；人口的快速增加，导致人均占有土地减少，土地规模经营必然导致人口的过剩。

4.3.4.2　"多子均分"的制度是导致小农经济产生的另一原因

"多子均分"的制度是导致小农经济产生的另一个重要原因，造成土地零星分散状况严重。商鞅曾规定了"民有二男以上不分异者，倍其赋"。多子继承制成为固定不变的传统。《唐律》规定："同居应分不均平者，计所侵坐赃论，减三等。"到明清时期，家产的分割更频繁。所以，不论大地产发展到什么程度，都不能阻碍地产分割的总趋势。

4.3.4.3　生产资料匮乏也是导致小土地经营的原因

在人多地少的基本条件下，土地价格较高，地租自然也较高，农民在经营土地之前，就必须将资金投在土地上。而租地的条件也是非常苛刻的，这就进一步降低了农民经营大块土地的可能性。所以，农民经营土地的数量少则三亩五亩，最多不过二三十亩到五六十亩。

4.3.4.4　小块土地经营是最有效的经营方式

从根本上说，在当时的生产力水平下，小块土地经营是一种最有效的经营方式。土地存在边际收益递减规律，中国地少人多，这种基本的资源状况决定中国的农业技术从一开始就朝着节省土地和劳动集约的方向发展。例如，中国很早就放弃了休耕制，轮作制发展较早，较早发明施肥技术等，这就使中国土地利用率和土地产出大大提高。在这种情况下，只要有一小块土地，就可以养活农民全家。当然，农民家庭中仍存在劳动力过剩的状况，而过剩的劳动力又通过家庭手工业找到出路，这就形成了中国农业与小手工业结合的小农经济。

4.3.5　自耕农与佃农之间的转化

在小农经济条件下，从经济主体来看，主要有佃农、自耕农和地主。佃农是没有自己的土地，要租种地主的土地同时向地主交纳地租的经济体。佃农尽管没有自己的土地，但还有部分生产工具，有独立的家庭经济，人身是自由的，并不依附于地主。佃农与地主的关系仅仅是契约关系。与佃农经济地位相类似的还有依附农，他们吃住在地主家，为地主从事家庭劳动或生产劳动，在一定程度上对地主存在人身依附关系。他们经济状况低下，饱受地主的剥削。自耕农是指自己拥有小块土地，在自己的土地上耕种，不需要交纳地租；同时，由于土地面积较小，也不可能把土地出租给其他人而收取地租收益。自耕农的经济状况要好于佃农和依附农，但与地主相比有很大差距，他们是封建国家税收和徭役的主要征发对象，是封建中央集权统治的基础。封建国家的编户，既包括庶族地主也包括自耕农，但其中主要是自耕农。地主是指拥有较多土地，超过自己耕种的能力范围，把多余的土地出租给佃农耕种的经济体，是封建地主制时期处于较高层次的经济体。

从理论上讲，佃农、自耕农与地主具有同等的法律地位，佃农可以通过财富的积累，购置土地而成为自耕农；自耕农如果经营得当，财产越来越多，可以购置更多的土地从而把土地出租给佃农上升为地主；同样，地主也可能由于经营不当逐渐出卖土地权利，沦为自耕农甚至佃农。

从事实来看，佃农、自耕农与地主的经济地位不同，所以佃农很难转化为自耕农，自耕农上升为地主则更加困难。更加普遍的情况是自耕农破产，出卖土地权而变为佃农。自耕农向佃农转化，是中国封建社会时期最主要的发展趋势。造成这种现象的原因主要有以下几种。

4.3.5.1　人口压力

人多地少使中国小农经济始终处于勉强维持的状态，剩余产品极少，而一旦遇到天灾人祸，就必然陷于破产境地。

4.3.5.2　官府的赋税剥削

作为自耕农的小农经济是一种独立经济，并不依附于地主，小农经济与地主经济具有同等的法律地位。虽然小农不依附于地主，但小农经济却严重依附于专制政体，要向封建官府缴纳赋税。这种赋税剥削在大部分情况下是极为严酷的，赋税和徭役大约占小农总产量的30%～35%，有时甚至达到50%左右。这样的剥削程度，使中国的小农处于国家的普遍奴役之下。所以，小农经济的状况在很大程度上取决于国家的赋税和徭役剥削的轻重。但是，中国封建社会中央集权的专制制度，决定其不可能总是采取轻徭薄赋政策，赋税和徭役的增加是一种必然趋势，农民总是处在这种沉重赋役的压迫下，经济状况不可能得到改善。

4.3.5.3　商人资本和高利贷资本的剥削

小农经济本来力量就很弱小，甚至连春耕的农具和种子都不能自备，要由地主提供或借高利贷才能解决，而在青黄不接的时节，更要靠高利贷才能度过。同时，地主、商人和高利贷者往往三位一体，构成剥削和束缚小农经济发展的罗网，小农一旦落入这个罗网，就难以挣脱出来。然而，小农为保住自己的小块土地和独立的经济地位，又不得不依赖于商人和高利贷资本。这就造成小农经济在事实上依附于商人和高利贷资本的情况。而商人和高利贷资本正是利用了小农经济的这一特点，保证自己始终有剥削对象。事实上，中国封建经济中，地主、商人和高利贷者三位一体，而且这三者与封建小农共为一体。

4.3.5.4　战争、天灾、瘟疫等突发性因素

一方面，小农是主要的兵源，在很多情况下，小农不仅必须放弃农业生产去参加战

争，而且要自备战争物资；另一方面，中国历来是个多灾国家，人口密集较易导致瘟疫流行，这些因素都对小农经济造成严重破坏，使小农经济的生产力很难成长。

4.3.6 关于小农经济的评价

小农经济占统治地位是中国封建社会最重要的特征之一，在中国封建经济史上具有特别重要的意义。一方面，小农经济的自我激励机制，使中国用极为稀少的土地面积养活了最大规模的人口，并创造了传统农业阶段最先进的技术、生产力；另一方面，小农经济导致封建社会经济的周期波动，也是向新的生产力阶段发展的严重阻碍，就是说，中国封建社会"锁定"在小农的发展阶段而难以实现新的经济革命。所以，理解小农经济是理解中国封建社会经济发展与衰落的关键。这个特征决定中国封建社会经济的兴衰，也决定中国封建王朝的更替。

第一，小农经济是中古农业社会生产力条件下最有效率的生产方式，是中国封建经济长期延续的重要原因。第二，小农经济是自然经济的基础，它排斥商品生产，排斥规模经济，是中国封建社会停滞的主要原因。小农经济生产力水平较低，剩余产品较少，不能大规模参与社会交换，农业商品率极低。这种与家庭小手工业紧密结合的小农经济，还排斥商品生产。这是因为，家庭小手工业与小农经济的紧密结合，强化了自给自足的生产方式，使商品生产不能发展起来。第三，小农经济的脆弱性，是中国封建社会经济动荡、不断反复的根本原因。小农经济规模小，生产力水平低下，加上赋税和地租剥削较重，大部分小农的收入仅仅在维持生计的水平上，一般没有积累，也无法扩大再生产，对新技术的采用十分有限，对自然灾害的抵御能力极低，一旦发生意外的变故，简单再生产就要受到影响，甚至中断。特别是小农经济无论如何也无法与地主经济竞争，土地兼并不可避免地发生。中国历史上的农业气候周期与土地兼并周期导致中国农业发展的被动和动荡，以及不断地低水平反复。

4.4 中国封建社会时期的抑商政策与货币政策

4.4.1 中国封建社会的抑商政策概述

4.4.1.1 中国封建社会抑商的表现

经过历朝历代的发展，封建统治者建立了一整套抑制工商业的政策措施，主要包括以下四个方面。

（1）官工业制度

政府自设作坊或工场，凡是宫廷、官府所需要的一切工业制造品，尽可能地由官设手工工场来生产。官工业源于商周时代，在汉代发展起来。官工业都由工官来领导，工部一直是封建政府的六部之一，其所职掌的工业门类繁多，但基本上可以分为两个系统：①由少府等官所领导的各种杂工业，主要是供应天子、后妃等消费的各种奢侈品，以及朝廷、官府所用的舆服、法物、礼器、仪仗等；②由军器监等官所领导的兵工业，主要供应军队所需要的武器、甲胄、旗帜以及其他军用品。这两类物品需要量极为庞大，但都由政府垄断，禁止民间生产。

（2）土贡制度

土贡就是"任土作贡"，凡是官府工场不能生产或生产不足的物品，以及地方特产都必须上贡。如果统治者的这种消费需要通过市场来获得，就可以扩大商品交易范围，从而有利于商品经济发展，但是土贡制度却将商品交易范围大大缩小了。

（3）禁榷制度

这是指将广大人民所必需的商品，也就是获利最大的商品交易收归官营，禁止民间交易。先后列入禁榷范围的商品有盐、茶、酒、铁、矾、香料等。

（4）规制交易

封建统治者还对市场交易活动进行各种限制和管制，限制商品交易的时间、地点等。

以上种种制度的实施，抑制了商品经济的发展。

4.4.1.2 中国封建社会抑商的原因

中国历朝历代基本上实行抑商政策，其主要原因可以概括为三个方面。

（1）保证农业基础

商业不是直接的物质资料生产活动。中国传统上是以农立国，农业的稳定与发展是国家经济稳定与发展的最重要基础。但是，历史上的商业发展却导致一系列有损于农业的结果。例如，早在春秋战国时期就有"用贫求富，农不如工，工不如商，刺绣文不如倚市门"（《史记·货殖列传》）的说法，这种劳动收益的差距，导致劳动力从农业转移到工商业，从而损害了农业基础。《汉书·贡禹传》说："商贾求利，东西南北备用智巧，好衣美食、岁有十二之利。……故民弃本逐末，耕者不能半，贫民虽赐之田，犹贱卖以贾。"所以，必须抑制商业发展。

（2）抑制土地兼并

中国封建社会实行土地私有和土地买卖制度，商人往往通过购买土地而成为大地主。事实上，这种重农抑商的政策是商人资本参与土地兼并的根本原因。这是由于土地是最重要的财富形式，国家的抑商政策一方面使商人资本不可能发展成为一个社会主业，商人资本必然在积累一定货币财富以后将资本转向土地。所以，中国历史上的大商人也往往就是大地主。

（3）防止地方割据势力的发展，维护国家大一统

中国是个大一统国家，维护国家统一是历朝历代政府的主要目标，而工商业发展，特别是商人资本的发展往往起到支持地方势力的作用。所以，封建国家历来采取抑商政策就不足为怪了。

4.4.2 中国古代货币制度沿革

货币是一种所有者与市场关于购买权的契约，根本上是所有者相互之间的约定，是商品交换的媒介。中国历史上货币有各种各样的表现形式。

商、周代使用贝币，在商朝城市遗址中出土过大量的贝币。但由于贝的来源有限，且易破损，后来逐渐用铜来代替，这就是铜币。周景王铸大钱是我国关于铸钱的最早记

录。秦开始统一了全国的货币制度。秦不但从国土上统一了中国，而且从文化和社会上统一了中国，书同文、车同轨。秦代规定以黄金和铜钱为主要货币，其他如珠、玉、龟、贝、银、锡等不再作为货币使用。这是中国历史上第一个法定货币制度。当时，黄金是称量货币，没有固定的铸形，铜钱则是铸币，其成色、重量、形制都由政府规定，两者之间具有一定的兑换比例。

秦朝是一个短命的王朝，秦所制定的货币制度事实上由汉王朝推行。这一时期，中国商品交易基本由黄金和铜钱来完成。但与黄金相比，铜钱的地位极低，事实上这是中国历史上唯一的一个金本位时期。汉代初年，政府曾一度放弃铸币权，人们可以自铸小钱，导致严重的通货膨胀。所以在汉景帝时，将铸币权收回，禁止民间铸钱。西汉以后，由于兵祸连年，社会生产和商品流通受到严重破坏，商品货币关系发生严重的倒退，开始进入实物货币时期。这一时期，黄金退出流通，丧失货币作用。

唐代是金属货币复兴的时代。唐初期，社会安定，经济发展，外贸兴起，商品货币关系大大发展，这就导致货币经济复兴。唐高祖武德四年（公元 621 年），为整治混乱的币制，废隋钱，效仿西汉五铢的严格规范，开铸"开元通宝"，取代社会上遗存的五铢。最初的"开元通宝"由书法家欧阳询题写，形制仍沿用秦方孔圆钱，规定每十文重一两，每一文的重量称为一钱，而一千文则重六斤四两。从此，中国的币制正式脱离以重量为名的铢两体系而发展为通宝币制，成为唐以后历朝的铸币标准，沿袭近 1300 年。

在唐末至五代时期，白银进入流通。这是中国货币史的另一个阶段。唐代经济发展，白银作为贵金属出现，首先在岭南一带流通，而这些地区向朝廷贡献也采用白银。同时，民间采银日盛，白银产量增加，逐渐具有成为货币的可能性。白银以其天然优势，很快代替其他货币成为主要货币，上升为主币地位，但铜钱一直没有退出流通，所以中国一直是银铜复本位制度。

北宋时期，中国开始出现纸币——交子。这是中国货币史上一个重要事件。纸币源于唐末的飞钱。唐朝末期，由于铜币短缺，各地政府规定，禁止携带大量铜钱离境，为了满足远途商人的需要，出现可异地兑换的飞钱。而北宋的交子类似于唐的飞钱，最初由民间开办交子铺，存款人把现金交付给铺户，铺户把存款人存放现金的数额临时填写在用楮纸制作的卷面上，再交还存款人，当存款人提取现金时，每贯付给铺户 30 文钱的利息，即付 3‰的保管费。这种临时填写存款金额的纸券便谓之"交子"。这时的"交子"，只是一种存款和取款凭据，而非货币。随着商品经济的发展，"交子"的使用也越来越广泛，许多商人联合成立专营发行和兑换"交子"的交子铺，并在各地设交子分铺。由于交子铺户恪守信用，随到随取，所印"交子"图案讲究，隐作记号，黑红间错，亲笔押字，他人难以伪造，所以"交子"赢得了很高的信誉。商人之间的大额交易，为了避免铸币搬运的麻烦，直接用随时可变成现钱的"交子"来支付货款的事例也日渐增多。正是在反复进行的流通过程中，"交子"逐渐具备了信用货币的品格。后来，交子铺户在经营中发现，只动用部分存款，并不会危及"交子"信誉。于是，他们便开始印刷有统一面额和格式的"交子"，作为一种新的流通手段向市场发行。这种"交子"已经是铸币的符号，真正成了纸币。后来民间所办"交子"由于信誉出现问题，有些交子无法兑换，引起诸多事端，于是，景德年间（1004—1007 年），益州知州张泳对交子铺户进行整顿，剔除不法之徒，专由十六户富商经营。至此，"交子"的发行始取得政府认可。宋仁宗天圣元年（1023 年），政府设益州交子务，由京朝官一二人担任监官主持交子发行，并"置抄纸院，以革伪造之弊"，严格管理其印制过程。这便是我国最早由政府正式发行的纸币——"官交子"。它比美国（1692 年）、法国（1716 年）等西方国家发行纸币要早六七百年，因此也是世界上发行最早的纸币。

明代中期以后，白银成为主要货币。明代白银成为主要货币的时间一般定为英宗正统元年（公元 1436 年），这一年政府解除银禁，将南畿、浙江等地的田赋折征银两。实际上，白银很早就作为支付手段在民间流通，政府不过是承认白银作为货币的事实而已。这时，白银作为主要货币，不仅是因为白银的天然优势，而且是因为白银的数量已经有可能作为主要货币使用。白银数量的增加，是由于我国白银产量大大增加，更重要的是海外的流入而造成民间的积累。

4.5　中国封建社会资本主义生产关系的萌芽

4.5.1　中国封建社会发展的停滞

中国进入封建地主制以后，社会发展呈现停滞趋势。这种停滞包括两个方面，一方面是经济发展的停滞，另一方面是社会发展的停滞。

从经济发展的停滞来看，封建地主制建立以后，社会生产力水平止步不前。两千多年间，虽然生产力在缓慢发展，但是从总体上看，基本处于停滞状态，没有出现生产力大幅度增长的状况。经济发展的停滞，主要由于周期性破坏导致经济发展的周期性回复，中国封建经济缓慢增长；每当出现经济发展的高峰期后，由于战乱、土地兼并的出现，经济走向低谷。

从社会发展的停滞来看，中国自进入封建地主制以后，社会结构停滞不前，没有自发地演变到资本主义关系。封建地主制初期，商品交换日益频繁，土地私有制确立，在这种条件下很容易自然过渡到资本主义生产关系。例如，欧洲中世纪末期在进入封建地主制的同时就开始向资本主义过渡，所以，欧洲的历史学家认为封建地主制是向资本主义过渡的一种制度。但是，中国进入封建地主制生产关系以后，这种生产关系没有进一步发展而演变成资本主义生产关系，而是停滞在封建地主制不再发展。为什么中国封建地主制经济可以存在两千多年而没有变化？为什么中国历史发展在地主制经济阶段就被"锁定"？是什么原因呢？可能大家会以历代统治者实行的重农抑商政策来解释，但并不能说明问题的全部。在秦以后的漫长历史过程中，北宋以后商品经济始终处于缓慢发展状态，但又一直不能成长为资本主义萌芽。要解释这种现象，只能从封建地主制最本质的特点中去寻找答案。封建地主制最基本的社会生产方式是小农经济。小农经济的存在使中国长期陷入封建地主制这种社会结构中，这种结构自身具有稳定性和自我调整的机制，无法自发地演变出资本主义制度。其主要原因在于：第一，小农经济是小土地经营，存在劳动力剩余；第二，小农经济家庭收入少，剩余新产品少，必须发展手工业以补充，阻碍了商品交换，虽然封建社会时期商品经济有所发展，但是商品经济没有突破地域的限制，交换的品种少、数量小，导致了资本主义生产关系很难萌芽；第三，小农经济具有稳固性，土地产出率最高，生产可以维持，很难产生生产关系的变革。虽然历史上多次出现战争，对经济周期性破坏，但是都没有打破自然经济这种模式。

4.5.2 中国封建社会资本主义生产关系萌芽

资本主义生产关系是由封建社会生产关系在发展过程中逐渐演变而来的。资本主义萌芽是在封建关系内部产生并具有逐渐成长趋势的新的生产关系，这种生产关系比较弱小，在很大程度上还被旧的生产关系所掩盖、所束缚。但作为一种新的生产关系，它具有极强的生命力，除非遇到不可抗原因，总会渐渐导向新的生产方式。毛泽东早就指出过，中国封建社会内的商品经济的发展，已经孕育着资本主义的萌芽，如果没有外国资本主义的影响，中国也将缓慢地发展到资本主义社会。①

在封建地主制时期，随着商品交换的发展，曾经出现过两次资本主义生产关系的萌芽，但是由于种种原因，这两次萌芽都夭折了。第一次资本主义萌芽出现于明代晚期，但是在满人入关所带来的落后生产方式的打击下，出现的资本主义萌芽夭折了。第二次是清朝中期，中国的资本主义萌芽重新出现。可是，这时出现的资本主义萌芽又一次受到毁灭性的打击，这就是外国资本主义的入侵，具体讲，就是在大规模西方工业品的冲击下，代表资本主义萌芽的民族手工业基本被毁灭了，中国再也没有通过自身发展逐渐发展到资本主义的可能性。中国以后的资本主义关系的发展，事实上是通过外国"植入"的。

关于什么是资本主义萌芽，有几个方面需要注意：

第一，商品经济发展并不等于资本主义萌芽。中国资本主义萌芽的出现，除了要有一定的生产力基础外，最重要的是商品经济的发展。马克思指出："商品流通是资本的起点。商品生产和发达的商品流通，即贸易，是资本产生的历史前提。"从这句话我们可以得出结论：商品经济发展是资本主义萌芽的必要条件，而不是充分条件，资本主义萌芽要建立在商品经济发展的基础之上，但商品经济发展并不等于资本主义萌芽。我国早在春秋战国时代就出现了比较发达的商品经济，但这种商品经济到西汉以后就遭到毁灭性的打击而一蹶不振，一直到宋代才重新发展起来。宋代以后，中国出现了以地方小市场为主，包括城市市场、区域市场、有限的全国市场在内的市场体系；与此同时，也发展起比较发达的货币体系。到鸦片战争前夕，中国国内市场商品流通总量大约为 3.9 亿两白银。但是，商品经济发展并不等于资本主义萌芽。中国历史上的这种商品经济关系，并没有发展成为资本主义生产关系，恰恰相反，这种关系发展到一定程度就停滞了，并与封建关系紧密结合为一体，成为封建生产关系的一部分。

第二，雇佣劳动是比较典型的资本主义生产关系，但并不是所有雇佣劳动都是资本主义萌芽。雇佣关系在我国很早就出现了。这是由于我国较早地废除了农奴制度，农民较早地实现了人身自由。另外，我国土地兼并周期性地出现，失去土地的农民或是成为佃户，或是出去当雇工。雇工既可以从事农业生产，也可以从事手工业生产，甚至在采

---

① 毛泽东. 中国革命和中国共产党//毛泽东选集（第 2 卷）[M]. 北京：人民出版社.

矿业中，雇佣劳动也很普遍，有时规模较大，动辄几百几千人，以至数万人。不过，这种雇佣关系可能极为松散，并在很大程度上受封建关系支配。

商人支配生产也是很早就出现的情况。只有商人支配生产具有雇佣劳动性质时，它才具有资本主义萌芽的性质，即把雇佣劳动与商品交换结合在一起，才具有资本主义生产关系的性质。在明代晚期的丝织业中，江南出现支配生产的"包买商"——"账房"。它不仅支配机户，而且支配染房、经纬工、牵经掉头工等，并大多采取计件工资形式。这种情况在农产品加工业中也比较常见，从磨面到油、酒、酱、醋，多半是前店后厂，也有的是附设作坊，一般雇工较少，当然，也有雇工较多的个别例子。此外，商人支配生产的形式，还有商人租地种植茶、果木、蔬菜，以及木耳厂、黄连厂等。这里，商人把种植、加工、运销联合起来，统一经营。工场手工业是资本主义萌芽的重要形态。明朝后期，广东冶铁铸造业中也出现了资本主义萌芽，冶铁业对国民经济的发展有重要作用，它需要一定的设备，投资较大，有多道工序，有熟练技术工人，一般冶炉用工要40~50人，分日夜两班。这种特点属于资本主义生产方式。

中国的资本主义萌芽并没有发展成为一种社会主流的生产关系，而且出现的时间晚于西方国家近200年。中国资本主义萌芽之所以出现较晚，主要有以下几方面的原因：

第一，小农经济。自给自足的生产方式阻碍商品经济发展。

第二，市场狭窄。在小农经济条件下，多数生产用品由家庭生产，所以可以在市场上交换的商品种类少，主要流通的商品是粮食、布匹和盐。市场上最大量的交换是粮食和布的交换，其次是粮食和盐的交换。这里，粮食基本上是地主和小农的剩余产品，并不是商品生产；生产的目的不是用于交换，而是为了满足自己的消费。布基本上也是农家自己生产，也是自己消费后的剩余。没有形成规模生产，没有社会分工，仅仅把自身消费的剩余部分用于交换。在发达社会分工的条件下，生产的产品不是为了满足个人需要，生产的根本目的是为了交换。只有盐是商品生产，但作为国计民生的重要商品，又严格地被政府所垄断，不能自由发展，自然经济始终占统治地位。所以，中国历史上市场狭窄，商品经济不能发达起来。

第三，地主、商人和高利贷者三位一体。地主、商人和高利贷者三位一体，加强对小农的剥削，使小农经济无法成长，始终停留在很低的生产力水平上。小农为了维持自己相对独立的经济地位，又不得不依赖地主、商人和高利贷者。这就导致一种相对稳定的经济结构。

第四，封建上层建筑的反作用。中国历史上一直实行重本抑末政策，历代政府都不鼓励工商业发展，反而经常采取强行抑制工商业发展的"抑商"政策。政府采取官手工业、土贡制度和禁矿制度，手工业始终掌握在政府手中，而政府发展手工业的目的是为了满足封建统治者的奢侈消费和需要，生产武器是为了满足统治需要，而不是为了满足大众需要。所以，手工业不能起到促进商品经济发展的作用，导致中国资本主义萌芽出现较晚。

5　西欧封建社会经济概述

5.1　日耳曼所有制的起源

　　古代罗马曾经建立起发达的奴隶制国家，一度国力强盛。但是从公元 2 世纪以后，由于奴隶制度本身的缺陷，不能够促进生产力的进一步发展，成为生产力发展的障碍。这一时期，罗马社会出现各种问题，社会动荡不安，经济衰退，帝国的统治出现危机。在这种情况下，公元 370 年左右，罗马分裂为西罗马帝国和东罗马帝国。而这个时期，位于罗马北部，处于原始社会末期的日耳曼民族逐渐强大起来，随着人口增加，不断南下，侵占西罗马的土地。面对彪悍的日耳曼民族，已经衰落的西罗马帝国无力抗衡；公元 476 年，西罗马帝国解体，日耳曼人入主欧洲。

　　日耳曼人在被征服的西欧土地上建立起了一种新的生产关系即封建生产关系。一般来讲，任何一种生产关系都不是突然出现的，都有一定的基础，都是从旧的生产关系演变而来的。西欧封建生产关系的出现也不例外，它是在罗马奴隶制衰落过程中逐渐形成的。日耳曼民族在向罗马帝国渗透的过程中，基本上处在氏族公社向奴隶制的转变中，没有封建制的经验。他们是在与罗马人的接触过程中，学习罗马人的经营模式，结合自己的社会结构发展起封建制度的。

　　在日耳曼民族侵入西罗马帝国时，罗马奴隶制已经发生变化，已经不是典型的奴隶制结构，而是衰落的或变态的奴隶制度。一方面，由于奴隶制劳动生产率低下，奴隶主不得不改变剥削方式，不再以强迫劳动为主，而是以地租为主要剥削手段，奴隶获得一定的人身自由和经济自由，已经不再具有典型奴隶的特征。这一时期，过去罗马的奴隶转变为隶农。另一方面，罗马帝国后期，由于社会动荡、税赋奇高，小土地所有者不堪承受战乱不止的社会环境和国家繁重的税务，因此，献地成为一种流行的方式，即把土地所有权转让给贵族阶层，从而得到他们的庇护。与献地同时发生的是请地，即把失去所有权的过去的土地从贵族那里再租回。经过献地和请地这两个相反的过程，表面上看小农依然耕种过去的土地，但是土地的所有权发生了变化，已经属于贵族的土地。过去身份自由的农民依附于土地，从而间接依附于贵族，农民不再拥有自由的身份，他们也变成了隶农，"但是寻求保护的人这样做有什么好处呢？保护者向他们提出了这样的条件：他们把自己那块土地的所有权转让给他，而他则保证他们终身使用这块土地。"[①]这一时期，安全比自由更加重要。这样，奴隶主拥有大量的土地，在领地范围内建立起

---

　　① 恩格斯. 家庭、私有制和国家的起源 [M]. 北京：人民出版社，1999：107.

了庄园。由于国家统治力量被削弱，很多过去属于国家的权力已经被庄园中的贵族获得，他们在庄园范围内享有种种特权，建立军队，拥有税收权、司法权。这是日耳曼人进入罗马以后，罗马的社会结构的典型模式。

日耳曼部落中，传统的社会结构特点是，农民是土地的使用者，同时也拥有土地所有权，土地的所有权和使用权相统一。作为农民的一种组织——农村公社，是建立在个人所有制的基础上，个人所有是公社所有制的基础。公有地只是个人财产的补充；公社所有只是个人土地所有的补充，公社的公共土地通常是全体村民所共有共用的森林、牧场等。正因为这个原因，日耳曼所有制没有经过发达的奴隶制而直接进入封建制；也正是由于这个原因，日耳曼各部落没有发达的国家形式，国家结构非常松散。西欧封建社会早期，国家就是由一个个领主及其土地和农奴所构成，国王是最大的领主，甚至国王在国家中没有税收的权利，国王靠自己的领地供养。

日耳曼人入侵西罗马帝国以后，在罗马的土地上，结合罗马后期社会结构的特点和日耳曼民族氏族部落的特点，两种制度交汇，发生了诸多的变化，形成了欧洲封建社会的结构模式。这种结合和变化经历了较长的时间，主要包括政治关系的变化和经济关系的变化两个方面。从政治关系的变化来看，

"德意志野蛮人把罗马人从他们自己的国家里解放了出来，为此他们便强夺了罗马人全部土地的 2/3 在自己人当中分配。这一分配是按照氏族制度进行的；由于征服者的人数相对来说较少，仍有广大的土地未被分配，一部分归全体人民占有，一部分归各个部落和氏族占有。在每个氏族内，则用抽签方法把耕地和草地平均分给各户；后来是否进行过重新分配，我们不得而知，但无论如何，这样的做法在罗马各行省不久就取消了，单块的份地变成了可以转让的私有财产即自主地，森林和牧场始终没有分配而留作共同使用；这种使用，以及被分配下去的耕地的耕种方式，都是按照古代的习俗和全体的决定来调整的。氏族在自己的村落里定居越久，德意志人和罗马人越是逐渐融合，亲属性质的联系就越是让位于地区性质的联系；氏族消失在马尔克公社中了，但在马尔克公社内，它起源于各成员的亲属关系的痕迹往往还是很显著的。可见，至少在保存着马尔克公社的各个国家——在法国北部，在英国，在德国，在斯堪的纳维亚，——氏族制度不知不觉地变成了地区制度，因而才能够和国家相适应。但是，它仍保存了它那种自然形成而为整个氏族制度所特有的民主性质；甚至在它后来被迫蜕变的时候，也还留下了氏族制度的片断，从而在被压迫者手中留下了一种武器，直到现代还有其生命力。

这样，如果说氏族中的血缘纽带很快就丧失了自己的意义，那么，这是血缘纽带的各种机关在部落和整个民族内由于征服而同样发生蜕变的结果。我们知道，对被征服者的统治，是和氏族制度不相容的。在这里我们可以很普遍地看到这一点。各德意志民族做了罗马各行省的主人，就必须把所征服的地区组织管理起来。但是，他们既不能把大量的罗马人吸收到氏族团体里来，又不能通过氏族团体去统治他们，必须设置一种代替物来代替罗马国家，以领导起初大都还继续存在的罗马地方行政机关，而这种代替物只能是另一种国家。因此，氏族制度的机关必须转化为国家机关，并且为时势所迫，这种转化还非常迅速。但是，征服者民族的最近的代表人是军事首长。被征服地区对内对外的安全，要求增大他的权力。于是军事首长的权力转变为王权的时机来到了，这一转变

发生了。"①

从经济关系的变化来看，在罗马帝国晚期，奴隶制已经衰落并转变为隶农制。日耳曼人征服罗马，占领了罗马的土地，但既不可能用原有的氏族公社制度来经营罗马的土地，尽管在早期他们的确试图这样做；更不可能恢复奴隶制，这是因为奴隶制在罗马被证实是一种腐朽没落、毫无效益的制度。事实上，日耳曼人是将罗马的隶农制与原有的氏族制度相结合，形成了领主制与农奴制的经济形态，即西欧封建经济。

5.2 西欧封建化过程

5.2.1 法兰克封建化

高卢位于日耳曼森林之南，公元486年法兰克人（位于莱茵河下游的日耳曼人的部落联盟）征服高卢北部。6世纪中叶，法兰克人统治整个高卢后改称法兰克，并建立法兰克王国。法兰克人在征服初期，按照氏族的做法对土地进行分配。法兰克人拥有土地的所有权。随着征服的扩大，过去的最高军事首长变成国君，法兰克国王所做的第一件事，就是把这种人民的财产变为王室的财产，而以礼物或恩赐的方式分给为他奋勇作战的将士。

"胜利了的撒利法兰克人不仅完全占有了广大的罗马国有领地，而且完全占有了一切不曾分配给大大小小的区域公社和马尔克公社的大片土地，特别是全部较大的林区。从一个普通的最高军事首长变成了真正君主的法兰克国王做的第一件事，便是把这种人民的财产变为王室的财产，从人民方面把它盗窃过来而赠送或赏赐给他的扈从队。这种起初由他的私人军事扈从以及其余的下级军事首长组成的扈从队，不久就膨胀了起来，这不仅由于补入了罗马人即罗马化的高卢人，这些人因为能书写、有教养，懂得罗马口语、拉丁文言和当地法律，很快就变成他所离不开的人，而且还由于也补入了奴隶、农奴和被释奴隶，这些人构成了他的宫廷，他就从他们中间挑选自己的宠儿。所有这些人都得到了大片的按照过去的做法应当属于人民的田地，这些田地起初多半是赠送给他们，后来就以采邑的形式赏赐给他们——起初多半是享用到国王去世时为止。这样，就靠牺牲人民而造成了新贵族的基础。

不仅如此，由于王国幅员广阔，就不能利用旧的氏族制度的手段来管理了；氏族首长议事会即使没有老早消失，也已经不能召集了，它很快就被国王的固定亲信所代替；旧的人民大会还继续存在着做做样子，但是也越来越变成纯粹是下级军事首长和新贵的会议。占有土地的自由农民，即法兰克人的主体，正如以前共和制末期的罗马农民一样，也由于连年内战和征服战争、特别是查理大帝时期的征服战争而弄得疲惫不堪和贫困衰败了。这种起初构成全部军队，而在征服法兰西地区以后，又构成该地的核心的农民，到9世纪之初，已穷困到五个人之中难得抽出一个人出去作战了。以前由国王直接

---

① 恩格斯. 家庭、私有制和国家的起源 [M]. 北京：人民出版社，1999：107.

招募的自由农民的卫国军，现在已经由新贵的仆从所组成的军队代替。在这些仆从中，还有一些依附农民，他们是那些先前只知有国王而不知有主人，而更早一点根本不知有任何主人，甚至也不知有国王的农民的后裔。在查理大帝的后代统治时，由于国内战争、王权的削弱和相应的贵人跋扈（在这种贵人之中还加上了查理大帝所任命的那些力图把自己的职位变成世袭的郡守），最后，还由于诺曼人的侵犯，法兰克的农民等级就完全破产了。查理大帝死后50年，法兰克王国便毫无反抗地匍匐在诺曼人的脚下，正和400年前罗马帝国匍匐在法兰克人的脚下一样。"[1]

这种田产在早期是王室的财产，王室保留着所有权，但逐渐就变成封建领主的私产，以领地形式一直存在于整个封建形态中。由于好战的法兰克贵族到处征伐，战争连年不断。在连年战争和公职贵族的压迫下，农民感到无处可以安身，他们作为战士的作用已经消失了。破产的和得不到庇护的自由法兰克人经常把自己的土地献给封建主，然后，又从封建主那里领来土地。前一个过程被称为委身制，而后一个过程被称为请地。这样，自由的法兰克人就变成了农奴，而大土地所有者成了领主。在8—9世纪，法兰克王国的封建制度最终确定下来。

到9世纪中叶，法兰克国家的封建化已经达到这样的程度，以至于国王查理在847年颁布一项法令，要求每个自由的法兰克人必须为自己寻求一个主人（形成封建依附关系）。

在土地关系发生变革的同时，封建豁免权也得以确立。这种豁免权就是封建主在自己的领地内掌握重要的国家政治权利和经济权利，包括审判权、征税权、罚款权等。豁免权加强了封建主的政治独立性，不受中央政权的节制。政权的中心开始从宫廷转到封建主的领地，领地获得了一些极为重要的国家职能。封建主站在农民和国王中间，从农民那里得到原先王权以赋役形式征得的一切贡物。

5.2.2　英格兰的封建化

日耳曼部落占领不列颠时建立的盎格鲁-撒克逊诸王国的社会制度，基本上与早期的法兰克人社会组织相似，大多数居民是自由的公社农民，即自由农。但是，在封建化过程中，原有的部落或村庄的集体财产受到冲击。氏族贵族即贵人，从普通公社社员中分化出来，他们大量侵吞同胞的土地，成为封建主。公社自由农民则逐渐失去土地，成了依附于土地以份地形式承受封建领主剥削的农奴。这一阶段，英国还出现一种半自由人，他们中的大部分人是原来的土著居民，被征服后成为半自由人；还有一部分半自由人是由自由农民转化来的，他们没有份地，只能从封建领主那里租种土地，缴纳地租并服劳役。

由于连年战争，农民的赋税负担和兵役负担加重，不少农民无法生存，只好将土地交给大封建主，请求保护，然后再从封建主那里领得份地耕种，同时对封建主承担各种义务。在这个过程中，国王起了重要的作用。国王曾颁布法令，规定任何委身于封建主

---

[1]　恩格斯. 家庭、私有制和国家的起源 [M]. 北京：人民出版社，1999：108-109.

的农民不能私自逃跑，如被抓回，要罚款 60 先令，被交还给封建主。

在连年战争中，军事贵族的作用加大。国王为了保证其地位，将土地用分封的方式分给他的亲兵，受封的亲兵成了军事贵族。国王支持这些人兼并农民的土地，大大加速了封建化进程。这一阶段还出现了一种通过"册封"形成的大封建领主，即国王颁发敕令，将土地赐予教会封建主和世俗封建主，这种通过赐封形成的土地称为"册封地"。

930 年，国王爱瑟尔斯坦发布敕令，自由人必须在封建主中认定一个主人，向主人依附，否则格杀勿论。至此，自由人大部分依附于封建主。同时，国王还给予封建主"特恩权"，领主在封地内有审判、收缴讼金、收缴罚金以及征收贡赋捐税等权力。至此，英国的封建化过程基本完成。

5.2.3 德意志的封建化

德国的封建化过程比英、法都要慢。一方面，这些未迁移到罗马疆土上的日耳曼民族一直处于十分落后的状态；另一方面，德国的特殊地理条件，即广大的森林地带妨碍着大地产制的发展。所以，甚至到了 11—12 世纪，德国的封建化也没有达到英、法那样的程度。直到 12 世纪—13 世纪，德意志才进入封建制度全面发展的时代。这时，德国形成大土地占有制，大部分国王的领地已经转入军事贵族手中，公社土地已经被世俗封建主和教会封建主所侵吞，公社农民已经转变为农奴。

5.3 西欧封土制的起源与衰落

日耳曼人入侵罗马以后，迅速获取大量土地，过去的氏族首领演变成国王。对于国王来讲，他们从没有管辖过如此广大的疆土，因此按照过去氏族的传统，对土地实行分封，即国王留下自己能够管理的一部分土地作为自己的供养地，其他的土地分给他的下级贵族。获得分封的贵族得到的土地仍然十分广阔，超过他们的管理能力，于是他们按照国王的做法，留下自己能够管理的一部分土地，其他的土地再分给他的下级贵族。以此类推，形成了层层封建贵族。分封土地的称为封君，被分封的称为封臣。根据封建原则，任何一个封建主都可以把受自别人的土地再转封出去，而且还可以设定其领有条件。在当时情况下，一个封建主通常向好几个封建主领受土地，他可以有不止一个封君，他同时也把得来的土地再转手分封出去，因此可以有好几个封臣。这就使封建关系十分复杂。封臣有权占有并使用土地，享有土地上的收益。这就是封土制。封土制是封建制度的基础。

到公元 9 世纪，封土制开始走向衰落。其主要原因在以下四个方面：第一，没有新的土地供分封。由于战争结束，不可能再出现新的土地，而原有的土地已经分封完毕，封土制存在的现实基础已经消失。第二，实行封土制后，封君无法收回已经分封出去的土地。有些封臣土地经营得当，地产面积比封君更大，拥有比封君更多的财富。第三，到这一时期，土地买卖开始出现。封土制早期，封君为了维护军役制度，限制封土的转移，特别是限制封土的买卖。但是经过几百年的发展，人们发现拥有土地才能拥有财富，土地是财富的来源和表现形式，于是出现土地买卖。1290 年，英国通过的买地法，是封土制被破坏的重要标志，从而使土地买卖合法化。11 世纪时的十字军运动，是土地向自由买卖迈进的重要时期。这一时期，许多贵族和骑士纷纷参加十字军东征，为了装备、马匹、武器和路费，不得不放弃封地。这种为东征而放弃土地的例子很多，从而加快了封土制的衰落。

5.4 庄园经济的兴起与衰落

5.4.1 庄园的结构

封建社会时期，社会经济结构的基本模式是庄园制。庄园有两种起源，一种是罗马的庄宅，另一种是古代的农村公社。中世纪的庄园事实上是罗马制度与日耳曼制度的混合。罗马帝国后期，形成了大奴隶主占有的大农场，大奴隶主建立自己的庄宅，奴隶和隶农为地主劳作。日耳曼的氏族是社会结构的基本模式，随着土地分封，国家结构松散，国家行政权力日益被领主获得，领主在自己的庄宅内行使行政权力，公社演变为贵族的庄园。贵族在庄园中拥有诸多的权力，甚至应当属于国家所有的权力也由庄园贵族掌握，如税收权、审判权、战争权。

从庄园的结构来看，主要包含有：城堡、作坊、教堂、耕地、农奴及其住宅。城堡是领主居住的地方，战争时也是庄园所有人避难的场所。所以，城堡具有防卫功能，有护城河（吊桥），城内囤积大量粮食。城堡是中世纪人留给现代人的重要文化财富，目前，欧洲有 20000 多个城堡。庄园内有各种作坊，包括磨坊、铁匠铺、酿酒作坊、制衣作坊、面包房等，这些作坊生产的产品主要是满足庄园内部需要，是一种自给自足的模式。中世纪的西欧是天主教的天下，虽然分成大大小小很多个国家，但教会却是统一的。人们坚信今生正直，来生可以进入天堂。因此，如果有人犯了错误，他需要向上帝忏悔，以便求得上帝的原谅，宽恕他的罪过，每个庄园都必不可少地存在教堂这一上帝在人间的机构。庄园的土地分成两大部分，一块种植，一块休耕，实行二圃制的耕作方式。庄园里还有一些公共区域，如公共牧场及森林，其属于全庄园成员所共有。

5.4.2 庄园的地产结构

一块典型的庄园土地基本上可以分为两个部分：一部分是领主的自营地，这部分土地主要依靠农奴的无偿劳役来耕种，土地收益归领主所有；另一部分是农奴的份地。它们以条田的形式交错分布。除此以外，还有一部分庄园的土地出租给贱农和租户耕种，称为"围地"。在庄园内，施行共耕制，即农奴通过集体劳动的方式共同进行农业生产。有的庄园，农民组成耕牛队来耕种土地，耕作时不分土地的归属。

农奴的份地归农奴耕种，这部分土地的所有权是领主的，农奴只有占有权和使用权。所以，一般来讲，农奴在死后要将土地交还给领主，农奴的儿子要继续耕种这块土地，必须从领主那里再领有一次，而且要缴纳继承金。份地的重要特征之一就是大小基本相等。这主要是因为份地是人为地分配的，一般来讲遵循了公平原则。每户农奴的份地也不是连在一起的，而是以条田形式分散于各户的份地之间，这是为了使各户土地的肥沃程度、距离远近相差不多。例如，14世纪英国的柏克郡温斯劳村，一个农奴有72块份地。在不同的国家，由于具体情况不同，份地的大小也有所不同。例如，法国的大家庭份地在5公顷~30公顷之间，加洛林时代家庭拥有的份地平均规模为16.5公顷；英国农奴的份地平均规模为20公顷。

此外，庄园还包括其他土地：①自由领有地，这部分土地是自由农民的土地，基本上是公社的遗产；②教区教士的领地，是"上帝部分的土地"；③公有地，主要是草地、森林和荒地。

5.4.3　庄园的经营管理

随着耕种技术和作物品种不断增加，早期的"二圃制"逐渐演变成"三圃制"，即可耕地分为三大部分：春耕田、秋耕田和休耕田，也称为"三田制度"。与中国古代社会相比，中世纪的欧洲土地利用率很低，一般是将耕地分成"条田"分给村民，实行个人所有制与合作劳动相结合的方法。在这些条田之间，夹着领主的自营地。在收割完后，将条田间的篱笆拆除，任个人的耕畜进入，以恢复土地肥力。这就是所谓的"敞田制度"。

大封建主有庞大的家族，田产也很大。他们一般不自己经营，而是交给自己的管家。13世纪时，地产的经营管理人已经形成一个社会阶层，他们受过专门训练，有法律知识和经济知识，具有地产管理经验。一般来说，贵族的大地产有一个总管，他负责领主的全部庄园。总管一般是贵族出身，向主人领取年俸以及其他现金和实物报酬。总管的职责是向各庄园的管家和庄头传达主人的命令，主持庄园法庭，召集各庄园管家报告庄园的经营情况，包括对账目的核查等。总管必须了解领主的全部地产状况、各庄园管家以及庄头的情况，并掌握市场情况。他的任务就是管理庄园，保证领主的需要。

每个庄园由一个管家负责经营。管家一般出身于自由人，由主人派往庄园居住，负责该庄园的一切事务。他要主持庄园上的各项耕作、运输工作，监督其保质保量完成；负责管理各项设施，收取各种实物和货币，每年向总管报告账目。庄头是与管家共同负责庄园的人，通常是一名农奴。庄头一般在庄园法庭上选举产生，任期一年，有时也由管家指定。他的主要任务是安排各项农活，分配劳役，保证耕种和收割的按时完成，保证不造成损失和浪费；照料牲畜，维修农具；还要四处奔走，进行农产品的售卖活动。

出租庄园的经营方式，对于庄园主来说有利有弊。出租庄园的经营方式在11世纪已经很流行，到12世纪不少原来由封建主自营的庄园也都改为出租。不过，到13世纪时，由于粮食价格的上涨，出售农产品比较有利，不少封建主又收回庄园自营。但从总的趋势看，封建主将庄园出租的形式较为普遍。

5.4.4　封建庄园上的劳动力

西欧封建庄园中最重要的劳动力是农奴、贱农及其他自由劳动力。在社会最底层的是残留的奴隶。但是，到公元8世纪以后，奴隶阶级基本被消灭，奴隶的残余是家庭仆役，主要的劳动力是农奴和贱农。他们都是依附农，但是，这两个等级的依附农有着不同的历史根源、不同的社会地位和不同的经济状况。

农奴由罗马的隶农和日耳曼的半自由人转化而来。与奴隶相比，农奴在人身上是自由的人。农奴与奴隶不同，奴隶是一种动产，可以像牲口一样被买卖；但农奴是不能离开土地而被出卖的，如果出卖庄园，他可以跟着庄园一起转移到一个新的庄园领主那里去。就是说，农奴是土地不可分割的部分。此外，农奴可以有家庭。农奴在经济上是不自由的人。农奴不能够离开土地，农奴逃离庄园要受到处罚，甚至由于劳动力稀少，其他领主诱使农奴到自己的领地上劳动，按照偷窃罪处罚。

贱农的身份是由他所保有的租地性质来规定的。贱农不被限制在土地上，有些人可以拥有自己小块的土地，有些人租种领主的土地。他们是自由人中最卑微的人和农奴中最幸运的人。在英国法律里，贱农与农奴之间的差别是：法律以 200 先令的罚金保护贱农的生命，而以 60 先令保护农奴的生命。他的动产可以继承，他的租地条款是由有法律效力的契约规定的，另外，对他不可以随意课税。

边缘居民、小佃农和茅舍农等属于半自由人，境况比贱农要好，他们的权利可以获得法院的保障。边缘居民从敞田边上获得一小块租地。他们是由于战争、饥荒、虐政等原因离开自己的家乡而四处漂泊的，在庄园内被允许留作客人，并获得庄园边上的荒地耕种。小佃农是没有任何租地，仅仅保有一间茅舍和周围的一小块场地的农民；而茅舍农只有一间茅舍，他们只能在庄园上作为雇农来生活，或为庄园主做杂役。

农奴制是一个世袭制度，如果一个自由人和一个女农奴结婚，他将丧失自由；自由租户如果占有一块不自由的租地满一年零一天，他也将丧失自由。战争、犯罪等其他途径也可能使人丧失自由而沦为农奴。

到 14 世纪，由于封土制的衰落、农奴的逃亡，特别是商品货币关系的发展，庄园制度逐渐衰落了。

5.5　西欧封建农业的发展和社会的变化

5.5.1　封建农业的发展

中世纪的农业生产水平总体来讲没有太多创新性的进步，但是与过去相比，无论是耕作技术、生产工具还是作物种类，都有一定程度的提高。这一时期，农业中最重要的技术进步是三圃制代替二圃制。罗马时期就有了二圃制，从公元 5 世纪到 8 世纪，二圃制是庄园中流行的土地耕作方式，即一块田耕种，一块田休耕，用来积蓄养分和水分，以利于作物下一季更好地生长。到 8 世纪，由于作物种类的增加，开始出现三圃制，开始在少数地区流行，直到 11 世纪才在西北欧广大地区推广。三圃制的推广，一方面扩大了土地利用率，提高了产量；另一方面，大大增加了作物品种，特别是豆科植物的种植，扩大了蛋白质的供给，部分植物用作饲料，有利于畜牧业的发展。新式农具也开始出现，如重犁的推广，使可开垦土地面积增加。马耕田技术出现。马本来不适于耕地，但由于马蹄铁和新式挽具的发明，使马的耕地效率大大高于牛。另外，西北欧地区气候潮湿，不必隔年休耕以积蓄水分，特别是人们发现在土地上轮流种植不同的作物能保持土壤的肥力。所以，人们采取了新的耕作制度。例如，在春季种植燕麦或小麦而在夏季收获，冬季播种小麦或黑麦而在来年春季收获，然后休耕一年。这样，土地利用率就大大提高了。而在休耕时，则拆除篱笆，土地为公共利用，任牲畜进入放牧，同时恢复土地肥力。这种制度不仅提高了农业的效率，还在农民之中培育了一种合作的精神和习惯，并建立起对于他们自己的事务由自己主导来进行处理的自治制度。

5.5.2 拓殖运动

拓殖运动发展的时间大约在 11～14 世纪。在欧洲的战乱年代和封建化过程中，地广人稀是整个欧洲的真实情况。据估计，法兰西土地的一半或一半以上，英格兰土地的 4/5，低地国家和德意志土地的 2/3，都没有耕种。但随着社会的逐渐安定和经济的恢复与发展，人口也逐渐增加，并对封建化的土地形成沉重的压力。据估计，11 世纪的西欧人口约为 1000 万～1500 万，到 14 世纪开始的时候，则可能达到 6000 万～7000 万。消费与贸易的需要，使一切希望保持自己收益的封建主阶级和希望通过劳动去改善自己命运的农民阶级，都振奋起来去开垦土地。这就导致了 11～14 世纪的拓殖运动。在这场拓殖运动中，教会和寺院、国王、城市自治团体、富裕的市民，都成为重要的推动者，而农民则提供了必需的劳动力。被自由和财产的诱惑所吸引，成千上万的拓荒者响应僧侣、主教、君主、领主和自治团体的号召，排干沼泽、砍伐森林、开拓荒地，扩展了大片的土地。

拓殖运动的成果主要有以下方面。

5.5.2.1 可使用的土地面积大大增加

在拓殖运动中，一些低地国家（离海较近的国家）进行了大规模的填海造田运动。人们组成了筑堤与排水协会，以 75 亿法郎的代价，在 5 个世纪的时间里，挡住了海水的侵蚀，获得了大片良田。而在北欧，拓荒者通过烧掉丛林和灌木，用斧头砍伐森林，用锄头除掉杂草等方法，将大片森林地、荒地开垦出来。从波罗的海和北海沿岸到阿尔卑斯山，包括奥地利、瑞士和阿尔萨斯等地，出现新的农地，并建立了农场、村落和市镇。在英格兰，特别是南部、东南部和中部地区，一度覆盖着不列颠的古代森林差不多被砍伐干净。在法兰西，拓荒活动一直延续了 3 个多世纪，将过去被森林所覆盖的省份，如阿图瓦、皮卡尔迪、诺曼底、香槟等，都变成了草原、牧场和耕地。西欧的大部分地区都是这个时期开拓出来的。

5.5.2.2 极大地促进了社会经济发展

人们在新开拓出来的土地上种植作物、饲养牲畜，改进耕作方法和饲养方法，使农业生产力大大提高。可以说，这是中世纪欧洲最伟大的工程，这项工程是欧洲在公元 9 世纪动乱结束以后在发展经济方面所做出的最大努力、所获得的最大成果。

5.5.2.3 促进了社会关系的变革

可以说，拓殖运动是封建制度瓦解和走向衰落的起点。这是因为拓殖运动打破了封建地产的绝对统治地位，产生了非封建地产。被开垦的土地基本上是荒地、森林和沼泽，是封建地产范围以外的土地。由于这些新土地不是来自上级领主的封地，因而垦殖者也用不着为占有这些土地而承担过多的封建义务，土地的转让也容易得多。所以，这些土地一开始就具有"私产"性质。

这些变化为资本主义生产关系的出现奠定了经济和社会基础。

5.5.3 解放运动

解放运动出现的时间几乎与拓殖运动重叠，也是在 11 世纪到 14 世纪期间发生的。其主要内容就是解除对领主的依附关系，不再把农奴禁锢在土地上，使农奴具有自由迁徙的权力。

解放运动出现的一个重要原因在于商品经济的发展。由于商品经济的发展，商品交换日益频繁，刺激了封建主消费的多样化和对货币财富的追求。封建主变革剥削方式，由劳役地租转向实物地租。从农民的角度来看，商品经济越是发达，他们越希望在自己的份地上多投入劳动。在相同时间里，他们投在自己份地上的产出比在领主土地上的产出要多得多。所以，他们愿意以货币来代替劳役。在以货币代替劳役的同时，获得人身自由的人口大量增加，一些获得自由的人有能力或者有机会赎买土地，成为殷实的自耕农，他们也可以将地产传给后代。另外，政治上的考虑也有利于解放运动。在 12 世纪，国王希望封建领主或教会的农奴得到解放，借以削弱他们的割据势力；教会起初也强烈反对解放农奴，但是，当他们在拓殖活动中需要自由劳动力时，也就逐渐转为支持这个运动；城市资产阶级竭力促进农村的自由劳动力产生，因为资本主义的发展需要自由的劳动力。

从解放运动的形式来看，是通过一系列合同实现的。在 11 世纪，这种合同是个别合同，合同确定了贱农的义务，减轻了他们的负担。12～13 世纪，开始出现集体合同，致使更多的人获得解放。这种解放合同包括特许状、长期租约、法律习惯等多种方式。例如，在英格兰，农奴的解放是通过折算制实现的，即将农奴对领主所担负的封建义务，折算成固定的地租，农奴只需缴纳地租，而其他的封建义务皆可解除。到 14 世纪末，英国大部分地区的农奴都获得解放。农奴解放首先是人身自由的获得，农民可以支配自己。从此以后，法律和习惯都承认，人是生来自由的，并且应当继续保持这种自由，不能把人看成是财产的目标。农奴的财产得到承认和保护，农奴可以将自己的动产和不动产留给自己的儿孙，人头税被取消了，其他封建义务有的被赎取了，有的则折算成固定货币租，任意的劳役也被取消了。此外，农奴还获得商业和贸易的自由。

商品经济的发展，也导致下级领主从上级领主那里"赎买"自由。下级领主接受封地，条件是为上级领主服兵役。英国封臣的骑兵役通常是每年 40 天，而商品经济的发展使他们服兵役的机会成本也越来越高，因而希望免除兵役。商品货币经济的发展为这种免除提供了条件，所以就出现了地方领主缴纳一笔货币给国王来代替兵役的做法。

5.5.4 早期圈地运动

早期的圈地发生在 13～14 世纪的英国，它是在拓殖运动的尾声中开始的。一方面，土地不是那么容易地获得了；另一方面，越来越少的公地开始受到掠夺式的利用，有势力的封建主利用他们在庄园中的特权，圈占公有地，将其变为私人地产。事实上，圈占公地的行为与拓殖运动并无本质区别。圈占公有土地是一种"暴力行为"，它只造成了田地者对土地的实际占有,土地的所有权并没有从法律上得到认可。直到 18 世纪以后,圈地成为"合法圈地"以后,圈地者才真正拥有了对土地的合法权利。至此,私有土地制度最终产生了。在这个时代,土地是财产的主要形式,因而土地私有化基本上代表一切财产的私有化。事实上,土地上的房屋、农民的少量工具以及土地上的一部分产物,从来就是私有的。

5.6 西欧封建社会时期工业与商业的发展

5.6.1 工业的复兴和工业组织的变迁

中世纪初期,工业活动处于萌芽状态。在当时流行的自然经济与庄园经济条件下,工匠的工作与农民的工作没有多大区别,而这种工业活动基本上是局限于庄园范围以内的。在庄园内部,农民除从事农业生产外,也从事一般性的制造活动,力求满足自己和家庭的需要。庄园内部设有最基本的工业设施,包括磨坊、面包坊、酿酒坊等,农奴中有一部分人从事专门的手工业活动,如鞋匠、铁匠、泥水匠、木匠等。通常领主和教堂掌管这些工业设施,并利用对这些设施的垄断加重对农民的剥削。在这种自给自足的庄园生活中,工业的作用是极其微小的,对生产关系变革和社会进步的意义也不大。在工业发展过程中,技术本身也在进步,如风力推动设备与水车开始出现并广泛使用,在某些工业中出现个别的机械,这种机械在纺织工业和手工艺品生产方面达到很高的水平。这种进步得益于与东方的贸易,特别是通过与拜占庭的贸易,东方国家的技术传到西欧,带来技术的变革。

从 13 世纪起,工业的规模开始出现增大的趋势,在少数特殊行业中和国际贸易发达的地区,如低地国家、意大利和法兰西北部,出现了较大的工业。企业内部已经有了一定的分工,出现简单的管理和专门的管理者,资本和劳动的分离已经出现。可以说,这是近代企业的萌芽。此外,这个时期,工业扩展到许多部门,包括采矿业、冶金业、皮革业、造船业以及手工艺品的生产。欧洲的工业水平,大约从 14~15 世纪开始,逐渐超过东方。

这一时期的工业组织主要采取作坊制。作坊一般由师傅、帮工和学徒组成,作坊制的封建特征非常明显,师傅、帮工和学徒是中世纪手工业者中的不同等级。根据行会的规定,要成为某个行业的师傅,必须先从学徒做起,然后升为帮工,最后才是师傅。师傅、帮工与学徒之间存在人身依附关系,他们的关系是封建关系,而不是雇佣关系。

5.6.2 商业与贸易发展

中世纪早期经济生活的特点是自给自足,不论是国王还是地方领主,都生活在自己的领地上,与外界的交往较少,所以商业交换活动也较少。几百年来,罗马的道路系统由于年久失修而破烂不堪,交通工具落后,甚至马车也很少,强盗时常出没抢劫过路的商旅等,这些都严重影响了商业交换的发展。差不多在整个中世纪,封建割据严重,地方政权普遍存在,使商人无限制地负担着各种各样的地方捐税。每个封建主,上自公爵和伯爵，下至子爵和小城主，包括国王本人也不例外，对经过领地的一切商人小贩，处以罚金，课以重税。这些捐税种类繁多，有货物通行税、过桥税、护送过境税、河流税、过渡税以及关税等。甚至有"落地法""船难法"等制度限制商业的发展。

当中世纪生活开始变得安定和文明的时候，交换变得越来越频繁，商业的组织也开始有所改进。物物交换和小贩营业，除了在偏僻的乡村以外，已经逐渐消失，出现了固定的市场、集市。中世纪最著名的集市是法国的香槟集市。位于巴黎以东和东南部的许多封邑，基本上都是在香槟伯爵的统治之下。这一地区物产丰富、交通便利，是诸河流的汇合地，一直是中欧贸易的焦点。早在罗马时代，这里就出现过较大的集市。这一地区的集市都归香槟伯爵管理。香槟集市具有国际贸易市场的性质。

商业形式也出现创新，出现了合伙经营的组织。一般情况下，合伙由两方组成，一方是坐商，主要提供资本；另一方是行商，将商品运到目的地，进行具体交易。合伙有两种方式，即委托制和协作制。委托制是坐商提供全部资本，坐商在所获收益中得 2/3，行商得 1/3。协作制是坐商提供 2/3 的资本，行商提供 1/3 的资本，所得利润平分。一般来讲，这种合伙以一次贸易为限，该次活动结束和利润分配完后，合伙即告解散。还有一种所谓"海上借贷"的合伙方式，即商人向有钱人借款，以弥补自己的资金不足。如果航行失败，损失由投资者负担，商人不负责任；而如果经营成功，商人要付给投资者 40%～50% 的利息。

最早的商业公司出现于 13 世纪。初期的公司以家族成员为主，并以家族名字命名。公司每经营一两年后便自行解散，进行结算，然后另行组织。但事实上，由于公司是以家族为主体，家族成员往往不希望公司解体，所以，虽然在形式上到一两年后解散公司，但并不是使公司真正消失，而是在原有基础上重组并继续经营。公司的经营管理，一般由一个有能力、有经验的人负责，近似今天的经理，然后在各营业点设立分号，派出代理人。代理人大都是领薪水的雇员，但常常是经理的子侄。商业公司组织最早出现于海上贸易，海上贸易的风险性产生了组织公司的需要。以后，在一般的商业领域也出现了公司组织，这些公司组织可以被看做是近代经营方式的起源。

在商业不断发展的基础之上开始出现行会。起初，各类商人和手工业者都是组织在一起的，从事某一行业的工人倾向于集中在某一条街道、区内。这种聚居的要求，既是处于职业方面的便利，也是为了监视他人的经营活动，更有团结起来抵抗封建主势力压迫的目的。行会按行业组织，有时分工极细，每一个行业都有自己的行会。在佛罗伦萨分为"大行会"和"小行会"。大行会有 7 个，包括公证人行会、进口布匹商行会、银行家和钱兑商行会、呢绒布商行会、医生和药剂师行会、丝商行会和皮货商行会。小行会包括 16 个，如屠夫、鞋匠、铁工、石匠、面包工人、武器匠、木匠、锁匠等行会。

行会具有经济、政治和社会三种功能。作为经济组织，行会使小手工业者在自然经济条件下能够保持其地位，进行正常的再生产。行会规章主要是关于生产规模、生产过程、价格、原料以及市场等方面的内容。作为政治组织，行会有时是城市管理机构的有机组成部分，有时是城市当局下面的一个自治团体。行会自身有比较完整的组织系统，有严格的纪律，不仅自我管理，而且为市政当局组织市民选举、征收税款、建立城市武装等。作为社会组织，行会具有互助合作的成分，行会内部往往建立互助基金，举办慈

善事业、扶贫济困等。

行会的发展，主要有两个方面的倾向：一方面是平均主义，使每个小生产者都能在自己的经营活动中机会均等；另一方面是反对自由竞争，在本行业内各师傅之间不能自由竞争，行业之外造成一种垄断，限制别人的竞争。

行会的规定主要包括以下几个方面的内容：①规定产品原料和其他辅助原料的质量、数量。一般行会不进行统一的原料购买和供应，而是由作坊自己组织，但对原料的质量和数量要进行严格的规定，如果作坊购买了过多的原料，其他人有权分享这些原料。②规定作坊的规模，包括作坊所使用的学徒和帮工的数量，都不能超过规定，劳动时间不能超过一定时限，如冬季工作日为 12 小时，夏季工作日为 15 小时~16 小时，严禁夜间工作。这一方面是为了保证产品质量，而更重要的是限制生产者生产过多的产品造成生产者之间的不平衡。③规定生产工具、技术设备和生产程序等，如织工行会规定生产者不能使用新式织机等。④规定产品的质量和数量，不仅不能生产质量低劣的产品，也不能生产过量的产品，否则要处以罚金。行会的另一个作用，是为保证本行会的共同利益而进行行业垄断，即没有参加行会的人不能进行本行业的商品生产，而要参加这一行业又有严格的限制，如非本城居民不能加入本行会，也就不能从事本行业经营。为了保持这种垄断，行会经市政当局允许，可以采取各种手段。

5.6.3 商法的兴起

商法是为了解决商业活动过程中出现的矛盾。意大利是罗马法复兴的发源地，也是商法的发源地。13 世纪，意大利各自治城市的有组织的商人团体，如商会，经常发布调整工商业活动的规章。

在英格兰，商业交易一般被限制在法律特别保护的永久性的商业中心进行。为适应商人的需求，也产生了一些习惯法。商会有时对某些商事纠纷做出裁决，组成所谓"泥足法庭"（因赶集小贩经常灰尘满鞋而得名），由一名贵族管家或自治城市的市长或执行官掌管，但是法官由参加集市的商人担任，专门即席审理发生在市场上的民事纠纷和轻微违法行为。根据《1353 年商业中心法》，建立了商业中心城市，每个城市有一个特别法院，专门为商人服务。这种特别法院适用于商人法而不是普通法。

公元前 3 世纪制定《罗得海法》。后来，东罗马帝国于 8 世纪初依据古法重新编制了具有海商法性质的《罗得海事法典》，以后这部法典又经过不断补充和修订。在地中海沿岸各港口，一般都适用 15 世纪晚期出现在巴塞罗那的《海事法汇编》，或称《海事判例集》。这是一部很有价值的法典汇编，被译成多种文字并不断再版，被公认为是通行于整个地中海沿岸的海事法典。在英吉利海峡、北海和波罗的海沿岸各港口，一般适用《奥列隆法典》和《维斯比法典》或汉萨同盟各城市的法律。英格兰的城市和各港口，主要适用《海事法黑皮书》和《海事指南》。

5.7 西欧封建社会时期城市联盟的起源与发展

5.7.1 城市的复兴

罗马帝国时代，城市文明曾达到一个极高的水平。但是到罗马帝国后期，由于各方面的原因，城市逐渐走向衰落。在日耳曼氏族征服的几个世纪里，城市遭到毁灭性的破坏。在中世纪初期，只是在意大利还偶尔保留着罗马时代的城市遗址，使人想起罗马盛世和城市的繁荣。但这些城市大多是一片衰败景象，仅留有一些不完整的城垣，和乡村没有什么两样。例如，举世闻名的罗马已经由一个大都市变成了一个大型农业居民点，沦为农奴的罗马公民的后裔，在壮丽的古代建筑废墟上播种粮食和放牧牲畜。总的来说，在中世纪初期，城市已经没有什么经济意义，西欧经济生活的中心转到乡村。

但是到 10 世纪时，随着工商业的发展，西欧的城市出现复兴。城市的复兴和发展是封建生产方式在历史上的转折点。商业和工业的复兴与发展，引起城市生活的复兴。从 11 世纪中叶到 14 世纪，城市运动变得特别普遍，欧洲大部分地区的城市都复兴起来了。中世纪的城市大致产生于以下 3 个方面：第一，罗马古城。罗马在欧洲建设了很多城市，这些城市本身处于重要的地理位置，交通便利，人口聚集。随着工业和商业的不断发展，这些城市开始复兴。第二，国王、教会和其他大封建主新建的城市。国王是最大的封建主，王国的都城一般来说都是最大的城市，如伦敦、巴黎等一直是最著名的城市。除了国王外，封建主和教会也出于各方面的考虑而筑城。城市是一定区域范围内社会资源集中的地方。第三，商业、手工业城市。11～12 世纪，西欧的农业开始出现集约化倾向，两田轮种制和三田轮种制已经开始实行，几乎到处都使用铁制的重犁，种植园业也发展很快，相应的农产品加工业也发展起来。与此同时，手工业技术也有某种程度的进步，社会需求大大提高，而手工业生产的发展日益要求专业化生产和合理的劳动组织，要求集中的市场等。所以，无论就其产量、技术水平和专业化程度来讲，手工业生产依附于农业的地位已经不适应发展需要了，两者的分离成为必然趋势。例如，在意大利的威尼斯、热那亚、米兰，商人在便利的地点集合，不久也引起了工匠在那里集合。这样，城市就发展起来了。

5.7.2 城市自治与城市同盟的建立

西欧中世纪的城市一般是建立在教俗封建主的土地上。随着商品货币关系的发展，领主对货币的需求也越来越强，而城市是货币财富的重要来源。所以，封建主出于自身利益，对城市的建立和发展比较关心，大多数情况下采取支持态度。由于城市是建立在领主的领地上的，所以城市归领主所有，当然也归领主管辖。封建领主不仅向城市征收各种赋税，还委派代表行使统治权和审判权。领主的各种政策严重损害了城市市民阶级的利益，并阻碍了城市经济的发展。城市市民阶级为了摆脱封建领主对城市的统治，采取各种手段，最常见的是赎买和战争。赎买就是指由市民共同出钱，把城市范围属于领主的土地购买下来，从而摆脱领主对城市的统治。战争就是指用武装力量推翻领主对城市的统治，如公元 1112 年发生在法国北部的琅城起义，琅城市民先用赎买的方式获得琅城的自治权，但是高德里背信弃义，琅城市民便用武力推翻封建领主高德里对城市的统治，使城市重新获得自治权。

城市摆脱封建领主的统治以后，通常采取自治制度。经市民直接选举产生的自治机关对城市公共事务实行自主管理，制定城市宪章明确市民的权利。通常城市宪章包括以下主要内容：

第一，人身自由。中世纪的城市居民以从事手工业和商业为主，而工商业活动的重要条件就是人身的自由。城市商人到处经商，不属于任何领主，所以是自由人而不可能是农奴。许多城市取得的特权证书中说明给予市民以人身自由，并免除作为农奴标志的结婚税等。有的城市虽然没有这样的规定，但按惯例农奴从领主的领地逃到城市满一年零一天，即获得人身自由，领主不能迫使他返回。所以德国的谚语说："城市的空气使人自由。"

第二，土地自由。尽管城市的土地在法律上是领主的财产，但城市居民以自由的条件领有土地，不负担沉重的劳役义务，没有人身依附关系，不受领主审判，一般只缴纳一定的货币地租。城市土地的使用者虽然名义上不是土地的主人，但却拥有处分土地的自由，他可以将土地出售、抵押、转让，也可以转租。

第三，司法自由。大部分城市取得的特权证书中都声明，市民只能由城市的司法机关审判。这就意味着城市的司法独立，从领主审判权下解放出来。在城市通行的是适应工商业者的城市法，由长期形成的习惯逐渐汇集而成。城市法庭的法官一般由选举产生，并大部分由商人担任。

第四，财政自由。城市与领主约定，城市每年向领主交一笔固定款项，以取代领主所拥有的对城市征收各种捐税的权利，这些税款主要包括市场税、法庭罚金、任意税以及地租等。

第五，贸易自由。城市可以定期举行市场或集市贸易，市民经商免交市场税。但这种市场税的免除，只限于该领主辖地范围之内的商人，外来商人仍要交税。

当城市宪章获得通过以后，它就是一部重要的文件，被保存在市政厅内的有 3 把锁的档案柜内，有时甚至将它刻在市政厅的墙壁上或教堂的墙壁上。这样一来，城市居民就成了自由市民了。

中世纪的城市生活包括三个要素，即贸易、市民和市政府。不论城市的起源如何，但只要城市发展起来，就作为一个重要的贸易中心发挥作用。城市居民中占有统治地位的是商人和商人所组成的团体。他们从 11 世纪开始获得市民的称呼，他们都是自由的商人，有的拥有自己的土地，特别是他们都拥有财富。他们组成的团体包括行会、商业公会、兄弟会、慈善会等。这些拥有财富的阶级，掌握了城市的管理权。每个城市都建立了行政机关来管理必要的公共防御系统和公共秩序，如民兵队、税务局、财政局、法院、行政院等。城市政权的组织形式是多种多样的，如单一元首制和多数元首制、直接选举制和间接选举制、有限选举权制和普选制等。

城市是由于手工业和商业的发展而建立起来的，而城市与城市之间的商品交换活动也日益频繁。城市之间的往来有时会受到封建力量的阻挠，为了反对干扰其贸易的敌人，城市与城市之间开始结成同盟。如 1260—1265 年间，汉萨同盟开始形成。到 14 世纪，汉萨同盟以吕贝克为中心，扩大到德意志北部的大部分城市。汉萨同盟鼎盛时约有70~80 个城市。汉萨城市组织只是一个松散的联盟，主要是为了贸易目的而组织起来的。依靠这些各自独立的贸易团体组成的这一同盟，能够要求更大的特权，也能保证贸易安全。为了防止海盗掠夺，一些城市组织起来，较大的城市常常以商业活动和私人战争方式支援小城市。汉萨同盟取得了北海、波罗的海沿岸经营贸易的垄断权，一般可以免税。它组织各城市商人联合船队经商，以抵抗海盗和封建主的袭击。它在重要的贸易点设立商站，还在各地设立审判机关，使自己的商人免受封建主审判。汉萨同盟的中心是吕贝克城，其最重要的商业据点是汉萨同盟商路的终点——诺夫哥罗得、卑尔根、伦敦和布鲁日的特殊商站。这就是同盟的四大商站。商站是由货栈、旅店和教堂组成的商业会馆。汉萨同盟使贸易特别是海上贸易发生许多变化，同盟在重要港口建立灯塔，标明水道，在礁石附近设立浮标，设置专职的领航员等，还极力捣毁那些侵害沿海地区的海盗巢穴，从而保证了海上航行的安全。汉萨同盟在 1363—1550 年期间一共举行过 53次大会。

公元 9 世纪以后，欧洲结束了战乱，生产力得到发展，在生产力发展的基础上，工商业日益繁荣，社会结构发生重要变化，为资本主义生产关系的萌芽和发展创造了条件。

6 16 世纪以前的世界经济

1500 年是世界经济与贸易发展的分水岭。1500 年以前由于距离遥远、山川河流的阻隔，世界上各个地区孤立发展，形成区域性的贸易圈，各地区之间几乎没有大规模的交往与联系，但小范围的联系还是有的。1500 年以后，由于人类对于天文学、地理学知识的发展。航海技术的提高，出于对未知世界的好奇，开始地理大发现活动，发现了美洲大陆，也发现了通往东方的航线。从此，世界各地联系日渐紧密，世界成为一个整体，为形成统一的世界市场创造了条件。

6.1 1500 年以前世界三大贸易圈

1500 年以前，世界上不同的区域在经济发展的过程中，由于互通有无的需要，存在一定的贸易关系，形成了几个比较发达的区域贸易圈。比较繁荣的区域贸易圈有地中海贸易圈、东亚贸易圈和北欧贸易圈。

6.1.1 地中海贸易圈

地中海连接了欧洲南部，亚洲西部和非洲北部。地中海周边曾经存在众多的国家。在海上航运有一定发展的基础上，由于海上交通的便利性，地中海周边国家连结在一起，形成了区域范围内的"国际贸易"。

最早在地中海周边进行贸易的是腓尼基人。这是历史上一个古老的民族，在公元前 10 世纪至公元前 8 世纪生活在地中海东岸（相当于今天的黎巴嫩和叙利亚沿海一带）。由于腓尼基人生活的地区背靠高耸的黎巴嫩山，没有发展农业的条件，他们只能向浩瀚的大海求生存，他们发展了手工业和商业，他们既是高明的手工业艺人，也是远走四方的商人，不仅贩卖自己制作的各种精美的手工艺品，也销售来自各个地方的特产：有来自远东和印度的谷物、酒类、纺织品、地毯和宝石，有来自黑海沿岸的铅、黄金和铁，有塞浦路斯的铜、柏树和玉米，也有希腊的各种工艺品。所有这些商品都汇集到了腓尼基人手里，经他们的手再卖出去。腓尼基人是古代世界最著名的航海家和商人，他们的船只踏遍地中海的每个角落，地中海沿岸每个港口都能见到腓尼基商人的踪影。

腓尼基人自称为闪美特人，"腓尼基人"是希腊人对他们的称呼。原来在当时的埃及、巴比伦、赫梯以及希腊的贵族和僧侣，都喜欢穿紫红色的袍子，以此作为高贵身份的象征。可是，这种颜色很容易褪去。他们注意到，居住在地中海东岸的一些人总是穿着鲜亮的紫红色衣服，似乎他们的衣服总也不会褪色，即使衣服穿破了，颜色也跟新的时候一样。所以，大家把地中海东岸的这些居民叫做"紫红色的人"，即腓尼基人。腓尼基人与地中海周边很多地方都有贸易关系，希罗多德（在古罗马时代，希罗多德就被誉为"历史之父"）在他的著作中曾记载了腓尼基人与非洲人贸易的过程：腓尼基人在地中海南岸海滩上卸下货物后，升起一缕黑烟作信号。看到这个约定俗成的信号，当地的非洲人就会聚集过来，这时腓尼基人就驾着帆船远离海岸，非洲人查验货物后，根据其种类和数量，在货物旁放上一些金子，然后躲进树林。腓尼基人驾着帆船重新来到海岸，查看非洲人留下多少黄金，如果他对金子数量满意，就收起金子离开；不满意就回船上等，直到黑人增加的金子使他们满意为止。

公元前 8 世纪，希腊成为地中海区域的经济强国与文化中心，在希腊大殖民活动过程中，范围不断扩张，在地中海各地建立起他们的城邦和殖民地，远至西西里岛东部、亚平宁半岛南部和北部非洲。不过，希腊人在地中海的扩张始终面对着腓尼基人的竞争。经过激烈的争夺，公元前 8 世纪以后，希腊人终于取得了地中海的贸易权，为希腊的繁荣创造了条件。

公元前 2 世纪，罗马帝国崛起，海上贸易在罗马帝国商业中占据很重要的地位。当时，罗马人占据了地中海沿岸的所有土地，地中海成为罗马帝国的"内海"。在大一统的和平环境里，罗马人肃清了地中海内的海盗，地中海的交通、贸易出现前所未有的繁荣。

公元 4 世纪末，东罗马帝国灭亡，欧洲进入中世纪。在中世纪时期，虽然整体上商品交换活动不发达，庄园内自给自足的经济模式占主导地位，但是这一时期地中海周边商品交换活动仍然存在。这一时期，君士坦丁堡成了东西方商品贸易的中心。它位于巴尔干半岛东端，欧、亚之间的交通要冲。不过，以后其地位渐渐被威尼斯和热那亚分享。这时，商品循着两条路线到达地中海港口：海路——经过印度洋、波斯湾；陆路——经过中亚到达黑海、亚速海沿岸。热那亚和威尼斯是这些商路的终点。东方的商品以难以置信的高价卖给欧洲的封建主，而热那亚和威尼斯则依靠这种中介贸易而兴盛起来。特别是威尼斯，繁荣的商业活动和复杂的商业组织促使它很早就产生了交易所，并使银行业务和商业核算的技术很早就发展起来。

6.1.2 东亚贸易圈

东亚贸易圈是以中国为核心，中国与周边国家之间贸易活动非常频繁而形成的一个区域贸易圈，主要包括中国与日本、朝鲜、南洋地区和印度支那地区的贸易活动。

6.1.2.1 中日贸易

中国与日本很早就相互往来。公元 4 世纪中叶，大和朝廷统一了日本列岛，日本国王曾多次向中国南朝政权遣使朝贡，并请求授予封号。公元 589 年，隋朝统一了中国，结束了自东汉末年以来中国近 4 个世纪的分裂动乱，社会、经济、文化迅速发展。当时，日本正是圣德太子摄政，他为了直接吸取中国的先进文化，先后向中国派出了 4 次遣隋使（公元 600 年、607 年、608 年、614 年）。这是中国和日本作为两个统一国家正式交往的开始，也是日本统治者采取主动积极的态度，派遣大型文化使团直接吸收中国先进文明的开端。

公元 618 年，唐朝灭隋，建都长安（今西安）。唐帝国经济、文化空前繁荣发达，成为东亚最强大的帝国，声威远扬，对日本和亚洲其他国家都有巨大吸引力。而日本通过4次遣隋使，朝野上下对中华文化更加仰慕向往，出现学习模仿中国文化的热潮。623年，遣隋留学的僧人惠齐、惠日等人在留学中国多年后回国，向天皇报告大唐国是法律制度最完备的国家，建议派使节赴唐学习。日本政府决定组织大型遣唐使团、派遣优秀人物为使臣，并携带留学生、留学僧去中国。公元630年，舒明天皇派出了第一次遣唐使，从630－895年的260多年间，奈良时代和平安时代的日本朝廷一共任命了19次遣唐使，其中任命后因故中止了7次，实际成行12次。遣唐使团的规模初期约一二百人，到中、后期规模庞大，一般约五百余人，4艘船，最多的是838年第18次竟达651人。遣唐使臣在长安、内地一般要逗留1年左右，可以到处参观访问和买书购物，充分领略唐朝风土人情。遣唐使返回日本以后，通常携带大量中国产品。遣唐使于公元895年废止，其原因除唐朝政局动荡不安以外，还有经过二百多年的吸引移植唐代文化，日本已基本上完成改革，并在此基础上开始萌生俱有日本特色的国风文化，因而对中国文化学习的需求已不那么迫切。而且，每次遣唐使耗费巨大，加上路程艰辛，也令使臣视为畏途。而唐朝赴日贸易也不断增加，弥补了过去靠遣唐使解决对唐货的需求。因此，公元895年宇多天皇宣布停派遣唐使。

到了宋朝时期，中日贸易规模进一步扩大，宋朝输往日本的货物有丝织品、瓷器、药材、香料、书籍和文房用具等。这些物品在日本都大受欢迎，入日后价值倍增。日本输入宋的物品主要有沙金、硫黄、水银、木材、日本刀及各种工艺品。而且，宋元时期日本对中国铜钱的需求非常旺盛。因为，日本列岛矿产资源贫乏，储量少而且品位低。因此，当日本的商品流通规模扩大后，货币供应就难以为继，成了稀缺品，大大阻碍了经济的正常运行。日本政府也曾主持铸造铜钱，但由于铜矿品质低和冶炼技术不过关，铸出的钱质量极差，规格不一，有的大，有的小，有的还残缺，根本没法作为货币来流通。这些铜钱勉强使用一段时间以后，终于在一条天皇时代（984年后）完全停止使用。那么，日本就只能从中国进口铜钱了。最初，只是中国的商人入日时携带铜钱，到后来日商就直接到中国来买铜钱了，因而宋朝的铜钱大量流向日本。现在屡有日本出土中国宋钱的报告，而且地点分散，数量众多，证明了中国铜钱在日本流通之广。铜钱大量外流对宋的经济也有消极的影响，宋朝遂下令禁止铜钱外运，但仍然禁之不绝。为了阻止日商偷运铜钱，南宋在管理对外贸易的机构——市舶司设立官吏，专门负责监督此事。在日商的船只离港时，官员们都要上船检查是否有私携铜钱的情形。在中国政府的严厉禁止下，日本想获得中国的铜钱一度变得非常困难，因而他们还直接向中国政府乞求换铜钱。

元朝时期，元为发展对外贸易，在至元十四年（公元1277年）于广州、泉州、庆元等地设置市舶司，管理对外贸易。元日贸易与宋日贸易有显著区别。在宋日贸易中的北宋时期，主要是北宋商人入日贸易；在南宋时期，宋日两国商人往来互市。但是，在元日贸易中，主要是日商入元贸易，而且这种贸易从未中断。即使在元日战争期间，商船入元贸易也未停止。首先，获取铜钱仍然是日商入元的重要原因之一。日本建治三年（公元1277年），日商冒战争危险，乘船入庆元（即南宋时的明州），请求以金换铜钱，是最典型的事例。因为这时日本国内商业迅速发展，交易扩大，铜钱需要量增加。其次，武士阶级上层统治者的腐朽生活，需要对元贸易。日本武士上层已日趋骄奢，社会风气崇尚奢侈。《建武式目》中对武士的奢侈有过如下披露：近来，追求风流，专嗜奢侈，绫罗锦绣，精美银剑，风流服饰，华丽夺目，狂放不男。富者竞相夸富，贫者以不及为耻。风俗之敝败莫此为甚。这些奇货珍品无不收集于对中国的贸易。因此，尽管幕府对元朝抱有警惕，但并不禁止日商赴元贸易。

到明代，由于明政府实行"贡舶制度"，外国贡使来中国，除携带贡品外，准许附带商货进行贸易，非朝贡国家的船舶来华互市例加禁止。明朝期间，日本统治者幕府将军受明朝皇帝册封为"日本国王"并对其朝贡，1401 至 1549 年间共实行 19 次。日本有势力的商人一同搭乘遣明船，与得到明朝官方许可的商人作私人贸易。日商获利极大，官民两方都积极同中国贸易。当时，日本政局混乱，武士阶层兴起，他们到中国沿海贸易，同时也从事海盗行为，使中日贸易大受影响，但是民间的正常贸易仍在进行。日本输入的商品主要是硫黄、铜等矿物以及扇子、刀剑、漆器和屏风等。日本的铜以高价输出至明朝，原因一方面是中国历史上发生慢性的铜的缺乏，另一方面是日本的铜混杂有较多的银，当时的日本无提取技术而明朝拥有，故而铜以介于铜与银之间的价格进行交易。日本商人在明朝购买的主要是明钱（永乐通宝）、生丝、纺织品和书籍等。

到了清代，日本人不愿与中国贸易，来华的商船减少，但中国去日本贸易的商船却增加了。日本实行"锁国政策"，限制中国商船到日本，但中日贸易一直没有中断。

6.1.2.2　中朝贸易

中国与朝鲜的贸易可谓源远流长，到唐代发展到一个高峰。据记载，周武王伐纣，商朝皇族其子被封于朝鲜，其子孙在朝鲜半岛与当地人一样繁衍生息。公元 669 年，朝鲜半岛三国成一统，建立了新罗王朝。当时正值中国盛唐年间，从新罗西海岸的仁川湾可直航中国登州，再由陆路直上唐都长安。朝鲜与日本一样．曾经采取了"遣唐使"制度，大量派留学生到中国学习文化，同时也积极进行贸易，中国的文化、技术和产品大量向朝鲜出口。例如，中国向朝鲜出口的商品除了丝绸和陶瓷外，还有书籍、活字、服装、茶等，中国从朝鲜进口人参、熟铜、乐器、扇子等。到宋代，朝鲜引进中国技术后发展自己的制造业，不少产品反而向中国出口，如陶瓷、活字、漆器等。到明代中期，贸易商品结构的基本情况是：中国出口丝绸、瓷器、药材、书籍、茶叶、硝磺等，朝鲜向中国出口人参、麝香、牛、马、笔、墨、折扇和漆料等。

6.1.2.3　中国与南洋地区的贸易

所谓南洋，一般指马来半岛、印尼、菲律宾等国家。南洋地区是中国与西方贸易通道的中间段，中国很早就与这一地区有贸易往来。马来半岛很早就是东西方贸易的中转站和集散地。中国隋代曾派遣使节出访马来半岛，并进行贸易活动。宋代，马来商人直接到中国的广州和泉州贸易，用香料、象牙、犀角等来换取中国的丝绸、瓷器和米酒等。到了元代，由于东西方贸易的发展，马来半岛的新加坡、马六甲成了东西方航线的要冲，也是东西方商品的集散地。中国出口的商品主要有瓷器、锦绫、糖、铁、酒、大黄，而进口的商品主要是香料，以及从印度转口的货物，如珍珠、乳香、象牙、珊瑚等。中国商人以铜钱支付这些进口品，所以，印度尼西亚地区也流通中国铜钱。

中国商人从唐代起就与菲律宾有贸易往来，当地的居民用黄蜡、珍珠、玳瑁、药槟榔等换取中国的瓷器、铁釜、乌铅、铁针等。

6.1.2.4 中国与印度支那的贸易

印度支那是指中南半岛，新航路开辟以后，欧洲人普遍认为东方只有印度和中国，位于两国结合部的地区就称印度支那，主要包括现在的越南、泰国、柬埔寨、缅甸等国家所在的地区。

中国与印度支那地区的贸易起源也很早。宋代，中国与越南李氏王朝的贸易主要限于边境贸易，在永平、横山、钦州等地进行。越南出口的货物主要是香料、犀角、象牙以及鱼、盐等产品，中国出口的主要是丝绸、瓷器、铜铁器皿、文房四宝等。

当时，占城发展成为印度支那国际贸易中心（占城是印度支那古国，位于印度支那半岛东南沿海地带，北起今越南河静省的横山关，南至平顺省潘郎、潘里地区），并且是中国与南洋、印度洋贸易的中间环节，具有重要地位。占城运到中国的货物主要是香料，而中国向占城出口的商品种类繁多，包括丝绸、瓷器、漆器、草席、扇子、铁、铅等。15 世纪初叶，郑和船队曾访问占城，进行贸易。明朝政府给予占城最优惠的贸易待遇。此外，中国与泰国、柬埔寨、缅甸等国的贸易也很发达。

6.1.3 北欧贸易圈

北欧贸易圈与地中海和东方贸易圈相比，发展很晚。在中世纪以前，这一地区处于原始社会时期，经济与社会都很落后；到了中世纪后期，经济才逐渐发展起来。

14 世纪中叶，北欧地区贸易量的增长和商业的发展受到封建势力的阻碍。为了对抗封建领主，城市与城市之间建立联盟。1241 年，吕贝克和汉堡商人订立同盟，共同反对干扰其贸易的敌人；1252 年，两城市又在布鲁日订立协议建立同盟。1259 年，吕贝克、罗斯托克、维斯马等城市也建立同盟，反对陆上的强盗和海上的强盗及封建领主对商人过境的税收。1260—1265 年间，汉萨同盟基本形成。到 14 世纪，汉萨同盟以吕贝克为中心，扩大到德意志北部的大部分城市。汉萨同盟鼎盛时联合了将近 100 个北欧城市。其职能是装备和保护商业远征，在重要的地方建立商站，获取各种商业特权，制订商业法规等。

汉萨同盟建立以后，促进了北欧地区商品的流通。汉萨同盟的商人从斯堪的纳维亚运往西欧去的商品有鲜鱼、毛皮、树脂、柏油，造船用的木材、金属；从诺夫哥罗得运出的商品有羊毛、亚麻、大麻、树脂、蜡等；从英国运出的商品有羊毛、呢绒、锡、锻铁等。汉萨同盟的商人在布鲁日把北方的商品卖给意大利商人和其他南欧商人，并从他们那里购买东方商品和法国的葡萄酒，再把这些商品运到波罗的海沿岸各国出售。

在北欧贸易圈与地中海贸易圈之间，是法国香槟伯爵的领地，中世纪最著名的集市是法国的香槟集市。香槟集市是 12~13 世纪法国香槟伯爵领地内 4 个城市轮流举行的集市贸易的统称，是当时欧洲规模最大的国际性集市贸易。兴起的集市贸易是中世纪欧洲进行商品交换的一种重要形式，是交易中心，主要是批发贸易中心。集市受到所在地的领主保护并向领主纳税。地理大发现以后，地中海贸易衰落，欧洲的贸易中心由地中海转到大西洋沿岸，即葡萄牙的里斯本、西班牙的塞维利亚、尼德兰的安特卫普等。后来，荷兰成为欧洲的贸易中心。

北欧贸易圈还与罗斯地区的贸易关系密切。罗斯是 9 世纪中叶～12 世纪初在东欧平原上建立的以基辅为首都的早期封建国家，又称古罗斯、罗斯国。到公元 9 世纪，这些部落以基辅为中心，结成一个大公国，称"基辅罗斯"，这是最早的俄罗斯国家。当时它只是一个南自基辅、北到拉多加湖、西从普斯科夫、东到木罗姆的一个东欧内陆小国。这个地区以基辅为中心。罗斯地区事实上处于东西方贸易的第三条商路上。地理大发现对这个地区的影响较小，在新兴的世界贸易中，其地位还是下降了。

6.2　1500 年以前东西方的贸易

6.2.1　希腊时代

希腊时期就知道遥远的东方有一个丝绸王国，生产精美的丝绸。因为公元前 8 世纪希腊的"大移民"运动中，有一支向北深入整个黑海沿岸。这些古希腊人与黑海北岸的斯基泰人贸易频繁。斯基泰人除以谷物、羊毛和奴隶为交易货物外，还转销来自遥远东方的货物。在希腊人的著作中已经知道，东方有一个产丝的赛里丝（丝国），"身体高大近二十英尺，过于常人，红发碧眼，声音洪亮，寿命超过二百岁"。有学者认为，这里所指的赛里斯人可能是指中亚以东的民族，即现在新疆维吾尔族的祖先，也是丝绸贸易的中间商，并不是指中国的汉族人。可见，当时的贸易是通过间接转运的形式。

东方的波斯在大流士的领导下，建立了从尼罗河流域一直到印度河流域的庞大帝国。为了促进其东部省区和西部省区之间的交往，波斯人热衷于开辟新的航线。约在公元前 518 年，大流士一世派海军提督斯西亚克思（Sgax）率领一支船队，由印度河口出发，向西航行，渡印度洋到红海的苏伊士港。从此，埃及和两河流域到印度的海上大道开通了，形成了一个前景广阔的贸易区，大大促进了东西方的交流。在这种情况下，东西方贸易大大繁荣起来，无论是贸易额还是贸易活动的地理范围，都超过了已知的过去。希腊、腓尼基、阿拉伯和印度的水手川流不息地往返于印度、波斯湾、埃及以及地中海的许多港口之间。

另一方面，东方的中国，也很早就开始探索与西方贸易的通道。根据历史资料记载，早在公元前 10 世纪，中国西周的周穆王就从中原出发，驱车西游到西北地区，抵达中亚的一些氏族部落，以丝绸作为国礼，赠送给这些国家。

6.2.2　罗马时期

罗马时代，中国的丝绸经过各路商人之手，辗转到亚历山大港，价格奇高，堪比黄金。据记载，罗马统治者恺撒和埃及格娄巴女王都以穿中国丝绸制作的长袍为时尚，于是，中国丝绸风行于罗马宫廷和东方行省的上层社会。罗马的物品夜光璧、琉璃、海西布、火浣布等特产也辗转传入了中国。张骞出使西域曾到达黑海一带，开辟了著名的丝绸之路。公元 4～5 世纪，西罗马帝国受到日耳曼人的侵扰和破坏。而在东方，来自北部草原的鲜卑人和其他少数民族侵入中原地区，导致割据和混战；与此同时，匈奴入侵

波斯和印度。这个时期，东西方贸易受到严重影响。到中国唐代，亦即东罗马帝国时期，东西方贸易又繁荣起来。在东西方贸易中，东方处于出超地位，大量黄金从西方向东方流动。

6.2.3　十字军东征时期

11～13世纪，两百年间，欧洲出现多次十字军东征。东征的军人为了生活的需要，携带了大量欧洲的物品来到东方；同时，通过对东方的掠夺，把东方的物品作为战利品运回欧洲，从一定程度上促进了东西方物品的交流。这种交流尽管是由于战争导致的，战争使得东西方之间开辟了大量的通道，但也促进了东西方贸易的发展，打开了东方贸易的大门。

十字军东征的同时，蒙古人也从陆路向西亚和东欧扩张，建立了横跨欧亚的大帝国，蒙古征服的后果是促进了东西方的交通和文化交流。蒙古人的征服把东方和西方联系了起来，西方人东来和东方人西去在蒙古时期络绎不绝。

14世纪，奥斯曼土耳其帝国在近东崛起，它占领了西起希腊，东至阿拉伯，南达北非的广大地区。奥斯曼土耳其所占领的土地恰恰把传统的东西方贸易通道卡住了。这些土耳其人贪得无厌，对过往的客商征税奇重无比，弄得丝绸、香料、茶叶等到欧洲后贵得吓人，令普通欧洲人只能看不敢买。但他们确实需要，怎么办？只好另找通路。这成为16世纪地理大发现的一个重要因素。

6.3　古代社会世界贸易的作用

古代社会的世界商品贸易虽然相对不发达，但少量存在的贸易活动对于人类社会的发展起着重要的作用。其主要表现在以下方面。

6.3.1　古代区域贸易，对各国人民的生产和生活产生重要影响

在东方，中日贸易、中朝贸易，来往的商品数量较大，中国先进的生产方式、先进的技术和社会管理模式传到日本和朝鲜，促进了他们的经济发展和社会进步。古代地中海贸易，对地中海地区的经济、社会生活的影响也是巨大的。例如，古代希腊和古代罗马，都是依靠地中海贸易实现经济繁荣的，都是通过多年的战争才争得地中海贸易霸权的，而这种贸易霸权对其帝国的建立和发展产生了重要影响。

6.3.2　促进了不同地区的技术与文化交流

通过贸易，西方的农艺大量传到中国，葡萄、苜蓿、大蒜、黄瓜、菠菜等都是从西域或通过西域从西方传入中国的。中国古代的四大发明基本上都是通过商人的冒险活动传到西方的。这些技术传到西方后，引起了重大的经济和社会变革。

6.3.3　促进欧洲封建生产关系解体

欧洲中世纪的封建经济是以自然经济为主的，封建主与农奴生活在庄园、城堡里，

过着自给自足的生活，与外界的联系很少，消费欲望很有限，因此，封建关系很稳固。对外贸易扩大了商品的供给，也刺激了封建主的消费欲望。为了获得这些奢侈品，封建主不得不想方设法获得货币。为了获得货币，封建主往往不惜出卖土地上的权利，允许农奴通过赎买解除封建义务。这样，就导致了封建关系的解体。

6.3.4　促进资本主义萌芽的产生和发展

随着贸易的发展，先进的商业组织形式，如合伙制经营，使小资产所有者可以经营大的商业贸易；出现了货币兑换业务，从而发展成早期的银行；由于流通中硬币的缺乏，出现了商业核算方法、近代簿记和公债制度等。为了发展贸易，地中海的城市国家制订了近代商法以及海商法等，成为最早的国际贸易规范。

6.3.5　导致新航路的探险活动，结果发生改变世界的地理大发现

13~14 世纪，欧洲商品经济获得巨大发展，对货币需求量大大增加。但是，由于贵金属生产的有限，以及与东方贸易的巨额逆差导致的大量金银外流，更加剧了金属货币的不足，并成为整个欧洲经济发展的严重障碍。这就导致欧洲国家对黄金等贵金属的疯狂追求，并导致新航路的探险活动，结果发生改变世界的地理大发现。地理大发现是近代的序幕。

6.4　中国古代的开放与封闭

说到中国，在西方人眼里总是与"封闭"联系在一起，"闭关自守"似乎是古代中国的特征，好像中国人的民族本性就是封闭。甚至过去在西方曾经有一种观点，认为起源于海洋的民族具有开放的气质，因为大海辽阔，这种环境下能够产生民族开放的特性，而起源于内陆的民族是封闭的，因为陆地具有封闭性的特点。欧洲在传统上是海洋民族，所以海洋民族具有开放基质；而中华民族是内陆民族，不具备开放基质。这是导致中国历史上封闭的原因。

这种观点是没有历史基础的。事实上，中国自汉朝至明朝，一直实行对外开放的政策。到了明朝中期以后，统治阶级才开始实行"闭关锁国"政策。我国古代对外关系的发展趋势是由开放到封闭，而西方人认识中国是近代的事情，而这一时期正是中国处于封闭的时期，所以，他们眼中的中国是一个封闭的国家。但纵观中国漫长的历史，很长时间都是以开放为主要特征。

秦汉时期是中国对外交往的初始阶段。张骞通西域之后，中国同西亚和欧洲的通商关系开始发展起来，丝绸之路和海上丝绸之路相继开通。通过丝绸之路，中国的商品可以直接抵达罗马。东汉时，班超派甘英出使大秦（当时对罗马的称呼），甘英西经条支（今中东伊拉克）、安息等国，至安息西界（今波斯湾）。那时，中国的丝和丝织品运往大秦，主要是由安息转运的。安息商人害怕开辟了从中国到大秦的直接通商道路以后，影响他们传统的商业利益，便故意向甘英夸大海道的险恶，甘英因而没有再往前走。甘英虽然没有到达大秦，但却熟悉了沿路的地理情况和风土人情，为以后中西交通的发展

和经济、文化的交流提供了有利的条件。他是历史上第一个探险开辟欧亚交通的人，他最后到达的地点，是汉代中国使者在"丝绸之路"上到达的最西点。

到了隋唐时期，中国的对外交往活跃。日本13次派"遣唐使"来华学习唐朝文化，唐朝鉴真东渡传播文化；新罗派使节和大批留学生到唐朝学习中国文化，仿照唐朝建立了政治制度，采用科举制。双方贸易往来频繁，新罗物产居唐朝进口首位。唐朝时，中国同天竺交往频繁。贞观初年，玄奘西游天竺，著成《大唐西域记》。

到了宋元时期，中国的对外交往进入频繁时期，海外贸易发达。对外交往东达朝鲜、日本，西至阿拉伯半岛和非洲东海岸一些国家。南宋的外贸所得，在财政收入中占重要地位。元朝时大都是闻名世界的商业大都市。意大利人马可·波罗来华居住十多年，著有《马可·波罗游记》。

明朝时期是中国对外交往由开放走向闭关的时期。明朝前期国力强盛，明成祖开始派遣郑和先后7次下西洋，最远到达非洲东海岸和红海沿岸地区。明朝后期至清朝前期，由于我国封建制度日趋没落和西方殖民者的入侵，统治者实行闭关锁国政策，严格限制对外贸易，只开广州一处作为对外通商口岸。到了清朝，更是把闭关自守发挥到了极致。明清时期的闭关主要是通过海禁实现的，即采取一种禁阻民间人士非经官方许可，私自出洋从事海外贸易的政策。之所以出现海禁政策，主要原因是：在明中叶倭寇活动剧烈。嘉靖元年（1522），给事中夏言认为倭寇起于市舶，建议罢市舶，厉行海禁。朝廷接受建议，封锁沿海各港口，销毁出海船只，断绝海上交通，以断绝倭寇的补给。凡违禁的沿海官民，必依法处以极刑。随着明军剿灭倭寇，隆庆初年，朝廷开放海禁，"准贩东、西二洋"，以征收商税，增加财政收入。开放海禁后，东南沿海地区商品性农业和手工业有所发展，为资本主义萌芽的成长提供了有利条件。清朝的海禁政策主要是为了防止沿海民众通过海上活动接济反清抗清势力。中国禁海的同时，西方商品交易活动正是蓬勃开展的时候，商品贸易的发展促进了科学技术的进步，促进了生产力的发展，也促进了经济制度的完善。

中国的禁海政策，并不是害怕外来事物，而是中华民族长期以来形成的民族优越感造成的。中国的封建经济是世界上最发达的，达到了农业社会的最高水平。中华民族的古代文化也是世界上最发达的。当时所有与中国交往的国家和民族都是落后于中国的，我们的对外交往，就是先进技术、文化和社会制度的输出。事实也是如此，历代封建统治者一直自视为"天朝上国"，认为包括西方在内的其他国家都是蛮夷之邦，把广阔的世界纳入以自己为中心、按照封建等级和名分构成的华夷体系和朝贡体系中。统治者对外部世界既不需要，更不了解，只知道向属国藩邦派遣钦差大臣和接待来朝的贡使，而感觉不到有任何建立正常国家关系的必要。当英国使节马嘎尔尼提出同清政府建立外交和商业关系的六项要求时，乾隆断然拒绝，并在给英王的信中说："天朝物产丰盈，无所不有，原不藉外夷货物，以通有无。"考虑到英国地处偏远、物产不丰，所以"加恩体恤"，在澳门开设洋行，让洋人日常所用益于"天朝"的"余润"。这种盲目自大的观念和对沿海人民出海集聚抗清力量的恐惧，使清统治者将国门紧闭。

中华民族由于历史上的进步和发达导致民族优越感的产生，而这种民族优越感不适当地传承和延续，导致中华民族的封闭和落后。在历史上，古希腊人和古罗马人也有强烈的民族优越感，同样，古希腊和罗马都免不了衰落的命运。但是，中世纪的欧洲人从来就没有民族优越感，这是因为他们落后，东方始终是他们向往的地方，他们向往的是东方的制度、财富和文明。事实上，西欧人的优越感仅仅产生于工业革命时期，而最后形成则是在工业革命完成以后。

在近代以前，东方和西方联系较少，如汉朝中国和古罗马都相互知道对方的存在，也试图建立直接的官方联系，但由于相距遥远，没有真正相互学习的机会。所以，古代东西方文化技术难以实现交流和相互影响。东西方直接交流的条件，只是到了近代才存在。所以，民族的开放与封闭，事实上是近代以后的概念。就是说，西方的开放和中国的封闭都是一种近代现象，而绝不是哪个民族本身具有的特质。

7 商业革命与农业革命

欧洲中世纪从 5 世纪到资本主义生产关系出现，可以分为两个阶段，第一个阶段是 5—9 世纪，社会混乱，战乱不止，生产力受到巨大破坏，人民生活在贫穷之中。9 世纪以后，社会逐渐安定，战争结束，生产力得到发展，封建生产关系随着封土制的衰落，拓殖运动、解放运动等的出现而发生很大变化，手工业和商业逐渐繁荣，手工业中出现行会组织，手工业分工也得到发展，手工业技术有了一定进步。随着商品的丰富，商业交换活动日益频繁，出现了著名的香槟集市这样的大型商品交换场所，有了商业组织形式——合伙制，以及早期的商业公司。随着商品交换的发展，金融业开始萌芽，最初的货币兑换商逐渐扩大业务范围，吸引存款，发放贷款，形成了早期的银行。另外，开始出现商法（专门处理商品交换过程中的矛盾）。手工业、商业、金融业的发展也促使城市发展起来，形成了像威尼斯和热那亚这样的商业城市。城市贯彻自治的理念，企图摆脱封建领主的控制而独立，自治的城市制定宪章，规定人身自由、土地自由、司法自由、财政自由、贸易自由。随着城市的发展出现了城市同盟，城市为了与封建势力抗衡而联合起来。

7.1 商业革命前欧洲社会的变化

这一时期欧洲社会一系列变化慢慢累积起来，出现发生质变的临界点，导致商业革命的出现。而地理大发现对商业革命起到有力地推动作用。所谓"商业革命"，是指地理大发现引起的商业扩张、市场扩大、商品关系和商业组织的发展、重商主义思想的形成等。商业革命是工业革命前一系列革命性变化的起点。商业革命的结果是市场制度的产生。地理大发现之前，西欧社会商业发展到 13—14 世纪，显现出与以前不同的特点。

7.1.1 贸易范围和贸易规模的扩大

在贸易不断发展的历史进程中，世界形成了几大贸易区，有欧洲的地中海贸易区、北欧贸易区、汉萨同盟贸易区，亚洲的东亚、东南亚、南亚贸易区。其中，欧洲贸易区的发展最为引人注目。从 11 世纪开始，伴随着西欧在东欧平原和波罗的海沿岸的殖民活动，以及十字军在地中海区域的进展，商业交流的地理范围和规模都有所扩大。对外贸易中利润的增长和商业资本的积累，支持和刺激着所有从事贸易的人，最成功的是意大利商人。

7.1.2　竞争制度的安排

人们在贸易的过程中，逐渐认识到竞争对于促进生产和商品交换的推动作用。但是，在竞争中必须遵守基本的准则，保证竞争主体的平等关系。于是，在吸收罗马法的基础上，逐渐形成了不同于封建法律的城市法、商法和海商法。城市法规定了交易主体在各种经济活动中的平等关系，试图排除交易中的随意性及封建特权对这些平等关系的侵犯。城市法还包括对集市贸易规则的各项规定，制定了对违反规定的各种不法行为的制止规则和惩罚措施，规范了市场主体的行为，促进了市场的有序性。

7.1.3　商业技巧的创新

第一，钱币业从商品流通中独立出来，成为日后金融业的先驱。"钱币兑换商"最早在集市上以简单的摊子作为营业所，它们的业务是：兑换钱币，收取一定的兑换手续费；收取存款，放款收息；发行市场票据即信用票，以避免日益增长的硬币周转造成的危险、困难。威尼斯创立的第一批银行正是从里亚尔托的货币兑换商品账桌上发展起来的。

第二，"记账与划账"的结算制度逐渐成形，它使债权和债务相互冲抵，减少了因缺乏硬币造成的商业困难。

第三，出现了汇票，相距遥远的商人之间的账务可以通过汇票来结账；后来，汇票还可以进行转让和流通。此外，还摸索出了分摊风险的办法，其中包括委托制和合伙制的雏形，保险业也初露端倪。

13~14世纪欧洲社会得自商业增长的收益有多大，定量计算十分困难；但是，毫无疑问，商业组织和金融市场都获得较大的发展，提高市场效率所必需的知识已经为世人所了解，留待发展的就是扩大贸易规模。在这种临界的时期，出现了地理大发现这一改变历史的重要活动。

7.2　地理大发现的过程

7.2.1　地理大发现的动机和条件

7.2.1.1　动机

促使探险家取得巨大收获的动机有两个方面。

（1）西欧商品货币关系的发展诱发了封建贵族对贵金属的渴求，这是地理大发现的原始动机

14~15世纪，随着西欧商品经济的发展和农奴制的瓦解，一方面，商品流通量不断增加，相应地要求货币流通量的有效供应，而此时金融手段还没有发展到利用货币来弥补硬币不足的程度；另一方面，封建贵族阶层为了支付日益高昂、频繁的战争费用，为了满足其奢靡生活的需要购买东方精美昂贵的消费品，他们需要更多的金银。西班牙殖民者赫尔南·科特斯说："我们西班牙人人都受着一种心病的折磨，这种病只有黄金

才能治愈。"探寻黄金的来源，在欧洲人看来，最理想的地方莫过于东方，因为东方国家被描述为财富无穷、金银遍地。因此，他们积极组织了许多次大规模的海外探险活动。

（2）欧洲人想从东方获取金银的欲望由于近东贸易危机受到极大的阻碍

自中世纪以来，欧洲与东方国家的贸易通道基本上有3条：一条为北路，从地中海北岸东行到君士坦丁堡（今伊斯坦布尔），再越过土耳其，沿黑海、里海，经伊朗、阿富汗，横穿亚洲大陆到达中国；另一条为中路，从地中海东岸叙利亚一带经两河流域到波斯湾，再越过阿拉伯海到达印度；再一条为南路，自地中海南岸经埃及下红海，经印度洋到达印度。由于这几条商路都是以地中海沿岸为起点，所以欧洲对东方的全部贸易活动一直是围绕着地中海地区来进行的。但是，14世纪之后，土耳其奥斯曼帝国的兴起，使近东地区战争连年不断。1453年，土耳其人占领了君士坦丁堡，不仅控制了地中海的商业通道，而且在海上大肆劫掠，致使北路交通基本断绝。中路和南路被阿拉伯人控制，欧洲商人的利益得不到保障。为了摆脱东西方贸易出现的危机，欧洲国家，尤其是非地中海沿岸的西欧国家组织了多次探险，希望找寻一条通往东方的新航路。

7.2.1.2　条件

促使地理大发展这一伟大壮举的条件主要有3个。

（1）地圆学说出现

过去人们不知道地球是什么形状，于是产生各种各样的猜测。而到这一时期，地圆学说开始盛行，人们逐渐认同地球是圆形的这一说法。1468年，托勒密画的世界地图就把地球作为一个圆球体来看待。尽管他画的地图与现实并不吻合，他夸大了欧洲的面积，他的地图上也没有美洲，但是从托勒密画的地图上可以清楚地看出向西航行是到达东方的捷径。

（2）科学技术中天文学和航海技术的发展

13~14世纪，"地圆学说"的发展为探寻新航路奠定了理论基础。15世纪以后，佛罗伦萨的托斯堪涅里根据"地圆学说"绘制的世界地图，就已经将印度置于大西洋的西岸。此外，人们对地球的表面积、陆地和海洋的距离，方位等有了新的认识。

（3）航海技术的发展

在航海技术方面，14世纪普遍使用了从中国指南针发展而来的"罗盘"，有了观象仪、风象仪和经过改良的绞盘、铁锚和锚链等其他器械。同时，在西班牙和葡萄牙等国，相继出现经过改良的多桅轻便帆船，这种船只航速快、行驶灵活、安全、载重增大、需要的水手少。造船事业的发展和航海技术的提高，克服了远航的技术困难。这时，欧洲人已经能造出远洋航行的大船了。它十分坚固，经得住狂风恶浪的拍击；如果挂上多面的大帆，航行速度非常快；由于载重量增加，船上还可以装备大炮，像一座海上的堡垒；载重可以达到上千吨。另外，当时欧洲开始有了比较先进的军事技术。这种军事上的进步，可以保证他们能用武力进行掠夺。

7.2.2　西欧国家的海外探险及其影响

7.2.2.1　西欧各国的海外探险

在 16 世纪的海外探险活动中，走在前列的是葡萄牙和西班牙这两个沿海小国。

1487 年，迪亚斯的探险队到达非洲南端，发现好望角，为开辟通往东方的新航路创造了重要条件。1497 年，以达迦马为首的船队沿迪亚斯航线继续向前，经非洲东岸的莫桑比克、肯尼亚，于 1498 年到印度西南部的卡里库特。在这里，他把欧洲带来的商品卖出，并买进胡椒、肉桂等香料，于 1499 年返回葡萄牙。这次航行的花费虽然是巨大的，但是把东方商品在欧洲卖出以后，获得的收益是此次航海费用的 60 倍。这次航行，开辟了从大西洋绕非洲南端到印度的航线，从而打破了阿拉伯人控制东西方贸易的局面。葡萄牙通过新航路，垄断了欧洲对东亚、南亚的贸易，成为海上强国。

1492 年，哥伦布开始了著名的探险活动。哥伦布是个意大利人，他自小读过《马可·波罗游记》，对其中夸张地描述东方的富裕深信不疑，十分向往探索从海路到达印度和中国。当时，地圆说已经很盛行，哥伦布设想，从欧洲西海岸向西航行，理论上应该能够到达东方。但是，这种海上探险活动需要巨大的财力支出，贫穷的哥伦布不可能支付如此高昂的费用。于是，他先后向葡萄牙、西班牙、英国、法国等国国王请求资助，以实现他向西航行到达东方国家的计划，都遭拒绝。直到 1492 年，西班牙王后慧眼识英雄，她说服了国王，甚至拿出自己的私房钱资助哥伦布，使哥伦布的计划才得以实施。1492 年 8 月 3 日，哥伦布受西班牙国王派遣，带着给印度君主和中国皇帝的国书，率领 3 艘百来吨的帆船和 70 余名水手，从西班牙巴罗斯港扬帆出大西洋，直向正西驶去。经过 70 多个昼夜的艰苦航行，1492 年 10 月 12 日凌晨，船队终于发现了陆地。哥伦布以为到达了印度。后来知道，哥伦布登上的这块土地，属于现在中美洲加勒比海中的巴哈马群岛，他当时将它命名为圣萨尔瓦多。1493 年 3 月 15 日，哥伦布回到西班牙。此后，他又 3 次重复他的向西航行，到达美洲的许多海岸。直到 1506 年逝世，他一直认为他到达的是印度。

1499—1504 年，意大利航海家阿美利加数次航行美洲，通过认真的考察，认为哥伦布到达的这些地方不是印度，而是一个原来不为人知的新的大陆，于是以他的名字命名了这片新的大陆。

1519 年，麦哲伦率船队进行了人类首次环球航行。他从西班牙的桑卢卡尔港出发，经加那利群岛，到达南美东岸以后，即沿海岸南下，在南美大陆和火地岛之间，穿过后来以他的名字命名的海峡；起初向西北，后转向西航行。船队在航行中从未遇到风暴，即把该海域称为太平洋。1521 年，船队到达菲律宾群岛，麦哲伦在与当地土著人的冲突中被杀。1522 年，麦哲伦船队剩下的"维多利亚"号返回桑卢卡尔港，完成环球航行。

发现新大陆后，欧洲至印度、印度尼西亚、中国和美洲的最有利的通商航路都被西班牙和葡萄牙所占据。荷兰、英国等为发展海上贸易，开始在高纬度地区寻找通往印度和中国的新航路，并探险世界其他地区。16 世纪，荷兰的巴伦支为探寻一条由北方通向中国和印度的航线，曾 3 次航行北冰洋地区，先后发现熊岛、斯匹次卑尔根岛，并到达新地岛最北端、喀拉海和瓦加奇岛。17 世纪初，英国的哈得逊曾屡次探索经北冰洋通向中国的航路；斯霍特于 1616 年到达美洲南端的合恩角；荷兰的塔斯曼于 1642~1643 年环航澳大利亚，发现新西兰和塔斯马尼亚岛。这些航海探险进一步扩大了人类的地理知识，并进行了一些有关洋流、风系等的科学考察以及岛屿和陆地的实测工作。到了 18 世纪，库克的海洋探险已属于科学考察的范畴。

7.2.2.2 地理大发现的影响

所有这些探索活动统称为"地理大发现"，对人类社会特别是经济发展起到重要的推动作用。这意味着世界市场和贸易规模的扩大，导致人类经济发展历史上出现了最大的一次商业冲击，使欧洲社会、经济生活发生了巨大的变革，这种变革集中表现在商业的革命性变化上。

（1）欧洲的商业中心随着新航线的开辟从地中海转移到了大西洋

地理大发现之前，欧洲商业中心是地中海沿岸的君士坦丁堡、威尼斯、热那亚等，而地理大发展以后，大西洋沿岸的城市成为欧洲商业最活跃的地区，16 世纪中期的安特卫普成为欧洲"世界商业之都"。安特卫普是比利时的第二大城市、欧洲第二大港、世界第四大港、世界最大的钻石加工和贸易中心，人口 50 万，是欧洲人口最密集的地区。自从地中海贸易衰落以后，首先是安特卫普成为各路商人的汇集点。16 世纪时，中欧的金属贸易，尤其是银和铜的贸易已经十分发达。中欧的商人逐渐把德意志的银和铜运到安特卫普，葡萄牙人也从东方运来香料，西班牙人从新大陆运来贵金属，进入这一地区贸易的货物还有毛纺织品、亚麻帆布、粮食等。安特卫普成了南德意志、汉萨同盟、葡萄牙、意大利、西班牙以至英国等各路商人的汇集点，它是横贯欧洲大陆的贸易与海上贸易的结合点。安特卫普成为 16 世纪中期繁荣的商业中心，被称为"世界商业之都"。

到 17 世纪，荷兰成为世界贸易的中心。17 世纪，荷兰控制着波罗的海地区、大西洋地区乃至地中海与北欧地区的贸易，阿姆斯特丹是世界上最繁忙的港口。直到 17 世纪末，当各国农业的发展和人口下降使谷物需求减少时，荷兰在商业上的地位才遭到打击。英国也是在 18 世纪之后才能够真正向荷兰挑战。

（2）价格革命的出现

由于发现美洲大陆，西班牙人在美洲大陆大量开采金银矿，16 世纪后半叶是银进口量最大的时期。根据官方估计的数字，1521—1600 年，从美洲运到西班牙的白银有 1.8 万吨、黄金 200 吨，如果加上走私等因素，流入西班牙的金银估计是此数的 2 倍。西班牙国王用这些贵金属偿还了巨额外债，发动了殖民战争，并从意大利、法国、荷兰、英国的市场上采购商品，大量的贵金属就从西班牙向欧洲其他国家扩散。据估计，1500—1650 年，仅由美洲流入的金银就使得欧洲黄金的总存量增加了 5％左右，白银的总存量几乎增加了 50％。尽管由于与东方贸易的入超流失了一部分金银，尤其是白银，但毫无疑问，16 世纪欧洲的贵金属存量显著增加了。大量廉价金银的涌入，使欧洲在 16 世纪经历了持续不断的、规模空前的通货膨胀。价格绝对水平的提高和工资落后于其他价格的巨大差距，使这次价格上涨被称为"价格革命"。

（3）商业组织形式的创新

由于贸易规模的扩大，需要有效率的商业组织相配合。这一时期商业组织形式的创新主要有两种方式：一是将意大利早先发明的商业技巧推而广之，如合伙制的推广；二是出现了商业组织的真正创新，如特权公司。这一时期的商业组织形式主要有以下几种。

①合伙经营。16 世纪和 17 世纪是合伙制盛行的时期。合伙制是意大利商人为了保护和增加商业资本，方便与确保长途间的联系，以及分摊贸易风险而发明的一种商业组织形式。这种方式最直接的优势是扩大了商人的活动范围和利润，并且比单枪匹马闯世界风险要小。1500 年左右，船舶体积增大，所需资本也需增加，于是，西北欧的货运市场合伙制特别盛行。船舶的所有权被分成几份，由商人或商人和船主共同拥有。商人的合伙制是 17 世纪荷兰商品市场的主要特征。

②特权公司。新兴的国家为了获取直接的利益，采取了出卖特权给私人企业的方式，代理行和特许公司随之发展起来。代理行的特权来源于本国与东道国协商之后所赋予的特殊权力。所以，代理行在不同地区所享有的特权是不同的。代理行中合伙制也很盛行，但它不仅仅局限于商人之间的合作，政府与商人的合作也经常被采用，国王和王公也利用代理商为其办理私事和国家的商务。

③特许公司。特许公司是 16～17 世纪西欧国家政府用特权交换利益的典型形式，也是荷兰和英国对外扩张最重要的商业组织形式。特许公司由政府授予一定的对外贸易垄断权，享有其他一些优惠待遇，如公司拥有自治权，有的甚至拥有军事力量和自行铸币的权力，代替国家行使部分主权。

特许公司分为两类，一类是契约公司，另一类是早期的股份公司。

④股份公司。股份公司最早出现于意大利的热那亚和德意志的一些采矿业中。地理大发现后，国家将一个地区的贸易特权赋予一家公司，需要大型的贸易公司来执行。这种大型的贸易公司不得不采用股份的方法集资，不论是否是商人都可以入股，股份公司应运而生。

7.3　商业革命的出现

地理大发现以后，欧洲人开辟了通往东方亚洲的海上通路，也发现了新的大陆：美洲大陆。航海技术的发展，使得东西方的海上交通与陆路交通相比，更加便捷而廉价，东西方商品交换活动变得频繁，市场范围得到拓展，参与交换的商品种类极大增加。世界上原本相互隔绝的地区沟通起来，洲际贸易日益拓展，出现了全球性的商品交换，世界市场逐渐形成。欧洲起着主导作用，从世界各地廉价获得原材料，而把生产的制成品高价卖到亚洲、非洲和美洲。

在这一时期，欧洲与美洲形成三角贸易，如美洲以种植业为主，为欧洲工业提供原材料；其所必需的日用品如粮食、布匹等却需从欧洲进口；同时，种植园的发展对劳动力的需求增大，三角贸易[①]因此繁荣起来。世界市场的拓展使新的商品出现在各国市场上，引起了广泛的物种交流：欧洲人把旧大陆的牛、马、羊及他们的农作物（麦子、葡

---

①　三角贸易主要指 17～18 世纪欧美商人以廉价工业品运到非洲换取奴隶，把黑奴运到美洲卖掉，从美洲购回生产原料，制成商品再运到非洲以换取奴隶的循环贸易活动。因其贸易涉及欧、美、非三洲，故称。

萄、甘蔗、洋葱等）带到了新大陆；而美洲的农作物也传播到了欧亚大陆，如高产的玉米、甘薯、马铃薯等（高产作物对土壤要求低，对解决人类饥荒起到重要作用），还有花生、豆类、西红柿等，这些食物极大地丰富了整个世界的食物资源，到现在仍然是人类的基本食物；原产美洲的烟草、可可等农作物已经遍布世界各地，成为人们生活中的必需品。亚洲的茶叶、丝绸、瓷器和香料等奢侈品也出现在全球各地。

在地理大发现之后300年左右的时间，欧洲人不辞劳苦地奔走于世界各大洲，始动力是对利润的追求。商业活动的目的已经不是满足基本需求的互通有无的简单交换，对利润的追求成为商业活动的原动力。

由于世界各地物产不同，一个地方的物品经过商人的运转，到达另外一个地方就成了昂贵的奢侈品。

7.3.1 商业活动存在着巨额利润

存在巨额利润的领域首先是当时所谓的"奢侈品"。东方的香料、丝绸、瓷器、茶叶等来到欧洲都变成奢侈品。

当时从东方运到欧洲的香料，最重要的是4样：胡椒、丁香、肉桂、肉豆蔻（仁和皮）。胡椒，在东方是一种普通的调味品。胡椒原产于印度，适合在温暖潮湿的地区栽种，而欧洲寒冷干燥，不适合种植。中国对胡椒的记载最早见于《汉书·食货志》，"胡"是南方少数民族的意思。胡椒对于欧洲人有特别的意义，一有防腐作用，可以腌制肉制品；二是可以掩盖肉的腥腐气味。虽然开辟了海上通路，但胡椒供求失衡，其价格极高，有时甚至以单个干胡椒计价，胡椒还可以充当货币来交租纳税。可以想象一下，15世纪的西欧人口大约5000万，假如每人每年消费1磅香料，那就需要5000万磅，也就是11万吨多。那么当时能够提供给西欧的香料每年有多少呢？据估计，在15世纪后期，威尼斯垄断香料贸易的日子里，其一年从中东的进口量大约是1700吨。这就是说，能够提供的香料仅占实际需求量的一个小小的零头。供需严重失衡，完全是卖方市场，这就是威尼斯商人得以抬高售价获取高额垄断利润的秘密所在。1公斤胡椒在印度产地值1到2克白银，在亚历山大港的价格达到10～14克白银，在威尼斯达到14～18克，在欧洲各消费国则达到20～30克，价格增加了十几倍。其他香料经长途贩运后也价格倍增，如一头牛只能换2磅肉豆蔻。

丝绸、瓷器、茶叶等东方物品，虽然早已进入东方寻常百姓家庭，但是在西方进口国却是奢侈消费品。丝绸只有各国皇室贵族才能买得起，茶叶在早期也是奢侈品。据记载，当时从中国进口的茶叶运到欧洲后价格翻几十倍。

存在巨额利润的第二个领域是早期商业殖民活动。欧洲人采取殖民扩张、殖民战争，建立特殊的商业垄断公司，劫掠殖民地、贩卖黑奴等一系列活动称为殖民活动，主要殖民地建立在亚洲、美洲和非洲。如荷兰的东印度公司，垄断了欧洲与印度之间的香料和其他商品。这些商业殖民活动的利润率非常高，有时超过200%或300%，几乎无异于海盗行径的交易。

存在巨额利润还有一个领域是跨洋贸易。跨洋贸易的利润率比欧洲内部贸易要高。造成高额利润的原因，一方面是由于距离遥远和不确定性很多，这些商业活动全都属于高风险，因此获得高回报是正常的；另一方面是由于跨洋贸易存在垄断所造成的。垄断表现在诸多方面，首先在法律的安排上存在垄断，如在殖民地的买主是独家垄断的，英国、荷兰的东印度公司就拥有这样的特权。其次，垄断还表现在资金的供给上。由于资本的来源是有限的，各种国家机构都是大规模的借款人，商品贸易的利润不仅仅落入直接参与交易的人手中，还要落入各种各样实力强大的经济组织手中，他们既能提供最初的资本，又为工业品提供销路。再次，垄断还表现在一些大的商行和组织控制了产品在欧洲地区的销售，使其在销售市场上缺乏竞争，造成高价。最后，垄断还表现为一些技术上的因素，如航海技术、香料保鲜技术等，没有这些技术为后盾，跨洋贸易也无法进行。

7.3.2 商业活动对社会、经济的影响

商业活动的频繁，对社会发展和人们的日常生活都产生重要的影响，主要表现在以下方面。

7.3.2.1 商业活动改变了人们的生活方式和消费内容

随着商业活动的频繁，引起了广泛的物种交流：欧洲人把旧大陆的牛、马、羊及他们的农作物如麦子、葡萄、甘蔗、洋葱等带到了新大陆，而美洲原产的一些农作物则传播到了欧亚大陆，如高产的玉米、甘薯、马铃薯（洋芋）等（这些作物对土壤要求低，产量高，对解决人类饥荒起到重要作用），还有花生、豆类、西红柿等。这些食物极大地丰富了整个世界的食物资源，到现在仍然是人类的基本食物；原产美洲的烟草、可可等农作物已经遍布世界各地，成为人们生活中的必需品。亚洲的茶叶、丝绸、瓷器和香料等作为日常必需品和奢侈品也出现在全球各地，使人们的生活更加丰富多彩，使人们的消费欲望不断提高。

商品种类的增加，使人们的生活方式发生重要变化。欧洲以前没有种茶，也没有饮茶的习惯，茶叶刚传到英国的时候，价格很昂贵，只有富人才喝得起。后来，随着包装和运输的改善，饮茶逐渐成为人们的日常习惯，欧洲人形成了喝下午茶的习惯。当时，英国产生了很多歌颂茶叶的作品，歌颂茶叶的巨大作用。西方的物品进入东方也改变了东方人的生活模式，中国近代社会，大量欧洲的商品都加个洋字：洋火、洋碱、洋油、洋灰、洋钉、洋布、洋枪等。

7.3.2.2 商业活动在某些方面控制、影响着工业的发展

由于追求利润而兴起的商业活动还在某些方面控制、影响着工业的发展。商业活动为工业产品找到了广阔的市场，也为工业发展提供了原料，促进了手工业的快速发展。

7.3.2.3 导致了欧洲贸易路线的转移

地理大发现以前，欧洲的贸易中心是地中海和北欧两大贸易区，随着新航路的开辟，使得欧洲的贸易格局发生了很大的变化，世界贸易中心从地中海沿岸转移到大西洋沿岸，意大利的商业地位开始衰落，威尼斯、热那亚等地的商业中心地位逐渐丧失。首先，比利时的安特卫普成为各路商人的汇集点，16 世纪中期繁荣的商业中心，被称为"世界商业之都"；另外，葡萄牙的里斯本（16 世纪时，里斯本是当时欧洲最兴盛的港口之一）、西班牙的塞维尔等港口城市也非常繁荣。1585 年，安特卫普被帕尔马占领，

逐渐衰落。随后，荷兰成为世界贸易的中心。17 世纪，荷兰控制着波罗的海地区、大西洋地区乃至地中海与北欧地区的贸易，阿姆斯特丹是世界上最繁忙的港口，海上运输几乎被荷兰所垄断，因此荷兰也有个别称："海上马车夫"。直到 17 世纪末，当各国农业的发展和人口下降使谷物需求减少时，荷兰在商业上的地位才遭到打击。18 世纪之后，英国赢得了海上贸易的霸权。

7.3.3　价格革命

价格革命是商业革命的内容之一，也是商业革命最直观的表现。价格革命产生的直接原因是大量廉价金银的涌入。

在新大陆被发现和开发以前，欧洲贵金属缺乏，商品经济的发展因流通硬币不足陷入窘境。西班牙人在美洲发现贵金属矿之后，驱使当地的印第安人，以后又从非洲贩入黑奴进行开采。殖民者将开采出来的金银运回西班牙。根据官方估计的数字，1521—1600 年从美洲运到西班牙的白银有 1.8 万吨，黄金 200 吨。如果加上走私等因素，流入西班牙的金银估计是此数的 2 倍。西班牙国王用这些贵金属偿还了巨额外债，发动了殖民战争，并从意大利、法国、荷兰、英国的市场上采购商品，大量的贵金属就从西班牙向欧洲其他国家扩散。由于白银供给数量的增加，西欧货币充足，从而使金银价格下降，货币贬值，物价上升，使欧洲在 16 世纪经历了持续不断的、规模空前的通货膨胀。价格绝对水平的提高和工资落后于其他价格的巨大差距，使这次价格上涨被称为"价格革命"。价格革命席卷了整个西欧，价格总水平 1600 年比 1500 年高 200%~300%。同期，西班牙价格上涨 3.4 倍，法国为 2.2 倍，英国为 2.6 倍，荷兰的纺织城市莱顿为 3 倍，阿尔萨斯、意大利和瑞典的价格近乎翻了一番。物价上涨的同时，实际工资水平没有同步增长，社会购买力在缓慢下降，促进了社会的分化，新兴农场主和工商业者壮大，旧式封建贵族衰落，城乡劳动者进一步贫困，从而有力地推动了资本主义的发展，加速了封建社会的解体。

7.4　重商主义的形成

重商主义（mercantilism），也称作"商业本位"，盛行于 16 至 18 世纪，是封建生产关系逐渐解体之后，西欧资本原始积累时期的一种经济理论或经济体系。该名称最初是由亚当·斯密在《国民财富的性质和原因的研究》（简称《国富论》）一书中提出来的。重商主义是资本主义兴起时期占统治地位的经济思想。随着商业的兴起，尤其是对外贸易在经济中的作用越来越大，近代新兴的民族国家开始奉行重商主义的政策和观点，引起了社会观念的重大变化。欧洲许多民族国家因商业的原因而兴起，主要的民族国家有：葡萄牙、西班牙、荷兰和英国。它们摆脱封建势力的束缚，完成民族统一，发展成为独立主权的国家。

7.4.1　重商主义的观点和政策

在经济发展过程中，人们逐渐认识到货币对一个国家经济的重要性，产生了一系列政策、理论和学说，重商主义把货币看做是财富的唯一形态，把货币多寡作为衡量国家富裕程度的标准，强调政府对经济生活的干预。

重商主义在其发展过程中经历了两个历史阶段，大约 15 世纪至 16 世纪中叶为早期重商主义，16 世纪下半期至 17 世纪为晚期重商主义。

早期重商主义的政策、观点是禁止货币输出，在贸易上，主张多卖少买或不买。如西班牙、葡萄牙、英国等根据早期重商主义的主张，颁布了各种法令，甚至规定严格的刑罚，禁止货币输出国外。英国国王爱德华四世于 1478 年把输出金银定为大罪。西班牙和葡萄牙政府直接控制贵金属的贸易。同时，一些国家的政府还规定外国商人必须将出售货物所得的全部货币用于购买当地的商品。此外，多数国家还加强了对外贸易的管理，一般将与某个地区的贸易垄断权卖给特定的公司，以便管理。英国曾规定，本国和外国商人只能在指定的市场上进行交易。

到了 16 世纪后期，晚期重商主义的政策、观点是不限制金银的流出，但是要保证流入的金银大于流出的金银。为了保证出超，实行关税保护和鼓励本国工场手工业发展的政策。所谓关税，就是其他国家到本国市场销售货物，国家收取的税收。有了关税，使国外商品价格提高，在本国市场竞争力减小，从而使销售数量减少。法国在柯尔培尔担任财政大臣期间执行了一套完整的重商主义政策。1677 年，他把英国和荷兰呢绒的进口税率提高了 1 倍，花边和饰带等法国擅长生产的装饰品的进口税率也提高了 1 倍。为了达到"出超"的目的，很多国家大力发展工场手工业，如法国建立了许多"皇家手工工场"。在柯尔培尔当政的 20 年间（1661—1683 年），大的"皇家手工工场"由 68 个增加到 113 个，生产地毯和装饰品的安比林和萨望果皇家手工工场曾经名噪一时。柯尔培尔还将专卖权、财政特权、津贴等优惠给予了军火、冶炼和奢侈品工业。普鲁士政府在腓特烈大帝时鼓励发展纺织、玻璃、化工、金属制造等行业的工场，政府亲自在西里西亚开办煤矿和冶铁厂。俄国女沙皇叶卡捷琳娜建立了许多使用农奴劳动的工场，有的完全由国家经营，有的与私人合办。

7.4.2 商业战争与商业文明

重商主义时代，人们普遍认为世界财富的总量是既定的，一个国家要改变或改善自己的国际地位，就只有掠夺别国的财富；国际市场是有限的，要使本国财富增长，就要扩大世界市场份额。17 世纪，奉行重商主义的国家竭力进行海外扩张，掠夺人口和财富。在争取世界市场过程中，战争是难免的。商业原因引起的国际冲突集中表现为对海上霸权和海外殖民地的争夺。

葡萄牙和西班牙在哥伦布发现美洲大陆后，为了争夺美洲殖民地发生冲突。经过罗马教皇亚历山大六世的调停，于 1493 年缔结了《托德西里雅斯条约》，议定在美洲由北向南划一直线（即所谓的教皇子午线），这条线约在西经 41°与 45°之间，线以东新发现的土地归葡萄牙，线以西归西班牙。据此，归属西班牙的是除了巴西东部以外的全部美洲，归属葡萄牙的只有巴西东部。后来，西班牙的势力渐渐增强，建立了一支强大的海上军事力量——"无敌舰队"，在 1571 年击溃了土耳其舰队，1580 年攻陷里斯本，兼并了葡萄牙及其殖民地，成为 16 世纪末最大的殖民国家。西班牙因为对殖民地的掠夺而暴富一时，大量的金银、象牙、珍宝、香料、劳动力等源源不断地流向这个国家。

荷兰独立后凭借其特殊的地理位置很快从商业革命中获得好处，开始了海外扩张，1588年，联合英国击败西班牙的"无敌船队"，成为海外掠夺的主角。17世纪中叶，它所占有的殖民地超过了欧洲任何一个国家。荷兰对殖民地除了掠夺之外，还组织专门从事殖民活动的大型商业公司，控制殖民地商品的全部产销活动。在这些商业公司中有著名的荷兰东印度公司，该公司垄断了东方的香料和大量的东方出口产品，它在东印度群岛和好望角一带拥有十分强大的势力。荷兰凭借其雄厚的商业资本控制着海外殖民地，成为17世纪最强盛的国家。

18世纪初，英国赢得了海上贸易和殖民霸权。早在1650年，英国就通过对葡萄牙的战争，取得了在葡属殖民地的贸易特权。1650—1663年，英国接连颁发了几个航海条例，以打击荷兰对海上运输和殖民地市场的独占。1651年，英国发布第一个航海法令，规定欧洲货物只能用英国船只运往英国领土，在非洲、亚洲、美洲出产的货物只能由英国或英国殖民地的船只运达。1660年，英国又颁布第二个航海法令，特别规定船长和至少3/4的船员必须是英国人。1652—1674年，英国和荷兰发生了3次战争，英国抢到了荷属北美新尼德兰殖民地，并成功地排挤了荷兰在印度的势力。18世纪，英国与法国频繁冲突，在1756—1763年的"英法七年战争"中英国获胜，夺取了加拿大和附近土地，以及小安德列斯群岛和塞内加尔的一部分。通过1757年的普拉西战役，英国占领了孟加拉。英国的殖民霸权一直延续到20世纪。殖民地不仅是英国原始积累的直接来源，而且逐渐变为英国的原料供应地和产品销售地。

商业活动的活跃，也使人们的观念发生重要的变化。事实上，这种变化是从文艺复兴和宗教改革开始的，人本主义和新教伦理打破了旧封建思想禁锢的坚冰，商业革命更促进了新的观念在商业实践中进一步发展，并真正成为人们新的行为准则。人们彻底放弃了中世纪的道德观念，用商人的观点来研究一切事物和社会生活的一切现象，关心世俗利益，贪得无厌地追求利润，在市场竞争中的成功与失败等成为检测人们能力和德行的唯一标准。在交易活动中，短期行为、重利轻义、贪得无厌是普遍现象，人人都幻想通过投机与欺骗，在某一天早上成为财富的骑士，现代的商业道德远未建立起来。当时，人们普遍认为商人是社会中高尚的人。在人们眼中，商人无所不能，成为社会上的关键人物。如托马斯·曼在他那本《英国得自对外贸易的财富》的著名小册子里，举出了一个真正的商人所应具备的种种条件：应该擅长书写、算术与会计，应该熟悉外国的度量衡与货币，熟悉各种关税、通行税及其他税项，熟悉汇率、陆运、水运、修理及航海，还应该掌握拉丁语等。商人在托马斯·曼的笔下和在现实中都成了知识广博的人，渐渐受到社会的尊重和承认。在整个商人阶层中，存在着一个不同于普通或一般商人的商业贵族集团。16世纪的富格尔家族垄断着意大利与欧洲其他地区，尤其是与德国的香料贸易，垄断着德国与其他国家的铜、银贸易，还企图垄断葡萄酒和盐的国际贸易，是16世纪最富有的家族；17世纪，荷兰著名的特里普家族，参与了包括铁、铜、火炮在内的各项贸易，还从事航运与证券交易，他们的活动范围几乎遍及全球。在荷兰的商品交易市场上，大宗商品几乎都被大型的家族企业垄断。商人的技艺和财富对国家做出了贡献，尤其是商业贵族对于国家财政来说具有特别重要的意义。许多君王通过笼络商人达到与旧贵族相抗衡的目的。一旦处于危急局面，君王们就向大商人求援，大商人可以借钱给君王，或以赊欠的方式向君王提供军备物资。作为报酬，君王或者授予商人贵族王室的领地，使他们得到社会的承认；或者授予爵位，使他们跻身上流社会。17 世纪时，商人在荷兰的地位是最高的，他们受到尊重，可以和显贵人家联姻，他们的后代也被培养为商人。

7.5　世界市场的形成

世界市场不是一个地理概念，而是历史性的经济范畴，其内涵随着经济的发展不断变化。狭义的世界市场是指世界各国相互间进行商品交换的场所和领域，它突破国家的界限，把从事商品生产的国家和地区连成一体。广义的世界市场不仅包括商品市场，还包括国际金融、劳务、信息和技术市场等。早期世界市场的内容主要以各国之间的商品交换为主。世界市场的产生和发展是和资本主义生产方式紧密相连的。一方面，世界市场本身形成这个生产方式的基础；另一方面，这个生产方式所固有的以越来越大的规模进行生产的必要性，促使世界市场不断扩大。所以，对外贸易和世界市场既是资本主义生产的前提，又是它的结果。1450—1640 年这个时期世界市场开始萌芽。

7.5.1　世界市场的发展阶段

世界市场是与资本主义生产方式密切联系在一起的，随着资本主义生产方式的演变而经历着不同的发展阶段。通常认为世界市场的发展经历了 3 个时期。

7.5.1.1　第一个时期是世界市场的萌芽时期（16 世纪初至 18 世纪 60 年代）

地理大发现之前，世界上只存在若干区域性的市场。地理大发现之后，区域性市场逐渐扩大为世界市场。新的世界市场不仅包括欧洲原有的区域性市场，而且包括亚洲、美洲、大洋洲和非洲的许多国家和地区。这一阶段，世界市场中处于支配地位的是前资本主义的商业资本。这是萌芽时期世界市场的主要特点。

7.5.1.2　第二个时期是世界市场的发展时期（18 世纪 60 年代至 19 世纪 70 年代）

18 世纪中叶以后，英国和欧洲其他国家先后进行了产业革命，建立起机器大工业。在机器大工业的推动下，国际贸易发生了根本性的变化，促进了世界市场的迅速发展。这一阶段，世界市场的范围不断扩大，中欧、东欧、中东以及印度洋沿岸的广大地区都成为世界市场的组成部分，南太平洋和远东的澳大利亚、日本和中国等也开始进入世界市场。

同时，国际商品流通的基础已再不是小商品生产者的工场手工业品，而是发达资本主义国家（主要是英国）的工业制成品与经济落后国家的食品、原料的交换。世界市场中主要的经济联系是工业国家和农业国家之间的联系，而各工业发达国家之间的贸易联系也大大加强。这一时期世界市场的主要特点是：产业资本取代商业资本而占据了统治地位。

7.5.1.3　第三个时期是世界市场的形成时期（19 世纪 70 年代至第二次世界大战前）

19 世纪 70 年代发生了科技革命，一方面促进了社会生产力的极大提高，使工农业生产迅速增长、交通运输业发生了革命性的变革，大大改变了欧洲经济的面貌，也改变了世界的经济面貌，尤其是交通运输业的革命，成为 19 世纪末世界经济、世界市场发展的主要推动力；另一方面，第二次科技革命也推动了资本主义生产关系由自由竞争向垄断阶段的过渡，资本输出急剧扩大。资本输出使生产社会化和国际化逐步实现，并与商品输出相结合，从而加强和扩大了世界各国间的商品流通。这一阶段，国际贸易把越来越密的经济网铺到了整个地球的各个角落，世界各国从经济上互相联结起来了。这样，在世界历史上第一次实现了一个统一的世界市场。统一世界市场的主要特点是：垄断资本在世界市场占据了统治地位。

统一的无所不包的世界市场形成的标志有以下几点。

（1）多边贸易和支付体系的形成

由于国际分工的发展，西欧大陆和北美一些经济发达国家从经济不发达的初级产品生产国购买了越来越多的原料和食物，出现了大量的贸易逆差。与此同时，英国继续实行自由贸易政策，从西欧大陆和北美的新兴工业国输入的工业品持续增长，经常呈现大量的逆差。但英国又是经济不发达国家工业品的主要供应国，呈现大量的贸易顺差。这样，英国就用它对经济不发达国家的贸易顺差所取得的收入来支付对其他经济发达国家的贸易逆差。而经济不发达国家又用对西欧大陆和北美的贸易顺差来弥补对英国的贸易逆差。英国此时成为多边支付体系的中心。这个体系为所有贸易参加国提供购买货物的支付手段；同时，使国际之间债权债务的清偿，利息、红利的支付能够顺利完成，有助于资本输出和国际短期资金的流动。

（2）国际金本位制度的建立与世界货币的形成

世界市场的发展与世界货币的形成是紧密联系在一起的。只有在世界市场充分发展以后，黄金作为世界货币的职能，才能充分地发挥。在这一时期，建立了国际金本位制度。它也是世界多边贸易和支付体系发挥作用的货币制度。这个制度的作用，主要表现在两个方面：一是给世界市场上各种货币的价值提供一个互相比较的尺度，并能使各国货币间的比价（汇率）保持稳定；二是给世界市场上各国的商品价格提供一个互相比较的尺度，从而使各国的同一种商品的价格保持一致，把各国的价格结构联系在一起。

（3）形成了比较健全、固定的销售渠道

这一时期，大型的固定的商品交易所、国际拍卖市场、博览会形成了；航运、保险、银行和各种专业机构健全了；比较固定的航线、港口、码头建立了，这一切都使世界市场有机地结合在一起。

7.5.2　世界市场的分区

16 世纪以后，世界形成了两大贸易圈，即太平洋贸易圈和大西洋贸易圈，这两大贸易圈都是以欧洲为核心。太平洋贸易圈主要指欧洲与亚洲之间的贸易，大西洋贸易圈主要是指欧洲与非洲和美洲之间的贸易。

在太平洋贸易圈中，欧亚贸易的一个普遍特征是，欧洲明显偏爱进口，进口商品的种类逐渐增多。16 世纪时，香料特别是胡椒是最重要的进口货。到了 17 世纪，进口商品的种类更加多样，印度东部的纺织品代替香料成为欧洲进口商品中的主要商品。18世纪 20 年代、30 年代，咖啡和茶，特别是茶在欧洲非常受欢迎，许多奢侈品成为了普通商品。欧洲与亚洲存在巨大的贸易逆差，导致欧洲的金银流出，曾经一度导致欧洲出现货币短缺。

在大西洋贸易圈中，欧洲与美洲和非洲的贸易形式截然不同于与亚洲的贸易形式。欧洲对新大陆的政策是殖民化，对新大陆的殖民拓殖是发生贸易的主要原因。欧洲殖民活动的范围很广、殖民种类多样，主要有种植园殖民地、混合型殖民地和工厂制度，种植园殖民地主要分布在西印度群岛和葡属巴西，以及英国人和法国人在北美建立的北美诸州；混合型殖民地主要在西班牙统治的墨西哥和秘鲁；工厂制度分散在南美洲的一些地区。

欧洲向美洲出口的商品种类繁多，包括马匹、家具、各种工具、酒类和其他消费品，这些都是殖民地人民必备的生活用品。17世纪下半叶至18世纪，迅速发展的北美殖民地对各类制成品的需求直接刺激了英国工场手工业的发展。特别是北美对各种工业制成品的需要，促使英格兰的对外贸易在1700年前后首次摆脱了对纺织品出口的单方面依赖，使其出口建立在对殖民地提供更广泛的商品和再出口殖民地商品的基础上。

在旧大陆向新大陆输出的商品中，人口是比较特殊的一项，并且很快成为跨大西洋贸易的特征。最早，西班牙和葡萄牙鼓励妇女移居殖民地，随着制糖作物的种植方法渐渐地从葡萄牙传到新大陆，蓄奴制也随着甘蔗种植园的扩展而遍布葡萄牙、大西洋各岛屿、巴西以及整个新大陆。从非洲往巴西与西印度群岛贩运奴隶构成了大西洋贸易的重要部分，葡萄牙首先开始了这种贸易。17~18世纪，奴隶贸易发展到顶峰，形成了三角形的贸易路线，诸如欧洲、非洲和西印度群岛之间的三角贸易，北美洲、非洲和西印度群岛之间的三角贸易。奴隶贸易的巨额利润引起了激烈的竞争，17世纪时共有8个欧洲国家在西非争夺地盘，争夺向西班牙殖民地提供劳动力的垄断地位成为斗争的焦点。先前由葡萄牙人和法国人所控制的向西属殖民地提供劳动力的垄断权最后让给了英国人。奴隶贸易被认为是造成非洲贫穷落后的罪魁祸首。

从美洲流往欧洲的主要是金银和其他一些美洲盛产的物资。金和银主要从西班牙占有的中美洲矿山流入塞维利亚和加的斯，然后再流入欧洲其他地区。随后，巴西的黄金也通过里斯本加入了这股洪流。其他大宗的货物还有巴西的木材、烟叶、棉花等，纽芬兰的鱼和北美的皮革等。糖和烟草像茶一样，在17世纪时由昂贵的奢侈品变为大众消费品。这两种商品成为堆栈贸易的基础。堆栈贸易在17世纪后半期的荷兰和英格兰得到发展，殖民地商品的再出口在对外贸易中所占的份额稳定增长。

大西洋贸易圈和太平洋贸易圈之间有多方面的联系。首先，金属货币在全球范围内流通。大量的美洲金银经由欧洲到达亚洲。莫卧尔王朝时期，流通中的货币数量与流入西班牙的美洲金银有一定的相关性，这表明流入欧洲的白银在16世纪晚期和17世纪初期流通到了印度。其次，印度纺织品流通到了非洲，被用作黑奴的缠腰带。第三，来自印度洋深海的玛瑙贝作为货币在非洲一些地方使用，荷属东印度公司是主要的供应者，西印度公司与其他从事非洲和美洲贸易的公司是主要的需求者。

7.5.3 世界市场的中心、边缘和半边缘

大西洋、太平洋贸易圈的形成以及各个区域市场之间的贸易联系，将世界联系在一

起，形成了以贸易为主要内容的世界市场。各个国家和地区在世界市场中扮演不同的角色，贸易地位的差异也将世界市场分为中心区、边缘区和半边缘区。

中心区利用边缘区提供的原材料（包括用于铸币和饰物的贵金属、农业产品）和廉价劳动力，生产加工制成品向边缘区销售牟利，并控制着世界金融和贸易市场的运转。边缘区除了向中心区提供原材料、初级产品和廉价劳动力，还提供销售市场。半边缘区介于两者之间，对中心区部分地充当边缘区角色，对边缘区部分地充当中心区角色。三种区域共同组成完整的世界市场，三种区域所扮演的角色是由整个世界范畴内的劳动分工决定的。

16 世纪末，在国际分工出现萌芽的基础上，世界市场的中心、边缘和半边缘区基本形成。16 世纪末、17 世纪，世界市场的中心处于西北欧，它们是荷兰和泽兰（位于荷兰西南部莱茵河、马斯河、斯海尔德河三角洲）、伦敦、东英格兰、法国北部和西部。边缘区已经扩及美洲等地，亚洲和俄国都还处在其边界之外。半边缘区也主要是在欧洲。17 世纪，中心地区是英国，经济发展最为迅猛。与此同时，法国、斯堪的纳维亚、德意志、波西米亚，以及除了波兰以外的东欧和中欧的其他国家，发展较为缓慢，是半边缘区。停滞或倒退的有西班牙、葡萄牙、意大利以及波兰，它们已经退出了中心区的地位。

在这个阶段，中心区出现了霸权国家，如荷兰和英国。决定霸权的核心是生产效率，工农业生产效率的明显优势导致在世界贸易的商业分布范围中占据主导地位，随之带来大量的世界转口贸易和对"无形交易"——运输业、通讯业等部门的控制所产生的相关利润。商业优势又引起对银行（兑换、存款、信贷）、有价证券投资、保险等金融部门的控制。这些优势是依次递进的，可以在时间上互相重叠。同样，优势的丧失似乎也按同样的顺序（从生产到销售，再到金融银行业），并且在很大程度上也是依次递进的。

地理大发现后的 300 年间，欧洲的商人奔走于世界各大洲，把欧洲原有的区域性市场同亚洲、美洲、非洲、大洋洲的许多国家和地区的地方性市场联结起来，贸易扩大到全球范围。在贸易拓展的背景下，由于各个地区生产率的不同以及武力征服，不同地区在贸易中处于不同的地位，出现了国际分工的萌芽，形成了以西欧为中心的世界市场。但是，这个时期的世界市场与机器大工业后形成的世界市场相比，还没有建立在国际分工的基础上，贸易仍属于互通有无的性质，交换的商品还未成为再生产过程的必要环节，在市场上处于支配地位的是商业资本，而不是工业资本。但是，"世界贸易和世界市场在 16 世纪揭开了资本的近代生活史。"[①]

7.6 近代农业革命的出现

近代农业革命也称为第二次农业革命，近代农业革命最重要的表现是农业体制的变革和农业生产技术的提高，农业劳动生产率大幅度提高，使农业产品供应增加，使人口

---

① 马克思恩格斯全集（第 23 卷）[M]. 北京：人民出版社，1955：167.

数量极大增长，人口摆脱马尔萨斯人口陷阱的束缚。近代农业革命使大量人口从农业生产中解放出来，为工业革命做好了人口准备。在近代农业革命出现之前，世界人口没有突破马尔萨斯陷阱的束缚。

7.6.1 马尔萨斯陷阱

托马斯·罗伯特·马尔萨斯（Thomas Robert Malthus，1766－1834）是英国人口学家和政治经济学家，他的学术思想悲观但影响深远，其著作有《人口原理》《政治经济学原理》。19 世纪初，马尔萨斯指出，人口增长和粮食生产的增长必须保持平衡是一个自然规律。粮食为人类生活所必需，两性间的情欲是必然的。由于土地边际报酬递减，粮食生产的增长只是按算术级数增长，而人口在没有妨碍的情况下则会按几何级数增长。当人口增长超过粮食增长时，自然规律就会发挥作用，通过积极的抑制（如战争、瘟疫）和消极的抑制（如晚婚晚育、不婚不育），强制性地实现人口和粮食增长之间的平衡。多增加的人口总是要以某种方式被消灭掉，人口不能超出相应的农业发展水平，这被称为"马尔萨斯陷阱"。

这一理论被恩格斯称为"是现存最冷酷无情、最野蛮的理论，一个摧毁了爱人如己和世界公民等所有美好词汇的、绝望的系统"[1]。纵观人类的人口发展史，可以看到工业革命以前，人口数量的增长是缓慢的，受到马尔萨斯陷阱的制约。人类在地球上生活了几百万年。在开始的岁月里，人口发展非常缓慢。公元初年时，全世界总人口只有2.7 亿，1830 年世界人口才达到第一个 10 亿。从此以后人口猛增：1930 年为 20 亿，1960 年为 30 亿，1975 年为 40 亿，1987 年 7 月 11 日达到 50 亿。第二、三、四、五个10 亿分别用了 100 年、30 年、15 年、13 年。现在，世界上每年增加 7500 万人，每天增加 20 多万人，每秒增加 2.5 人。2009 年 9 月，世界人口已达 67.77 亿；预计到本世纪中叶，世界人口将达 90 亿至 100 亿。

农业革命出现以后，使世界人口增长摆脱了马尔萨斯陷阱的制约，呈现快速发展的态势。

7.6.2 欧洲主要国家的近代农业革命

农业革命包括农业体制的变革和生产技术的提高。这种变化经历了漫长的、渐进式的变迁，不是突然之间就出现了农业革命。随着人口的增长，粮食价格增加，人与土地的比例关系发生变化，土地价值升高，另外，市场的形成和扩大等，这些原因也促成农业体制的变革。

7.6.2.1 逐渐消灭休耕地，代之以作物连续轮种

欧洲的传统农业为了避免耗竭地力，一般采取两年轮作制（一年耕作，一年休耕）和三年轮作制（两年耕作，一年休耕）。后来，农民发现不同的作物从土壤不同的深度吸取不同的养分。例如，著名的诺福克轮种制分为两种类型：一种是四茬轮种，种谷

---

[1]　恩格斯. 政治经济学批判大纲 [M]. 北京：人民出版社，1956.

物、芜青、大麦与三叶草；另一种是六茬轮种，种大麦、小麦、芜青、燕麦及三叶草等。轮种作物的芜青是牲口的饲料，牲口的增多扩大了肥料的来源，可以增加施肥，最终导致休耕地的消灭。

7.6.2.2 农业生产技术的变化

农业革命是在欧洲中世纪农业生产发展的基础之上实现的。中世纪欧洲的农业生产技术起点是非常低的，虽然罗马时代的耕作技术已达到了较高水平，农业也是罗马最受重视的实用科学之一，但日耳曼人的入侵严重破坏了罗马先进的农业技术文明，而使其落后原始的生产方式保留了下来。中世纪早期，农业作为最主要的生产部门，流行的是日耳曼人的粗放耕作制度，而他们只不过在公元前后才由畜牧经济向简单定居农业过渡，农业生产对于他们来说还谈不上有什么技术。在入主西欧的最初几个世纪里，他们种植粮食作物时，播下一斤种子，收获的谷物常常只多一两倍而已。公元 5 世纪后，西欧农业生产一直处在极低的水平上，谷物单位面积产量几乎不值得一提，许多年份里每年的播种量与收获量之比常常为小麦 1∶1.7，大麦 1∶1.6，黑麦 1∶1.1。

从公元 10 世纪以后，铁制农具的使用，使农业劳动效率开始提升。首先出现的是犁的改进，并扩大使用马耕种。17 世纪，使用牛每天可耕地 0.4 公顷，使用马可耕种 0.5 公顷~0.6 公顷，再加上犁的改进每天可耕种 0.8 公顷。15 世纪后，长柄镰刀被短柄镰刀所取代。17 世纪出现播种技术的改良。在此以前，欧洲农业大多采用撒播法，即用手将种子均匀地撒在耕地上。这种方法浪费大量的种子和人力，而且还妨碍以后进行中耕和田间管理。1600 年，普拉特推荐了一种穴播小麦的方法，并且还发明了一种固定在木板上的金属穴播器。1636 年，范·伯格取得了一种脱粒机的专利权，试图改变过去靠手工连枷脱粒的做法。一系列农业技术的变化使英国的农业单产量相对一个世纪前已有较大幅度提高。以小麦为例，1200 年小麦产量每英亩平均为 6 蒲式耳[①]左右；1400 年时在 6 至 9 蒲式耳；1650 年左右，每英亩产量大致在 12 至 15 蒲式耳之间。

7.6.2.3 农作物种类增加

14 世纪以前，欧洲大麦的种植并不广泛，因为它不适宜磨粉做面包。但到 15 世纪以后，由于啤酒和麦芽的消费量急剧上升，越来越多的土地被用来种植大麦。15 世纪以后，农作物的种类也更加丰富，豆类和蔬菜类作物开始普遍种植。大豆、豌豆等豆类作物，其果实能供人吃，茎叶可作牲畜饲料，还是一种很好的绿色肥料。蔬菜的品种更为丰富。例如，1450 年左右，英国肯特郡约翰·加德纳提到的蔬菜就有韭菜、莴苣、洋葱、菠菜、甘蓝、洋白菜，另有薄荷、甘菊、茴香、大蒜、香菜、芸香、蒿类、百里香等可以食用的草本植物。当时种植油料作物油菜，饲料作物三叶草、萝卜、红豆草、黑麦草、紫花苜蓿等，以及马铃薯等蔬菜，芜青等染料作物，其中尤以大田作物三叶草和萝卜最为引人注目。这两项作物的普遍种植，被认为是英国农业革命达到高潮的主要标志之一。以往牲畜的过冬饲料总是很难备好。自 16 世纪后期起，英国东盎格利亚的

---

① 蒲式耳是一种定量容器，类似我国旧时的斗，1 蒲式耳在英国等于 8 加仑，相当于 36.268 升（公制）。1 蒲式耳小麦等于 27.216 公斤小麦。

农民尝试着在沙性土地上种一些红萝卜来解决问题。但沙性土壤不是到处都有，因而这种做法难以推广。1650 年后，原来只是作为园艺观赏植物的萝卜，被农民试种到大田里。农民们发现，萝卜很适合在各种土地上生长，因而从 17 世纪 60 年代起，萝卜种植遍布整个英国，尔后又扩展到其他地区。17 世纪末，萝卜已遍种于所有适合它生长的土地上。萝卜不仅为牲畜提供了过冬饲料，而且由于中耕除草，又有利于次年农作物的生长。饲料作物的种植替代了自然牧草的生长，使牲畜饲养有了保障，英国的牲畜数量因而大幅度增加。如在专供伦敦市场农产品的肯特郡北部，由于实行了土地牧场轮换制和人工种草制，农户拥有的牛群数量便从 17 世纪初期的平均 6 头，上升到 17 世纪末的平均 13 头。

7.6.3 人口革命

近代农业革命之后，粮食剩余率不断提高，最明显的表现就是人口革命的出现和饥荒的消失。

荷兰和英国是首先开始出现人口持续增长，走出马尔萨斯陷阱的国家。17 世纪，英国人口从将近 700 万增加到 18 世纪初的 900 多万，并且从 1740 年起英国人口死亡率出现下降趋势；1780 年前后，人口持续增长；到 1801 年，已由 870 万上升到 1050 万。在这期间，英格兰和威尔士每 10 年的人口增长率最高曾达年均 10.3%，尽管英国还遭受了 1603 年、1625 年、1636－1637 年和 1665 年历次鼠疫的侵袭。荷兰共和国也在同期经历了人口扩张，出现了长期的人口自然增长。

除了荷兰、英格兰和威尔士在 17 世纪人口继续增长外，意大利和法国的人口处于停滞状态，而西班牙属尼德兰、西班牙、葡萄牙、德国的人口下降。面对 17 世纪西欧的不同人口增长形势，有人认为英国、荷兰能够脱颖而出，是由于它们对移民的欢迎政策，如荷兰不仅对同样信仰的新教徒，而且对伊比利亚的犹太人也奉行来者不拒的方针；有人认为是新航路的开辟使处于优越地理位置的英国和荷兰比其他国家更易获得财富，从而可以供养更多的人口；有的归因于医疗卫生事业的进步，使传染病得到控制，降低了死亡率，同时提高了婴儿的存活率，等等。但是，比较各国农业革命的时间表，可以发现，荷兰、英国人口增长的主要原因是农业革命使农业生产力持续稳定的提高，从而保证了新增人口的供给，同时提高了整体人口的生活标准。

18 世纪下半期，随着欧洲各国近代农业革命的发生，欧洲国家的人口增长率迅速提高，1800 年人口增加到 1.8 亿~1.9 亿。这次人口增长是以死亡率持续显著地下降和生育率缓慢上升为特征的。以后的分析表明，这一时期处在人口变革的突破期，突出地表现了突破人口周期变化曲线的特征。因此，有人将近代开始的这种人口迅速增长称为"人口革命"。

另外，近代农业革命还表现在饥荒的消失上。17 世纪之前，英国每个世纪平均遭受饥荒 12 次，17 世纪饥荒 4 次，18 世纪 5 次，19 世纪只发生了 1 次。总之，近代农业革命后，农业和人口发展周而复始的循环终于被打破，马尔萨斯陷阱被克服。

7.6.4　近代农业革命是工业革命的前提

农民消费和生产的差额所产生的剩余，是其他经济规模大小的决定因素。从时间顺序来看，近代农业革命先于工业革命40年，这意味着农业发展水平的高低决定着工业革命和工业化。其具体表现在以下几方面。

7.6.4.1　农业革命为工业发展提供了基本的生活资料和生产资料的物质要素

土地所有权关系的变革、耕作方法的改进、协作规模的扩大、生产资料的集中以及劳动强度的提高，使原来的农业劳动者自己进行劳动的生产范围日益缩小。随着农业生产关系和生产力的革命性变化，"随着一部分农村居民的游离，他们以前的生活资料也被游离出来。这些生活资料现在变成可变资本的物质要素"[①]。过去，农民自己生产这些生活资料，现在则要从资本家那里以工资形式挣得这些生活资料的价值。"国内农业提供的工业原料也同生活资料的情况一样。它变成了不变资本的一个要素"[②]。农业革命为工业革命和工业发展提供了消费品及原料。

7.6.4.2　农业革命为工业发展提供了国内市场

"事实上，使小农转化为雇佣工人，使他们的生活资料和劳动资料转化为资本的物质要素的那些事件，同时也为资本建立了自己的国内市场。以前，农民家庭生产并加工绝大部分供自己以后消费的生活资料和原料。现在，这些原料和生活资料都变成了商品；大租地农场主出售它们，手工工厂成了他的市场。纱、麻布、粗毛织品（过去每个农民家庭都有这些东西的原料，他把这些东西纺织出来供自己消费），现在变成了工场手工业的产品，农业地区正是这些东西的销售市场。以前由于大量小生产者独立经营而造成的分散各地的许多买主，现在集中为一个由工业资本供应的巨大市场。"[③]

7.6.4.3　农业革命为工业发展提供了大批可供雇用的劳动力

农业革命包含了两层含义：农业中土地关系的革命性变化及由此带来的生产技术和经营方式的变化，都在排斥着劳动力。①土地关系的变革解除了农民对领主的人身依附关系，劳动者只有当他不再被束缚于土地，不再隶属于他人的时候，才能自由支配自身。②农业革命中对农民的剥夺、赎买等手段，形成了一大批一无所有的劳动者。例如在英国，延续多年的圈地运动"对农村居民断断续续的、一再重复的剥夺和驱逐，不断地为城市工业提供大批完全处于行会关系之外的无产者"[④]。从16世纪起，英国就到处充斥着一无所有的流民。土地的集中、集约经营和节省劳动，以及农业技术的发展，使农村出现了大量的剩余劳动力。这种劳动力的剩余，可能是隐性的，也可能是显性的。马克思指出："这种过剩人口的数量只有在排水渠开放得足够大的时候才能看得到。"[⑤]

总之，近代农业革命为工业革命准备了必要的条件，是工业革命的前提。

---

①　马克思恩格斯全集（第23卷）[M]. 北京：人民出版社，1955：814.
②　马克思恩格斯全集（第23卷）[M]. 北京：人民出版社，1955：814.
③　马克思恩格斯全集（第23卷）[M]. 北京：人民出版社，1955：816.
④　马克思恩格斯全集（第23卷）[M]. 北京：人民出版社，1955：813.
⑤　马克思恩格斯全集（第23卷）[M]. 北京：人民出版社，1955：705.

8 工场手工业的发展与金融制度的建立

8.1 工场手工业

农业社会时期，自给自足的生产方式下，日常生活用品主要由家庭手工业生产。工业革命以后，人类社会进入工业社会，是集中的机器化大生产。工场手工业是介于家庭手工业与机器大生产之间的一种工业组织模式。一方面，工场手工业仍以手工劳动为基础，这是与后来机器生产的主要区别；另一方面，工场手工业不同于以前家庭手工业的是，它已经是大生产了，并逐渐实行了生产过程的分工，主要包括手工技术的分工和雇佣工人的分工。分工能够提高劳动效率。精细的分工，使工人日复一日、年复一年专门从事一种单一的机械操作，精细的分工导致了生产工具的专门化，每一种工具都只有一种特定的性能与用途，为以后大机器的发明创造了技术前提。工人经常从事某一生产环节的操作，技巧更加熟练，不仅提高了劳动生产率，也增加了改进技术的机会，为以后发明和使用机器创造了条件。

工场手工业的发展对工业革命的兴起有十分重要的意义，工场手工业是工业革命的基础。特别是英国的工业化，经历了一个漫长的工场手工业时期，它是传统工业与近代工业的转换环节。16—18世纪的欧洲，欧洲手工业发生的一些变化，影响着工业分布、技术进步和工业的组织形式，这些是工业革命的前奏。

8.1.1 世界市场需求的扩大

工场手工业的发展与市场的不断扩大也有直接的关系。地理大发现以后，欧洲人开辟了美洲市场、亚洲市场和非洲市场。

从美洲市场的发展来看，美洲土地广阔，在欧洲人殖民早期，以发展种植业为主，工业生产几乎处于空白状况，对欧洲的工业制品依赖非常强烈。美洲是由西班牙王室支持哥伦布发现的，根据罗马教皇亚历山大六世1493年制定的教皇子午线，西班牙拥有美洲绝大部分土地的殖民开发权力。最初，美洲的商品交易被西班牙所垄断。西班牙在与美洲的贸易中大发横财，一方面从美洲运进大量金银，另一方面把欧洲生产的手工业制品销往美洲。由于美洲的需求巨大，西班牙手工业生产的产品已经不能够满足美洲市场的供应，于是，西班牙从欧洲其他国家购进商品，再转运到美洲。1570年，塞维利亚港运进的金银，一半用来购置回运的货物，回运的货物包括安达卢西亚的葡萄酒、各种油类，以及西班牙或其他国家制造的各类手工业制品。美洲市场的需求至少刺激了15世纪上半期西班牙的毛纺织业、金属制造业、造船业的发展。塞哥维亚与巴利亚多利德的呢绒业、巴伦西亚的丝绸业以及毕尔巴鄂地区的金属品制造业与远洋船舶制造业的长期繁荣和发展，是海外市场扩大的最好证明。西班牙和葡萄牙垄断殖民地贸易，在商品交换过程中获得巨额利润，因此，它们宁可从事殖民地的冒险活动，也不愿从事工场手工业的生产，于是大量从欧洲其他国家和地区购买工业制品运往殖民地，促进了欧洲各国工场手工业的发展。

16世纪欧洲出现的价格革命，引起工业品价格的上涨，也促使更多的人从事工业品的生产。西欧其他国家的工业制成品成了新的供给来源，西班牙本身就像传送带，金银通过它而流入欧洲其他国家，别国的商品也通过它流入到美洲，金银流入最多的是阿姆斯特丹、英国、法国这些工场手工业有一定基础的地区。不论财富流到哪里，只要条件具备，它就会转为投资，从而促进那里的工场手工业的发展。

除了美洲市场快速扩张以外，亚洲和非洲市场也被欧洲商人充分挖掘，大量欧洲生产的工业制品出现在亚洲和非洲的市场上。这些工业品的到来一方面给当地人的生产生活带来新的方式，另一方面也给欧洲人带来巨大的经济利益。这一时期，贸易额和贸易商品种类都扩大了，出口的工业品主要有亚麻布（亚麻布既可以做船帆，也可以做衣料，是殖民地需求的主要物资之一）、毛织品、呢绒、金属制品（如铁条、钉子、刀具等），另外还有枪和火药、玻璃球和丝绸，意大利的长袜，法国的帽子、丝绸织物和缎带、花边之类的奢侈品，以及纸张和法律、宗教方面的书籍。

地理大发现以后，海外市场需求的急剧扩大是西欧工场手工业迅速发展的重要动力。

8.1.2 欧洲市场的需求也在不断扩大

地理大发现扩大了欧洲以外的市场空间的同时，由于财富的大量流入，欧洲市场本身需求总量和消费结构也在发生巨大的变化，主要表现在以下几个方面。

8.1.2.1 建筑业增长迅猛

16—18世纪，随着欧洲人口的增加和城市的发展，大量居民从乡村移居城市，引起了住房、基础设施和公共建筑需求量猛增。建筑业处于产业链条的中间环节，一系列的产业与之相关，建筑业的发展带动一系列的上游产业和下游产业的发展，促进了砖瓦和石灰、石料等的生产急剧增加，以及室内装饰、家具生产及其他日常生活用品生产行业的迅速发展。

8.1.2.2 奢侈品和装饰品需求量快速增加

由于来自美洲的金银的大量流入和海外贸易的发展，使这一时期欧洲出现了富裕的阶层，他们拥有巨额资产，在生活上开始追求奢侈与豪华，讲究格调与口味。这些新兴的富裕阶层对奢侈品和装饰品的需求有了较大的增长。乡村豪宅、华丽的四轮马车和精美的丝织品、地毯、挂毯、贵重家具、花边、陶瓷等奢侈品的生产在西欧各地繁荣起来。譬如这一时期，法国的丝织品和时装成为欧洲富裕阶层的时尚，为国外所模仿，引领了穿着的潮流。这样，促进了法国丝织业与服装加工业的繁荣，据记载，17世纪后期，仅里昂一地就有8000多架丝织机在生产。

8.1.2.3 商业革命以后，欧洲的中产阶级不断壮大，人数和消费实力有了增长，促使欧洲消费结构发生了变化

首先，在穿着方面，人们由过去普遍穿着粗毛呢服装转为流行花哨的细呢织品，使细呢织品业取代粗毛织品业而兴起。其次，对于闲暇和精神生活的需求，又促成了 16 世纪、17 世纪印刷业和时钟业的兴盛。印刷与圣经、祷告及世俗文化书籍的流行有关，书籍成为富裕的或有文化的家庭的必备之物，促进了造纸业、印刷业的发展。时钟在这时进入了家庭，巴黎、日内瓦、伦敦的制钟业都有较大发展，齿轮、发条、盘面、装饰等都有专业工匠制作，时钟商订购各种部件，装配、销售钟表。

所有这些都表现出居民生活的改进和消费结构的变化对各种工业品生产的促进。

8.1.3 原材料供给的扩大

在需求增长的同时，生产所需要的原材料供给的途径、数量和种类也迅速扩大。

8.1.3.1 开发自然资源

从自然资源的供给看，为了满足不断扩大的市场需求，人们开发了许多尚未得到利用的自然资源。例如，亚麻和大麻在低地国家、波兰和西里西亚普遍种植；发现了铁和铜的新矿区；发展了明矾的生产；将新大陆和波罗的海国家确定为新的木材供应来源，商人们从美洲、非洲以及亚洲运来大量工业生产所需要的原料和材料，扩大了自然资源的供给。

8.1.3.2 发明了节省资源和劳动力的技术

从技术方面看，在手工业发展的同时，人们发明了节省资源和劳动力的技术，如铁的间接冶炼法和汞齐化技术，提高了冶炼效率。人们发明了抽丝机、滚轧机与碾铁机等，使生产过程中所需要消耗的劳动力在一定程度上由机器承担。

8.1.3.3 充分利用剩余劳动力

从劳动力的供给看，分料到户制和集中的手工工场充分利用了农村中的剩余劳动力，不论是显性的剩余劳动力还是隐性的剩余劳动力资源，都被充分发掘。

8.1.3.4 工业生产出现了高效率的组织形式

从资本的供给看，过去在商业领域中广泛使用的合伙制和股份制等企业组织形式，开始在工业生产领域推广。这样可以充分吸纳社会闲散资金，使分散的小资金可以聚合起来从事大规模的生产流动；同时，也减少了投资的风险。

8.1.3.5 奉行重商主义政策

欧洲国家奉行重商主义政策，认为货币的多寡是衡量国家经济实力的唯一标准。为了保证在国际贸易中处于出超的地位，各国努力发展工场手工业，从而减少对国外制品的购买；同时，也通过工业品的出口，为本国创造财富。这一时期，很多国家通过优惠政策鼓励手工业的发展。法国、德国、俄国、英国都是在前工业社会推行重商主义政策的典型国家，它们在 17 世纪末把重商主义政策推向高峰，大力扶植工场手工业的发展，采取保护关税、出口退税、出口奖励、吸引外国技术员等一系列优惠政策。政府的这些措施使工场手工业取得了令人瞩目的成果。

工业革命以前，欧洲经历了长达200年左右的工场手工业快速发展的时期，工业生产的规模扩大了，生产的产品种类极大地增加了，在生产过程中，分工越来越细致。这些变化，为18世纪中期工业革命的出现打下了基础。

8.2 工场手工业的特点

工场手工业从生产的组织形式来看，可分为分散和集中两种形式。

8.2.1 分散的手工业工场

工场手工业发展的初期是以分散的手工工场为主要形式，也称为"分料到户制"。生产者分散在各自家庭中劳动，但是他们在企业家的组织下形成一个分散的生产集体。随着市场的扩大，商人为保障其货源，将统一购买来的原料交给农户家庭进行生产活动，生产出成品以后，交给商人，商人支付报酬。这种商人称为"包买商"。所谓报酬实质上就是工资。这已是资本主义的雇佣关系，但又不彻底，因为加工的工具大都是那些受雇者自己的，劳动过程也是工人在各自家里分散进行的。

这种生产形式开始出现劳动的分工，和农业社会时期家庭手工业生产存在明显的差别。过去的家庭手工业生产，目的是为了满足自身需求，生产过程没有分工，一件工业制品从开始到成品都是在一个家庭中完成的。而实行分料到户制，在包买商的组织下，出现了生产的分工，每一件产品是依次经过不同的家庭工人的劳动制造出来的。如在毛纺织业中，包买商收买生羊毛，将生羊毛散发给纺工家庭纺成毛线，再把毛线交给织工家庭织成毛呢，又依次散发给染工、漂洗工、剪绒工、整理工，直到成为可以在市场上销售的商品。

分料到户制首先在纺织业上获得了充分的发展。1637年英国公布的私人档案中曾记载，在考尔切斯托地方有一个包买商场姆斯·雷诺尔池，他在生产中启用了400名纺工、52名织工和33名其他手艺人，所有这些人都在郊区的自己家里工作，并领得他们应得的工资。逐渐的，分料到户制扩展到五金产品生产行业。17世纪时，乡村的工匠越来越依靠富有的大商人，这些包买商为他们提供原料、工资及负责产品的销售。在制钉业、刀具业、轻武器制造业等行业也出现了分料到户制，另外，印刷业也出现了类似的情况。印刷行业的特殊性在于生产工具复杂，价格昂贵，如果印刷匠要独立经营印书业务是非常困难的，他必须为纸张预先支付一笔很大的开支；新书印出以后，需要推销时间和宣传费用，小小的印刷匠负担不起这些。大多数情况是，许多印刷匠按照合同替大书商干活，这与织工、制钉匠为包买商干活的情况一样，拥有广泛业务关系的大书商在印刷行业中就是"包买商"。

采取分料到户制的形式，由包买商的组织行为来代替市场行为，与当时市场发育程度有关。到1700年左右，尽管已完成了一系列重大的革新，但是此时欧洲的社会同中世纪时相比，相同的地方还很多。欧洲仍是一个以农业为主的社会，大部分人在正常年景只能过着勉强糊口的生活，他们将大部分精力和财力耗费在基本食物的生产上，农民家庭常常生产一些纺织品和工具满足自己的需要，他们对市场的了解很少。此外，交通落后，尤其是陆路交通落后，增加了他们利用市场信息的费用。在这种情况下，由对市场比较了解和资金上有一定积累的包买商代替市场组织生产，对手工业者、农民、包买商来讲都是最经济的选择。

8.2.2　集中的工场手工业

在工场手工业发展的早期，分料到户制是一种流行的工业组织形式，但是这种形式发展一段时间以后，逐渐出现了集中的工场手工业。

有些行业由于自身的生产特征，必须采取集中生产的方式，如矿产开采，工人必须在矿山才能完成生产过程，而冶金行业由于需要的机器设备庞大，生产过程中需要协同操作，都不能采用分散的组织形式。这些行业一开始采取的就是集中作业的方式。

由于生产技术的革新，分散的生产形式不能满足新技术条件下的需要，一些行业出现集中的手工业作坊，如印刷业和玻璃业中较早出现了集中生产的形式。16世纪，安特卫普的普兰廷印刷所拥有24台印刷机、100多名雇员，书籍销往国际市场；17世纪后期，玻璃行业中创新了铸造滚轧平板玻璃的新工艺。由于生产设备专业化，规模庞大，生产玻璃的工场出现了，如英国的罗伯特·曼塞尔1615年从国王那里得到了独占玻璃生产的专利权，在纽斯卡特和其他地区雇用了4000多名工人。法国的皇家平板玻璃厂第一个采用了这项新技术，雇用了几百名工人。法国由于重商主义政策而创办的大型官办手工工场更是不胜枚举。到了18世纪，这种集中的大型手工工场在英国、法国、荷兰和德意志等国的各个工业领域比较普遍地发展起来。

出于对效率的追求，在毛纺织行业以及其他行业中，也逐渐出现了集中的手工工场。资金雄厚的商人把生产者组织在一起，建立固定的生产作坊，把生产过程由过去农民家庭完成变为在作坊中完成。这一时期，形成了一些大型的生产作坊，最普遍的是雇用500人～700人的工场，也有雇用150人～200人的小型手工工场，甚至有的手工工场雇用1000人以上。

工场手工业从分散走向集中，便于直接监督和管理。监督者的作用就是使生产的每个环节都"合理化"，这一过程包括了分工的进一步发展和想方设法去考核每一环节的投入产出，以及如何有效地进行要素组合。其结果鼓励了技术创新，技术创新又导致组织创新，从而促成了近代工厂制度的最后确立。

8.2.3　工场手工业的经济收益分析

16—17世纪工场手工业的发展，从技术上看，并没有出现后来工业革命时那种革命性的变化，整个工业的技术水平仍旧与中世纪后期相差无几。这一时期经济上巨大收益的取得不是技术革命性的突破，社会效益的提高主要源于两个方面：一是分工提高了效率，二是充分利用了农村剩余劳动力。

分工能够提高生产效率，主要有以下几点原因：第一，因为实行劳动分工以后，每个工人专门从事一种操作，"熟能生巧"，这就使得劳动技能容易熟练起来，并且也容易得到提高，这样就缩短了完成工作的时间；第二，因为实行了劳动分工，每个工人专做一种工作，就用不着经常变换工种、改换工具、变换工作地点，这样就容易使得工作更加紧凑，减少了工作时间上的损失，提高了劳动强度，在同一时间内能生产出更多的产品来；第三，劳动分工不但提高了工人的熟练程度和劳动强度，并且也改进了生产工具，使生产工具也专门化了，生产工具专门化，也就是生产工具更加适合于工作性质了，这样就大大提高了工人的劳动生产率。

工场手工业的发展能够充分利用农村剩余劳动力，提高了劳动者的效率。农村剩余劳动力可分为显性剩余劳动力和隐性剩余劳动力。所谓显性剩余劳动力，是指由于农业效率的提高使每个农民能够经营的土地面积增加，相应地使部分农村人口失去土地，在农村中找不到劳动力发挥作用的场所；隐性剩余劳动力是指农民在农业生产过程中，并不是有效、充分地利用劳动时间，他们有大量闲暇的时间，如果没有其他生产活动，这部分劳动能力就被浪费。分散的工场手工业对于吸收农村中显性剩余劳动力和隐性剩余劳动力都能发挥重要的作用，而集中的工场手工业能够吸纳农村中显性剩余劳动力，使劳动力找到新的使用途径，提高了效率，促进了社会、经济发展。16世纪英国从事毛纺织业生产的人数几乎占全国居民的50%，17世纪有至少1/5的人口靠毛纺织业过活，几乎没有一个城镇、乡村不把毛纺织业作为主要的家庭副业。他们在卧室兼厨房的小屋内用祖传的木制机器进行纺织，妻子和儿女纺纱，作为一家之主的父亲把纱织成布，然后卖给布商。

8.2.4　工场手工业分布

16—17世纪的工场手工业与后来的机器大工业不同，它并未兴起于城市，而主要散布于农村。

农村虽然远离销售与转运产品的市场中心，而且生产还经常被农忙的需要打断；但是，农村有优于城市的地方：一方面，在农村可以支付较低的工资，劳动成本比较低，因为农村的手艺人或农民只是部分地依靠工资生活，农闲时如果不接受雇用，基本就无事可做，因此他们能接受低工资；另一方面，农村税收低，不必受严格的行会规定的限制。更重要的是，城市行规的束缚没有波及农村，生产者有组织生产、决定生产工艺和程序的自由。于是，分料到户制和集中的工场手工业在农村找到了适合的发展土壤。

工场手工业广泛散布于农村，对于农村经济来讲也有十分重要的意义。它一方面吸纳了农村中的剩余劳动力，同时不至于使粮食生产下降；另一方面将市场引入农村经济，改变了农村的传统面貌。

8.3　工场手工业的影响

8.3.1　欧洲工业中心的转移

1500年左右，欧洲工业较为发达的地区是佛兰德斯、意大利北部和德意志南部，自北向南形成了一个狭长地带。这三个地区的制造业曾向欧洲各地输送了最好的毛织品、丝织品和亚麻品，精致的玻璃器皿和陶瓷，日用金属制品和武器盔甲，皮革制品和书写纸等,当时这些产品的质量和产量都达到了较高水平。其他地区的某些产品也很出名,如英国未经漂白的布匹、诺曼底历史悠久的亚麻纺织品、荷兰制造的船舶和加工包装的鱼,都因大量参与国际贸易而闻名遐迩。但是,狭长地带的工业繁荣是其他地区所望尘莫及的。

而地理大发现以后,欧洲的工业中心也发生了转移,传统的工业中心逐渐衰落,取而代之的是大西洋沿岸工业的兴起,其中英国和荷兰成为最具有工业发展优势的国家。

荷兰因为独特的地理位置使得商业贸易迅速发展起来,而贸易的发展又促进了工场手工业的巨大发展。17 世纪以后,荷兰的很多工业部门都建立起集中的手工工场,其中尤以纺织业和造船业最为发达。当时,生产的纺织品大量运销国外,莱顿的呢绒、哈勒姆的麻布、乌得勒支的丝织品在全欧洲都享有盛誉。特别是造船工业发展迅猛,17 世纪末期,荷兰生产的船只吨位超过了其他欧洲国家的总和;荷兰的造船技术也有较大发展,所制造的船只吃水较深、载重量大,宜于远途航行,领先其他西欧国家。造船业的巨大发展,还推动了荷兰的航运事业和捕鱼业的兴旺。17 世纪中期,全欧洲大约有 2 万艘船舶,其中 3/4 以上属于荷兰。荷兰拥有的庞大商船队遍航世界各地,由此博得了"海上马车夫"的称号。荷兰的捕鱼业也是重要的部门,全国共有渔船 2000 多艘,从事渔业的人口达 10 万人之多,鱼产品大量出口到国外,因此荷兰又被称为"渔业共和国"。此外,荷兰的手工业生产中,造纸、皮革、奶酪、印刷、制镜和木材加工等行业都比较发达。

与荷兰相媲美的是英国,英国这一时期工场手工业也快速发展,原有的工业部门迅速扩张,如毛纺织、采矿、冶炼、造船等获得长足发展;同时也出现了很多的新兴工业部门,如造纸、玻璃制造、明矾、硝石、肥皂制造业等。有人把这一时期英国工场手工业的发展称为"小工业革命"。

此外,法国的工场手工业也在这段时间迅速发展。法国的丝绸生产在当时的欧洲已经位居首位,法国在亚麻布市场上也具有很大份额,玻璃制品生产质量已经达到欧洲先进水平,尤其是镜子的制作水平已经超越威尼斯,在造纸业、毛纺织业和造船业方面也取得某些进展。

随着英国、荷兰、法国工业的兴起,欧洲传统工业发达地区的工业开始出现了倒退,被荷兰和英国远远地抛在了后面。旧的工业发达地区保存下来的工业领域主要在自然资源和新兴国家未掌握的手工艺方面,如奢侈品制造业,意大利丝织工生产的图案精致、刺绣华丽的丝织物仍在世界享有盛誉。

8.3.2　为工业革命的出现创造了条件

工场手工业建立在劳动分工的基础上,它提高劳动生产率的秘密不是技术革命,而是建立在劳动分工、劳动协作,共同利用固定资本设备上的企业组织形式。斯密曾高度评价了手工工场中的分工、协作。手工工场这种组织形式最大的特点是:细致的分工使劳动过程简单化、标准化,提高了考核个人绩效的效率;集中的手工工场又使团队的聚集效应充分显现,这就降低了设计机器代替人手的费用。以后的技术革命就是在这样的背景下发生的。

工场手工业的发展也培养出企业家和近代产业工人。工业革命时期的企业家们有相当一部分来自工场主，特别是来自小工场主，他们根据市场变化，抓住技术革新带来的机会，采用新机器、新生产方式，逐渐将小工场发展成大企业。从手工工场中还涌现出大批发明家，他们主要是通过实践积累知识，完成了工业革命的大部分革新，而这些发明家只不过是大批技术工人中的一部分。在工场中劳动的工人成为近代工业的第一批产业工人。

8.3.3 吸纳农村剩余劳动力

工场手工业在机器大生产出现以后，在吸收剩余劳动力方面发挥了重要的作用。近代工业在刚开始时吸收的剩余劳动力有限，尤其对农村中由于农闲农忙季节的变动和耕作制度的影响所造成的隐形剩余劳动力不能充分吸收。近代大工业在吸收劳动力的同时，机器也在排斥一部分劳动力。工场手工业由于其劳动密集型和普及性的特点，成为农业以外第二个剩余劳动力的"大蓄水池"。工场手工业在吸收劳动力的同时还不断地向近代工业输送劳动力。由于工场手工业工人的工资比工厂工人的低，所以只要工厂一有雇用更多劳动力的可能，相关的手工业者就会流入机器大工业。同时，机器大工业的效率远远高于手工工场，它在排挤劳动力的过程中，也会扩大生产规模，使一部分工场主和手工工人成为它的雇佣工人。

但是，工场手工业对廉价劳动力无限制地剥削，由于工厂法适用范围的不断扩大而受到了禁止。工厂法强制规定工作日的长度、禁止使用未满一定年龄的儿童、对女工劳动规定各种限制等，使工场手工业失去了最有利的竞争武器，加速它向机器大工业的过渡。

8.3.4 工场手工业的长期存在

工业革命以后，由于机器的广泛使用，在一定程度上排斥了手工业的发展；但是，欧洲的工场手工业并没有随之消失，而是与机器大工业并存了很长一段时间。

之所以工业革命以后依然存在工场手工业，原因在于虽然机器生产提高了生产效率，扩大了生产规模，同时也扩大了对原材料等的需求，当原材料部门尚未发生机器革命时，就会刺激该部门的工场手工业在原有技术基础上的生产。同时，机器的采用也扩大了中间产品的供给，使深加工部门的工场手工业进一步扩大。所以，工业革命开始后，有一些部门的工场手工业反而获得了前所未有的发展。

8.4 金融制度的建立

17世纪末到18世纪初，伴随着商业革命的发展，人们交换的范围扩大，商品交换对货币需求量不断增加，欧洲出现了金融革命，建立了金融制度。了解金融制度的建立，首先要了解什么是金融。

简单来说，金融就是资金的融通。金融是货币流通和信用活动以及与之相联系的经济活动的总称，广义的金融泛指一切与信用货币的发行、保管、兑换、结算、融通有关的经济活动，甚至包括金银的买卖；狭义的金融专指信用货币的融通。

金融的内容可概括为货币的发行与回笼，存款的吸收与付出，贷款的发放与回收，金银、外汇的买卖，有价证券的发行与转让，保险、信托、国内和国际的货币结算等。从事金融活动的机构主要有银行、信托投资公司、保险公司、证券公司、投资基金，还有信用合作社、财务公司、金融资产管理公司、邮政储蓄机构、金融租赁公司以及证券、金银、外汇交易所等。

17世纪末-18世纪初，银行和信用工具开始出现并且快速发展。银行和信用工具的产生源于现实的需要。

8.4.1 近代银行制度的建立

8.4.1.1 近代银行制度建立的原因之一是货币供应不足

16世纪以后，欧洲多数国家采用金银复本位的货币制度。金银复本位制指黄金与白银同时作为本位币的制作材料，金币与银币都具有无限法偿[①]的能力，都可以自由铸造、流通、输出与输入。金币和银币可以自由兑换。这一制度的出现弥补了黄金产量不能满足市场需求的不足。由于是复本位，货币材料的来源既可以是白银，也可以是黄金，来源充足；当需要进行大额交易时可以使用黄金或黄金铸币，小额交易则使用白银，灵活方便；两种币材之间可以相互补充；更加方便与其他货币之间汇率的稳定，既能同发达资本主义国家之间进行金币贸易，又能同殖民地国家进行银币交易。但是，金银复本位能够产生"劣币驱逐良币"的情况，使金银复本位存在一定的缺陷。

16-18世纪，欧洲金银流入量极大。1500—1650年，从美洲合法运入西班牙的黄金达181吨，通过走私、海盗和直接贸易的形式流入的黄金数量甚至更多。美洲在近代初期向欧洲提供的主要财富是白银，1500—1650年合法运抵西班牙的白银共达16886吨。与此同时，欧洲本土的白银生产也达到高峰，1526—1535年欧洲的蒂罗尔银矿与萨克森银矿的产量达到每年大约70吨白银的规模。从非洲运往欧洲的黄金、白银也是数量惊人。1485—1520年，每年从西非运往里斯本的黄金在半吨以上。在1551—1560年这10年中，运抵塞维利亚的黄金共达43吨。尽管如此，近代初期，欧洲的货币存量并不大，出现了贵重金属短缺的现象。

造成这种奇怪现象的原因主要有以下几个方面：首先，贵重金属在流通过程中会出现磨损，这会损失一部分货币；其次，富有的人有收藏、存贮黄金、白银的做法，这也使流通中的贵重金属数量减少。当然，这些原因虽然能减少一部分流通中的黄金和白银，但是与黄金白银大量流入相比，数量是微乎其微的。再次，导致欧洲货币流通短缺的最主要原因是欧洲与东方贸易的逆差，使欧洲大量黄金白银流入东方。欧洲与东印度、中东（黎凡特）地区的贸易一直处于入超状态，入超的部分主要用白银支付。16世纪80年代，西班牙每年大约在远东损失100万西班牙达克。17世纪，荷兰和英国分别成立的东印度公司，每年都需要大量的现金到东方采购。据统计，1601—1624年，

---

① 所谓无限法偿，是指流通中支付数额和支付性质不受限制。与之相对应的是有限法偿。

英国东印度公司向远东输出的银币超过了 75 万英镑。该公司的金银输出量在 17 世纪后期急剧上升，在 1700—1701 年这一财政年度中，输出量达到了顶峰，共为 703497 英镑。荷兰东印度公司的金银输出量也是有增无减，1618 年的输出量为 50 万达克，1700 年上升到 125 万达克。输往中东的财富数量几乎与之不相上下。到 16 世纪 90 年代，每年由西班牙输往黎凡特地区的白银估计达 150 万达克，在 1610—1614 年甚至超过了 150 万达克。由法国港口马赛输出的金银可能更多。在 1600 年前后，欧洲与近东和远东的贸易每年总共要耗费 250 万达克，几乎相当于 8 万千克白银。最后，一个重要的原因是工业和商业活动的频繁，使得市场上需要的货币数量激增，相对而言出现货币的短缺。由于货币的短缺，促使人们想方设法减少经济活动中对黄金和白银的依赖。这是银行和信用工具产生、发展的根本原因。

8.4.1.2 近代银行制度建立的原因之二是经济活动中借贷业务盛行

社会经济活动过程当中，始终存在着借贷现象。16 世纪以后，欧洲各国借贷业务非常流行，大宗的借贷活动不仅出现在民间，也出现在国家。国家因战争或其他原因向民间借贷的情况屡见不鲜。近代初期，欧洲各君主国都面临着严重的财政金融问题，原因是各国政府开支在大幅度增加，但是却没有一种现存的体制能够使收入也相应增加。政府总是面临物价与工资持续上涨和战争费用的急剧增加所引起的突发性货币缺乏。当遇到战争或其他紧急事件需要筹款时，政府一般是以税收为抵押，向民间金融家告贷。这通常有两种方式，即包税制和派税制。包税制是指将某项征税权授予"包税人"即政府的贷款人，他有权就某一税种向纳税的人征收该税，包税人不必申报他所征收的税额，只要向国库缴纳一笔固定的现金，超过部分归其所有，不足部分由其负责补足。派税制是指给政府提供借款的债权人被指派担任某项税收工作，直到该税收偿清政府的债务并取得相应利息收益为止，或者债权人从政府收税人那里取得一项赋税的全部税款，直到债务偿清。包税制和派税制都是王室面向少数金融家筹集费用的办法，但是这种方法有时使政府无节制地消费而发展成为赤字借债。例如，1556 年腓力二世登基时发现，一直到 1561 年的西班牙税收已经全都抵押出去了。

在商业与贸易发展的同时，私人之间的借贷业务也是普遍存在的一种现象，在农村和城市中都有。一般是由一批职业的或非职业的当铺老板和放债人提供贷款，借款人拿出一件财产作为抵押或立下字据。在意大利、德国和东欧，放债主要由犹太人掌握，在欧洲其他地区，则是意大利移民与当地的金匠、银匠、珠宝商展开竞争。在伊丽莎白时代的英国，金匠和珠宝商是主要的放债人，他们放债的对象是贵族。

由于对贷款的广泛需求，仅仅依靠自身资金积累进行放债就显得捉襟见肘，而且放贷人也并不满足于收取放债的高利，于是出现了早期的"商业银行家"。他们一方面使用自己的资金放债，另一方面向社会吸收存款，向存款人支付一定的利息，并把存款资金用于放贷，通过利息差而获取收益。商业银行家最早出现于中世纪的意大利，1338 年，仅在佛罗伦萨就有 80 家独立经营商业银行业务的银行。1630 年之后，这种商业银行的数目剧增，在英国这种现象格外突出。商业银行家当时被称为"掮客"，他们充当想要投资的人和想要贷款的人之间的中间人，这些"掮客"的角色在英国大部分由金匠扮演。最早，金匠们经营贵重的金银和珠宝，也从事存贷款业务，还从事商品和船只投机。到 18 世纪 20 年代，他们放弃金匠业务，专事存贷款业务，后发展为专业商业银行。1725 年，伦敦城有这样的私人银行 24 家，1785 年上升到 52 家。其他地区的商业银行也发展起来了。

早期，商业银行的经营情况比想象的要艰难得多，一方面是社会上对放债人及其行业长期存有敌意。天主教对"钱生钱"的做法非常反感，圣经规定，贷款必须是无息的，如果收回借款超过本金，那就是一种高利贷的行为，令人不齿，银行家及其家属在人们眼中仍然是些贪得无厌、道德败坏的人。但是，教会也承认任何人如果因为借钱给别人从而丧失了从别处谋取合法利润的机会，那么他也有权要求借款人给予补偿。所以，教会不得不容忍低息的贷款。另一方面是由于早期的银行家经营无方。现在银行在发放借款时要对借贷人进行信用评估，根据不同人的信用度决定发放的数额，以确保借款人有能力按期归还。但是 16、17 世纪的时候，银行家放贷全凭感觉。当初没有建立信用评估机制，有时他们往往用存款从事一些冒险活动可以牟取暴利，如将大笔资金借给政府；但是有时候也会出现问题，一旦国家宣布要延期归还债务（在当时这种情况常常发生），银行不得不宣告破产。

因此，许多人都不敢将储蓄的钱借给急需用钱的人，对通过银行家的借贷更是疑虑重重。这样，想要借钱的人只有花费很高的代价才能借到钱，而放债的人为了弥补其名誉上的损失和尽快摆脱良心的谴责，就会要求很高的利息，或者从事投机冒险事业。多方面的原因造成了商业银行的基本业务——存贷业务发展的困难。

8.4.1.3　利率革命的出现促进了近代银行业的发展

上述情况不利于社会经济的发展，现实的需要促进人们对于商业贷款的看法不断改变。

首先对于放贷人不再歧视，把放贷行为作为一种合法行为。1545—1551 年，英国议会规定，放债可以收取 10％以下的利息。荷兰国会在 1685 年下令，取消对银行家及其雇员、家属参加圣餐礼（一种宗教的活动，似乎是公民的一种普遍权利）的种种限制。人们对借贷的看法发生了根本性的转变。

这样导致更多的人加入这一行业，促使行业竞争加剧，最终导致利率的全面下调。尼德兰和安特卫普的公共贷款利率从 1500 年的 25％降至 1550 年 9％；荷兰在 17 世纪 60 年代可以借到利率低于 4％的贷款；英国的利率也由 1500 年的 10％降至 1624 年的 8％，1714 年之后降至 5％；最引人注目的是 16 世纪 20 年代之后的意大利热那亚共和国，人们可以获得利率为 1.5％的贷款。这就称为利率革命。

利率革命的意义不仅在于利率的降低，而且在于建立了利率由资金供求来决定的机制，打破了封建的或行政的束缚，是近代金融制度建立的关键一步，使银行业的行为得到规范，也促进了银行业的发展。

8.4.2　信用工具的发展

信用工具是使信用活动得以进行并证明债权债务关系的合法凭证，主要包括汇票和支票。

8.4.2.1 汇票的发展

汇票是国际结算中使用最广泛的一种信用工具。汇票由出票人签发，是一种无条件支付的委托，有 3 个当事人：出票人、付款人和收款人。汇票是付款人在见票时或在一定期限内，向收款人或持票人无条件支付一定款项的票据。

汇票是随着国际贸易的发展而产生的。国际贸易的买卖双方相距遥远，所用货币各异，不能像国内贸易那样方便地进行结算。从出口方发运货物到进口方收到货物，中间有一较长的时间。在这段时间一定有一方向另一方提供信用，不是进口商提供货款，就是出口商赊销货物。若没有强有力中介人担保，进口商怕付了款收不到货，出口商怕发了货收不到款，这种国际贸易就难以顺利进行。后来银行参与国际贸易，作为进出口双方的中介人，进口商通过开证行向出口商开出信用证，向出口商担保：货物运出后，只要出口商按时向议付行提交全套信用证单据就可以收到货款；议付行开出以开证行为付款人的汇票发到开证行，开证行保证见到议付行汇票及全套信用证单据后付款，同时又向进口商担保，能及时收到他们所进口的货物单据，到港口提货。

14 世纪，"汇票"开始广泛使用。汇票起源于 12 世纪的热那亚，13 世纪时意大利商人曾在香槟市场上使用过它。汇票是一种具有法律约束力的书面承诺，它为异地异国之间的贸易提供了便捷的结算方式。来自不同地方的人进行的贸易可以不依赖于现金的现实流动，只进行银行与银行之间的转账。此外，汇票不仅包含着结算方式的重大变革，还意味着一笔贷款。当时交通十分不便，即使"见票即付"的汇票从发出地到支付地也需要耽搁相当长的一段时间，比如从西班牙或意大利到低地国家需要 2~4 个星期，有时按照惯例，如果汇票需要承兑的是很大一笔钱，那么一批已收到货物的货款可以有 30 天、60 天或 90 天的筹款期限，实际上意味着商人在付款之前可以享受为期 1~3 个月的贷款。在一些禁止放债取息的国家，汇票常被用作贷款。以后，汇票发展成为可以转让的信用工具。自 16 世纪 70 年代起，背书汇票（即在汇票背面签字将其转让给第三者的汇票）在安特卫普十分流行。16 世纪后期，意大利（威尼斯除外）已经常采用背书的形式转让汇票。在英国，汇票向可转让方向发展经历了很长的时间，直到 16 世纪中期，这种做法才很普遍。值得提出的是，汇票的发展使银行与银行之间的支付体系得以初步建立。

8.4.2.2 支票的发展

支票（Cheque，Check）是出票人签发，委托办理支票存款业务的银行或者其他金融机构在见票时无条件支付确定的金额给收款人或持票人的票据。

从以上定义可见，支票是以银行为付款人的即期汇票，可以看作是汇票的特例。支票出票人签发的支票金额，不得超出其在付款人处的存款金额。如果存款低于支票金额，银行将拒付，这种支票称为空头支票，出票人要负法律上的责任。

开立支票存款账户和领用支票，必须有可靠的资信，并存入一定的资金。支票可分为现金支票和转账支票。支票一经背书即可流通转让，具有通货作用，成为替代货币发挥流通手段和支付手段的信用流通工具。运用支票进行货币结算，可以减少现金的流通量，节约货币流通费用。

16世纪70年代，意大利人已经常使用支票；但是在17世纪之前，支票在欧洲其他国家还不常见。银行的存款人要想将自己账户上一笔存款转到别人账户上，必须亲自到银行口述一份转账授权书才具有法律效力。意大利是首先采用转账支票的国家，16世纪70年代转账支票已很普遍。17世纪60年代，英国出现了最初的支票。然而在西欧其他国家，银行业的复兴并未能推动人们广泛采用转让方式。其原因虽然是多方面的，但关键是当时的商业银行总是面临破产的危险，银行的信用得不到保证。因此，当局反对信用工具的转让。威尼斯当局坚持反对公共银行之外的任何信用工具的转让，包括汇票和支票。英国的习惯法法庭在1704年期票法案通过之前一直拒不承认信用票据可以转让。只有信誉最好的阿姆斯特丹银行开出的票据才是完全可以转让的，且可以像货币一样流通。

8.4.3　清算制度的产生

清算制度是指同一城市各银行对相互代收、代付的票据，按照规定时间通过票据交换所集中进行交换并清算资金的一种制度，又称票据交换制度。

进入18世纪，资本主义经济发展较快，银行机构增多，业务扩大，各家银行收进客户交存别家银行的票据越来越多，银行每天要派人向相关银行收取款项以结清债权债务。这种方式耗资较大，既不方便也不安全。在英国伦敦最早出现了集中的票据交换，初由两家银行的收款员自行商议，相互交换所持对方银行的票据，轧抵应收、应付的款项。此后，其他一些银行的收款员也参加了这项活动。1773年，经过各银行协议达成一致意见，成立了票据交换所，并规定了相应的制度。其后，美国、法国、日本、德国等也先后建立了票据交换制度。

16世纪的贝桑松集市极大地发展了这种金融业务。贝桑松集市在1579—1622年每年都要在意大利的北方城市皮亚琴察举行4次，参加集市的商人最多时可达200人，银行家有50人～60人，每次集市的总交易额达1200万斯库多～1600万斯库多，而最后用票据结算的交易额只有300万或400万斯库多，即银行之间的结算体系为交易的商人负担了3/4的交易额。

16世纪以后，国际集市逐渐丧失了它的商业重要性，越来越多的商人在一些主要的商业中心建立了常驻办事处或货栈，他们没有必要将其贸易活动限制在集市期内。这样，集市的金融作用消失了。但是，不依赖于集市、一年四季都不间断的商品批发贸易使商人迫切需要大型的、管理得当的银行，他们可以将资产存放于这样的银行中，并能确保在需要时尽快提出来。由国家政府尝试创办的"公共银行"应运而生，这样的银行由政府当局予以保证和监督其存放款业务。

第一个这种类型的银行是在1587年由威尼斯参议院批准设立的里阿尔托集市银行。随后，在政府的主持下，意大利其他城市也建立了类似的银行。1593年米兰创办圣安布罗焦银行，1605年罗马创办圣灵银行。

真正成为世界贸易结算中心的是阿姆斯特丹汇兑银行。它于1606年经市议会批准，1609年正式开始营业。各家银行都把收到的票据交到阿姆斯特丹银行，在银行里进行冲抵，剩余部分再进行现金结算。17世纪，荷兰是世界上经济最发达的国家，荷兰的商人遍布世界各地，荷兰强大的经济实力支撑着阿姆斯特丹建立稳定的汇率体系，稳定的汇率又巩固了它在贸易中心的主导地位。阿姆斯特丹银行的汇票是万能的通行券，它几乎在世界各地都能承兑。

阿姆斯特丹多边支付体系的中心地位在 18 世纪受到了伦敦的挑战。1713 年后，在贸易日益扩张的坚实基础上，英国的票据交换业也获得了发展，英格兰银行逐渐取代了阿姆斯特丹汇兑银行在国际结算中的地位。

8.4.4　中央银行制度的产生

中央银行是由 200 多年前普通商业银行演变而来的。

中央银行是一个由政府组建的机构，负责控制国家货币供给、信贷条件，监管金融体系，特别是商业银行和其他储蓄机构。中央银行是一国最高的货币金融管理机构，在各国金融体系中居于主导地位。中央银行的职能是宏观调控、保障金融安全与稳定、金融服务。

中央银行是"发币的银行"，对调节货币供应量、稳定币值有重要作用。中央银行是"银行的银行"，它集中保管银行的准备金，并对它们发放贷款，充当"最后贷款者"。

中央银行是"国家的银行"，它是国家货币政策的制订者和执行者，也是政府干预经济的工具；同时为国家提供金融服务，代理国库，代理发行政府债券，为政府筹集资金；代表政府参加国际金融组织和各种国际金融活动。中央银行所从事的业务与其他金融机构所从事的业务的根本区别在于，中央银行所从事的业务不是为了营利，而是为实现国家宏观经济目标服务，这是由中央银行所处的地位和性质决定的。

中央银行的主要业务有：货币发行、集中存款准备金、贷款、再贴现、证券、黄金占款和外汇占款、为商业银行和其他金融机构办理资金的划拨清算和资金的转移等。

中央银行产生于 17 世纪后半期，形成（制度健全的中央银行是在工业革命以后）于 19 世纪初叶，它产生的经济背景如下：

初创时期成立的中央银行中，具有典型代表意义的是瑞典国家银行和英格兰银行，瑞典国家银行成立于 1656 年，英格兰银行成立于 1694 年，被认为是近代中央银行的鼻祖。

瑞典国家银行（不是世界上第一个中央银行，当初创建时只是商业银行）始创于 1656 年，是瑞典的中央银行，也是世界上历史最悠久的中央银行。瑞典国家银行（又称为瑞典里克斯银行）最初是私营银行，1897 年独占了货币发行权，但其业务大部分是商业银行的业务。瑞典央行隶属瑞典议会，发行瑞典克朗，负责货币政策制定、维持物价稳定，维系一个安全和有效率的支付系统。瑞典央行目前管理约 2000 亿瑞典克朗资产，以实行货币政策、买卖外汇，以及在需要时为银行提供紧急流动现金支援。在 1968 年瑞典央行成立三百周年时，为纪念阿尔弗雷德·诺贝尔，瑞典央行出资设立了瑞典银行经济学奖，即诺贝尔经济学奖。

1694 年成立的英格兰银行被认为是近代中央银行的鼻祖。从 19 世纪初到第一次世界大战爆发前，很多西方国家成立了中央银行，如法国法兰西银行（1800 年）、德国普鲁士银行（1875 年更名为帝国银行）、荷兰国家银行（1814 年）、奥地利国家银行（1817 年）、哥本哈根银行（1856 年）、俄罗斯银行（1860 年）、日本银行（1882 年）、比利时国民银行（1850 年）、西班牙银行（1856 年）、丹麦国家银行（1818 年），以及 1913 年建立的美国联邦储备体系。

英格兰银行是世界上最早形成的中央银行，为各国中央银行体制的鼻祖。1694 年，英格兰银行根据英王特许成立，股本 120 万镑，向社会募集。其成立之初即取得不超过资本总额的钞票发行权，主要目的是为政府垫款。到 1833 年，英格兰银行取得钞票无限法偿的资格。1844 年，英国国会通过《银行特许条例》（即《比尔条例》），规定英格兰银行分为发行部与银行部，发行部负责以 1400 万镑的证券及营业上不必要的贵金属贮藏的总额为担保发行等额的银行券，其他已取得发行权的银行的发行定额也规定下来。此后，英格兰银行逐渐垄断了全国的货币发行权，至 1928 年成为英国唯一的发行银行。与此同时，英格兰银行凭借其日益提高的地位承担商业银行间债权债务关系的划拨冲销、票据交换的最后清偿等业务，在经济繁荣之时接受商业银行的票据再贴现，而在经济危机的打击中则充当商业银行的"最后贷款人"，由此而取得了商业银行的信任，并最终确立了"银行的银行"的地位。随着伦敦成为世界金融中心，因应实际需要，英格兰银行形成了有伸缩性的再贴现政策和公开市场活动等调节措施，成为近代中央银行理论和业务的样板及基础；1933 年 7 月设立"外汇平准帐户"代理国库。1946 年之后，英格兰银行被收归国有，仍为中央银行，并隶属财政部，掌握国库，贴现公司、银行及其余的私人客户的帐户，承担政府债务的管理工作，其主要任务仍然是按政府要求决定国家金融政策。英格兰银行总行设于伦敦，职能机构分政策和市场、金融结构和监督、业务和服务三个部分，设 15 个局（部）。同时，英格兰银行还在伯明翰、布里斯托、利兹、利物浦、曼彻斯特、南安普顿、纽卡斯尔及伦敦法院区设有 8 个分行。

法兰西银行（又称法国中央银行）是世界上第三家中央银行，于 1800 年 1 月 18 日由时任第一执政的拿破仑·波拿巴授权建立，其最初成立的目的是负责纸币的发行，帮助法国经济摆脱法国大革命带来的萧条；1810 年被政府授予货币发行权。

8.4.5 股票与债券的形成

8.4.5.1 股票市场的形成与发展

15 世纪，意大利和德国存在过发行可转让股票的合伙组织。1550 年后，由于贸易的发展，合伙组织在英国和尼德兰快速发展。17 世纪初，这些贸易合伙组织在许多方面还比较原始，它们出售的"股票"只限于一次航海，"冒险"之后就还本付息。此外，它们还限制股票的发行量，即使需要追加资本时，也宁愿请原有股东增加投资，仍然保留着合伙制的传统——不希望外人认股。公司的股票一般是可以转让的，但是转让股票时，当事人必须亲自去公司的总部办理，在交通不发达的近代，这实际上阻碍了股票交易规模的发展。

1600 年后，股份公司开始将其股本作为永久性的投资。公司总部不再兑现该公司的股票，而是指定股票持有人将股票拿到市场上去出售。股份永久化的目的是为了保持公司的相对独立性和创造长久发展的可能性。荷兰东印度公司在 1612 年首先规定，要兑现公司的股票只有拿到交易所去公开出售。英国的公司随后效仿。此外，英国东印度公司开始将利润和资本相区分，利润作为投资回报归股东处理，而资本则沉淀在公司，积累起来进一步发展，这样可以尽量避免要求股东增加股本。

17世纪中叶，正式的股票交易市场出现了。阿姆斯特丹交易所庭院的46根柱子周围经常聚集着一些证券经纪人及其代理人，他们分成多、空双方进行交战，通过股价的涨跌挣钱。

17世纪30年代，伦敦的证券和股票交易逐渐发展起来，伦敦的科思希尔通往伦巴第街的狭窄小胡同被称为"交易所胡同"，其间众多的咖啡馆成了进行股票交易的场所。股票交易的发展使信息变得尤为重要。为了满足投机商人的需要，17世纪90年代，有两种商业刊物开始刊登某些主要股票的价格，一种是约翰·霍顿主办的《管理与贸易良法之集锦》，另一种是约翰·卡斯塔因主办的《交换过程及其他》。霍顿的刊物在1692年刊出了8种股票与债券的价格，1694年达52种，1695年上升到64种。卡斯塔因的证券行情表后来被逐渐发展成为今天的行情表。股票的交易不仅有买方与卖方之间的直接股票转让，而且有通过越来越多的证券经纪人进行的间接转让。然而，参加这些激烈投机生意的人毕竟是少数，纯粹依赖股票资本的公司也寥寥无几。16世纪，一些价格波动较大、需求弹性较小的商品，如粮食、鲱鱼等进行了期货交易。

8.4.5.2 债券市场的形成与发展

债券市场是发行和买卖债券的场所，是金融市场的一个重要组成部分。债券市场是一国金融体系中不可或缺的部分，一个统一、成熟的债券市场可以为全社会的投资者和筹资者提供低风险的投融资工具。债券的收益率曲线是社会经济中一切金融商品收益水平的基准，因此，债券市场也是传导中央银行货币政策的重要载体。可以说，统一、成熟的债券市场构成了一个国家金融市场的基础。

债券市场上有公司债券和国家债券之分。英国和荷兰的公司大都选择发行公司债券作为筹资手段，理性的投资人也比较喜欢能够获得稳定收入的公司债券。公司发行债券（一般利息在5%以下）比发行股票（平均股息为8%～10%）更合算，于是，大量的债券在公司筹集资金时扮演重要的角色。政府发行的证券与公债券是广大小私人投资者喜好的投资品种。政府向普通公众举债是通过"年金"这种方式实现的。年金是指投资者将一笔款项一次性借给政府，然后在规定的时间内按照双方商定的利息从政府那里取得年金。年金分为3种类型：①永久性年金，大约可得5%的年息；②偿债性年金，是债务还清以后便终止的年金；③数人寿期年金，是以某一个、某两个或某三个人的寿命为期限的年金。前两种年金可以转让。偿债性年金或数人寿期年金的年息为5%～10%。年金形式的借债活动，先是从市政当局开始，后来被中央政府所采用。16世纪，欧洲大陆各国政府都出售年金，但是年金的利息常因政府的财政状况恶化而被拒付，从而影响了年金的销售。17世纪中期，英国发行"偿债券"，财政部许诺，持有这种偿债券到一定时候，可以领取包括本息在内的一定数目的现金，偿债券可以转让。最初，偿债券被当做存款或付款为伦敦的金匠所接受。1671年底出现恐慌，持有偿债券的人纷纷要求兑现，而政府无力支付225万英镑的巨款，只有宣布停止支付，偿债券的办法失败了。1694年，英国政府决定通过彩票来筹借资金，紧接着以8%的利率发行了120万英镑的公债，并将认购者组成了一个被称为"英格兰银行"的股份公司。这一方法大获成功，英格兰银行在完成原定的公债数额之后，又为政府筹集了更多的贷款，还同意将债券票据兑换成现金，并允许财政部发行该行的"保证票"（本票）以便偿还债务。英格兰银行成了政府在债券市场上筹集大规模借款的工具。至此，英国的国家信用制度才较为完善。

8.4.5.3 南海泡沫事件

近代金融制度在建立伊始，就由于其不稳定和不完善受到了近代首次金融危机——南海泡沫事件的冲击。

该事件起因源于南海公司（South Sea Company），南海公司在 1711 年创立，是一家专营英国与南美洲等地贸易的特许公司。事实上，南海公司本身的贸易业务平平，它虽在 1711 年成立，却迟至 1717 年才开展远航贸易。在西班牙的法律规定下，南海公司一年其实只可派 3 艘船前往南美贸易，而贸易本身到 1718 年更因英、西交恶而中断。公司在推销南海方案时向大众谎称，公司将会在南美贸易上赚取极丰厚的利润，将来股票持有人将会获得可观股息，使得大众深信不疑；同时，贿赂政府以年金购股票，政府于 1720 年通过了《南海法案》。南海公司股价亦开始节节上扬。在 1720 年年初，原本只处于 128 英镑的南海公司股价，到 3 月上升至 330 镑；在 4 月的时候，南海公司的董事们已经以每股高达 300 镑的价钱售出 225 万股股票；到 5 月，南海股价上扬至 500 镑，6 月升到 890 镑，7 月的时候更上升到每股 1000 英镑的价位。尽管每股逾千镑，但公司董事仍然在这个价位售出 500 万股股票。全民疯狂炒股，有人形容当时的情形时说："政治家忘记政治、律师放弃打官司、医生丢弃病人、店主关闭铺子、牧师离开圣坛，就连贵妇也放下了高傲和虚荣"。市场上还出现炽热的投机活动，随即出现不少混水摸鱼的公司，数以百计的股份公司随之涌现，其目的是在骗取公众金钱，试图趁南海股价上升的同时分一杯羹。这些后来被称之为"泡沫公司"的股份公司，大多模仿南海公司的宣传手法，在市场上发布虚假消息，声称正进行大宗生意，从而吸引市民购买股票，其中一些公司更荒诞不经地声称正研发"可以永久转动的车轮"，有些则甚至只表示"正进行有潜力生意"。但市民仍然盲目地追捧，使这些公司的股价连同南海公司股价一同上涨。据悉，这些"泡沫公司"在市场上计划吸纳的资金高达 3 亿英镑。

为了规范市场乱局，以及保护南海公司免受"泡沫公司"打扰，国会在 1720 年 6 月 9 日通过了别称《泡沫法案》的《1719 年皇家交易所及伦敦保险公司法案》，内容规定股份公司必须取得皇家特许状才能继续经营。

自大量"泡沫公司"被取缔后，社会大众才如梦初醒，对股份公司怀有戒心，连带南海公司也受牵连。自 7 月以后，随着热潮减退，南海公司的股价由原本 1000 镑以上的价位急速下滑，情况不受控制。南海公司的股价到 8 月 25 日已跌至 900 镑，这时不少知情的内幕人士及时脱身，免却了血本无归的下场，但普通大众却在 9 月损失惨重。在 9 月 9 日，南海公司股价已暴跌至 540 镑。为了挽救跌势，南海公司董事与英格兰银行董事在 9 月 12 日商讨解决方法。会后误传英格兰银行决定注资 600 万镑，一度令南海股价重上 670 镑；但到同日下午，市场证实消息乃子虚乌有，南海股价随即跌至 580 镑，翌日再下跌至 570 镑，收市时更急挫至 400 镑。此后，市场上人心惶惶，人人设法抛售南海股票；到 9 月 28 日的时候，南海股价已暴泻到 190 镑，至 12 月更跌至 124 镑。而在同时期，英国其他股票也受到拖累，英格兰银行的股价亦由 8 月的 263 镑跌到 12 月的 145 镑，但情况要比南海公司好。

南海公司的股价暴跌，使众多的股民血本无归，当中不乏上流社会人士，另外有一些人更因为欠债累累而出逃国外。自经济泡沫发生后，社会舆论随即强烈要求对有关官员及南海公司的董事展开调查，以追究事件责任。

著名物理学家牛顿爵士在南海泡沫事件中也是受害者之一，他在第一次进场买入南海股票时曾小赚 7000 镑，但第二次买进时已是股价高峰，结果大蚀 2 万镑离场。牛顿曾因而叹谓："我能算准天体的运行，却无法预测人类的疯狂。"

此次危机中受害最深的是法国和英国，面对危机，两国采取了不同的办法。在法国，专门成立了一个机构——财政调查委员会，在一定期间内强行兑换所有的信用债券和银行券，它们将这些债券兑换成政府的公债券，年息减至 2％～2.5％。法国政府借助这一措施来减少公债和减轻年息负担，但是在以后的几十年中，政府信用降到最低，一切试图建立全国发行银行的计划都无法付诸实施，政府在国内开辟财源遇到困难。英国政府首先采取严厉措施，对 1720 年前南海公司的董事们分别处以罚款和没收钱财的处罚，所得的罚资用于赔偿股东；其次，清算南海公司所有债权债务，经过长时间讨论，议会于 1721 年 8 月决定将南海公司的债务缩减至 800 万英镑，其余债务由议会负责偿还；之后，英格兰银行同意再接收价值 420 万英镑的南海股票，5％的股息仍由政府支付；同时，南海公司的新董事将剩余股票出售给英格兰银行以换取现金，恢复公司正常经营。这些措施使公司的信用得到恢复，政府也从中吸取教训，按期支付所有债务的利息。到 18 世纪 30 年代，伦敦股票市场已恢复正常，价格回升到泡沫事件之前的水平，南海股票的价格在 1730 年也超过了它的面值。

南海泡沫事件是金融制度不健全的产物。这次危机使初建的金融大厦几乎垮掉，严重影响了金融业的发展。

9 工业革命的出现

9.1 工业革命简介

工业革命是人类社会经济发展历程中的又一个分水岭，是人类自文明形成以来第二次显著的变革，能够与之媲美的只有农业革命。这场革命改变了人类的历史进程，导致了社会生产力的巨大飞跃。正如马克思在《共产党宣言》中所说："资产阶级争得自己的阶级统治地位还不到 100 年，它所造成的生产力却比过去世世代代总共造成的生产力还要大，还要多。自然力的征服，机器的采用，化学在工农业中的应用，轮船的行驶，铁路的通行，电报的往返，大陆一洲一洲的垦殖，河川的通航，仿佛用法术从地底下呼唤出来的大量人口，——试问在过去哪一个世纪能够料想到竟有这样大的生产力潜伏在社会劳动里面呢？"[①]

工业革命并不是突然之间发生的，是一个渐进的过程。工业革命出现以前，欧洲至少做了两百年的准备。在这期间发生了一系列重要的变革，包括农业革命、人口革命、商业革命、金融革命等，所有这些变革为工业革命的出现做好了铺垫。

9.1.1 工业革命的概念

所谓工业革命，是由于机器的发明和运用所引起的，由机器取代手工劳动、由工厂取代作坊和手工工场的过程，它涉及生产技术和生产关系两个层面的变革。

关于工业革命开始的时间，各种说法不一，有人认为，1733 年约翰·凯伊发明飞梭标志着工业革命的出现；马克思在《资本论》第 1 卷中提出 1735 年英国技工约翰·怀特发明了卷轴纺车是工业革命开始的标志；也有人认为，1764 年哈格里夫斯发明"珍妮"纺纱机标志工业革命的出现；还有人认为，1781 年詹姆斯·瓦特发明了现代蒸汽机，宣告工业革命的开始。上述每一事件，在工业革命发展进程中都起到重要的作用。一般认为，工业革命诞生在 18 世纪 60 年代，这期间，哈格里夫斯发明"珍妮"纺纱机是工业革命中一系列提高劳动效率的发明中的第一个，被普遍认为代表工业革命的开始。

事实上，当工业革命出现以后，身处其中的英国人并没有意识到重要的变革已经出现。亚当·斯密在工业革命期间完成《国民财富的原因和性质的研究》这样重要的经济学著作，他并没有注意到身边出现的革命性变化。就连李嘉图和马尔萨斯这些生活在工

---

① 马克思恩格斯全集（第 4 卷）[M]. 北京：人民出版社，1958：471.

业革命进行时期的"古典经济学家竟未能认识到发生在他们身边的事情"。不仅经济学领域如此，其他领域亦然。在19世纪前半期的英国人中，根本还无人使用"工业革命"这个词。历史学家马蒂诺、麦考莱在著作中没有使用，狄更斯、迪斯累里的社会小说中也没有出现，在宪章运动的演讲中似乎也没有作出肯定回应。

最早使用"工业革命"这一术语的，是英国著名历史学家阿诺德·汤因比。19世纪80年代初，英国历史学家阿诺德·汤因比作了以"工业革命"为题的讲座，开始把工业革命作为一个重要课题列入历史科学。英国首先采用了这种说法，随后在其他国家陆续推广。当他提出这一概念的时候，甚至遭到强烈的反对；有些学者对工业革命一词的科学性也存在着不同看法，如比尔斯、艾什顿等。乔治·昂文认为："革命是一种突变的过程，当我们回首过去的时候，就会发现，这场革命持续了200年，而且在这以前还准备了200年，所以用革命一词来定义这一时期工业领域的变化似乎不妥。"罗斯托以"起飞"来形容这一时期的经济发展。尽管存在争议，但是"工业革命"这一术语还是被广泛地接受。

9.1.2 工业革命最早在英国出现

工业革命是一系列技术革新的总和。在欧洲各国中，这一时期工业领域的众多发明创造为什么绝大多数是由英国人完成的，而不是欧洲各个国家共同完成的呢？这是一个中外学者反复讨论而经久未衰的话题。事实上，当时欧洲各个国家中，英国并不突出，欧洲商业发展的时候，主要形成了地中海贸易圈，意大利的威尼斯和热那亚是当时的经济中心；北海贸易圈汉萨同盟以吕贝克城为首，还有汉堡、科隆、不莱梅；地理大发现以后，崛起的是西班牙、葡萄牙和荷兰，这一时期很少提到英国；18世纪以后，英国才在欧洲崭露头角。所以，为什么在英国爆发工业革命是学者们很感兴趣的一个研究课题。

人们试图在诸因素中寻找出一两个说明应该在英国首先发生工业革命，但论点提出时往往都碰到了对立面。如果说有利的地理环境和自然条件是主要因素，那么，这些状况在18世纪以前就存在，而且低地国家也有类似的地理因素，为什么工业革命没有发生在18世纪以前的这些国家，或其余低地国家呢？如果说人口革命引起国内市场的扩大和提供了工业劳动力的来源是主要因素，那么，荷兰、爱尔兰，稍后在挪威与瑞典也经历了相同的人口增长，为什么在这些国家没有伴随出现英国似的经济高涨？如果说特殊的社会结构和商业资本的丰厚是主要因素，荷兰先于英国进行了农业革命，荷兰社会同样具有开放性和流动性，荷兰前工业社会的资本积累更为丰厚，为什么荷兰没有从重商主义和海运霸权跨入工业文明呢？如果说突然爆发的技术革新和发明天才是主要因素，那么，在法兰西也有高水平的机械发明，它的科学进步是惊人的，工业革命为什么没有起源于法国？如果说英国人比其他欧洲国家的人更加聪明，这一点更没有科学性。

因此，工业革命在英国出现只能是各种因素相互交叉作用的结果。埃文斯说："我们能在欧洲其他国家看到他们具备其中一个或几个因素，有的甚至更加显著。但是，只有英国具有如此丰富的各种因素的结合。"这些因素的积累触发了一种连锁反应，即一个递增的、自我持续的技术发展过程，这就是英国的工业革命。那么，到底是哪些因素促使英国首先发生工业革命呢？这主要是下列因素促成英国的工业革命。

9.1.2.1 农村中出现的圈地运动为工业革命的出现创造了条件

圈地运动也不是英国所独有，欧洲其他国家也在这一时期出现了圈地运动，但是规模和范围都不及英国。15世纪末叶、16世纪初叶，欧洲直通印度新航线的开通和美洲大陆的发现，以及环球航行的成功，使英国的对外贸易迅速增长，进一步刺激了英国羊毛出口业和毛织业的发展。羊毛价格不断上涨，养羊业成为获利丰厚的事业，往往10英亩牧场的收益超过20英亩的耕地。英国圈地运动最早从工商业较发达的东南部农村开始。地主贵族最初圈占公有地，后来圈占小佃农的租地和公簿持有农的份地。这种情况在英、德、法、荷、丹等国都曾先后出现过，而以英国的圈地运动最为典型。所谓圈地，即用篱笆、栅栏、壕沟把强占的农民份地以及公有地圈占起来，变成私有的大牧场、大农场。根据1630年和1631年的调查报告，莱斯特郡在两年内圈地10万英亩，大部分圈占地变成牧场。大批农民被迫出卖土地，或远走他乡，或到处流浪，陷于极端悲惨的境地。当时一位著名的作家托马斯·莫尔在一本叫作《乌托邦》的书中写道："绵羊本来是很驯服的，所欲无多，现在它们却变得很贪婪和凶狠，甚至要把人吃掉，它们要踏平我们的田野、住宅和城市。"圈地运动的后果是：一方面，大部分破产农民流入城市，成为雇佣工人和产业后备军，为产业革命提供了廉价劳动力；另一方面，使英国农村阶级结构发生变化，过去农村是封建地主把土地出租给农民耕种，圈地运动以后，地主变为资本主义农场主，雇佣农业工人在圈占的土地上劳动，确立了资产阶级的土地私有制和大租佃制农场的经营方式。同时，在农村中，把财富集中到少数人手中，为机械化大生产奠定了物质基础。

9.1.2.2 英国城市中也发生了许多重要的变化

具有封建特点的行会制度瓦解，代之兴起的是有资本主义特色的行业公会、合伙公司、股份公司等新的企业制度。地理大发现导致世界市场的突然扩大和需求大爆炸，使英国与外贸有关的工场手工业获得了长足发展，分料到户制和集中的手工工场成为工场手工业新的组织形式。为适应商品经济的发展，出现了银行、交易所等，近代金融制度产生了。在重商主义学说和政策的影响下，英国社会生活出现商业化趋势，打破了自然经济的发展模式。

9.1.2.3 英国资本主义市场体系逐渐完善，市场机制逐渐形成，表现为一系列制度的建立

在资本主义萌芽阶段，虽然打破了封建主义生产关系，但资本主义生产关系尚不健全，制度本身并不完善，市场的运行机制尚未形成，市场竞争基本上是无约束的，市场是混乱的，充满了投机欺诈和掠夺性。商业中普遍存在缺斤短两、以次充好等对消费者的欺诈。例如，南海泡沫事件就是一个典型，为了推销股票，公司以欺骗的方式引诱投资者购买股票。由于制度不健全，各种明目张胆的掠夺也时有发生，如圈地运动、海盗行为、侵占殖民地等。

这一切不但使社会经济造成极大混乱，而且从整个社会经济运行来分析，降低了效率。因此，当时英国社会迫切需要对市场制度进行完善，以使竞争能够公平、合理、有

序。这种要求来自两方面：一方面，在混乱中获利最大的集团，他们希望将掠夺到的财产合法化、固定化，保护他们的既得利益；另一方面，被剥夺得一无所有的劳动者，他们对混乱的状态已经忍无可忍，多次爆发要求建立秩序的公众行动，如反田地起义、平等派运动以及后来的卢德运动等。英国通过一系列法律法规的制定，构建了社会秩序体系，为经济的发展创造了条件。

9.1.3 英国在市场秩序构建方面的努力

工业革命前夕，英国政府在构建市场秩序方面作出了巨大的努力，取得了显著的成效，主要表现在以下方面。

9.1.3.1 制定了保护财产和合同的法律

1679 年通过《人身保护法》，给私人的生命财产以法律上的保护，确定私有财产神圣不可侵犯，对于侵犯私有财产的行为给予严厉惩罚。明确私人财产排他性的控制权，是进行商品交换的先决条件，是市场机制构建的重要基础。同时，政府还颁布了无数的关于商品交易、证券交易相关的法案，主要有《期票法》《合伙契约法》《货物买卖法》等。一系列法律法规的建立，规范了市场行为，为市场机制发挥资源配置作用打下基础。

9.1.3.2 建立了保护消费者的商品检验制度和价格控制制度

为确保商品质量，应建立公平的价格机制。因为在市场交易过程中，存在信息不对称的问题，商品消费者通常对于商品的质量、成本、性能等，占有的信息不如商品生产者多，只有建立相应的制度，才能防止商品生产者对消费者的欺诈。

9.1.3.3 制定了保护发明者的专利法

1624 年，英国颁布了《专利法令》，专利制度的建立为知识财产的所有权提供了法律依据，使创新的私人收益率接近社会收益率，从而鼓励了发明，为工业革命时期大量的发明出现提供了动力。瓦特起先在格拉斯哥的一家钟表店里当了学徒。瓦特自与博尔顿合作之后即在资金、设备、材料等方面得到大力支持。瓦特在发明过程中耗资巨大，使富裕的博尔顿也濒临破产；但是后来瓦特发明的蒸汽机获得了成功，在 11 年的时间里给他带来了 76000 磅的专利税。可见，如果没有专利保护法。人们的创新性发明就会失去动力，就不可能涌现出众多的发明创造。

9.1.3.4 制定了保护投资者的《取缔证券投机法》

南海事件后，英国人对股份公司和股票投机产生了恐怖情绪，股份制企业难以融资。制定了该法律不久，私人投资活力又恢复起来。

9.1.3.5 建立了保护劳动者的评定工资制度、《工厂法》和《济贫法》

资本家对劳动者进行残酷剥削，引起激烈的劳资冲突。为缓和阶级矛盾、维持社会稳定，政府通过了工资评定制度、工厂法和济贫法。工资评定制度产生很早，由于物价上涨，政府不断修改评定方法，1700－1750 年曾颁布或重新颁布评定方法有 30 多次。《工厂法》于 1802 年颁布，对劳动时间、劳动保护以及童工的使用和教育做了一些限制、规定。为解决失业与流民问题，政府接管了过去由教会等慈善机构进行的济贫工作，颁布《济贫法》，对广大贫民实行救济。

除此以外，在确定政府与市场机制之间的界限方面，人们逐渐有了明确的认识。政府行为和经济发展有着密切的关系。政府干预是一把双刃剑，具有两面性，它一方面保证了市场秩序，一方面往往限制了经济活动。人们逐渐意识到凡是市场机制能够解决的问题，不需要政府干预，政府的干预只会导致市场机制在资源配置中的效率降低；而在市场机制失灵的领域，才需要政府干预，以扭转市场机制的失灵。有了这样的认识，政府逐渐在经济运行领域退出，政府的定位就是"都市的守夜人"，从而给市场机制发挥作用留下了广阔的空间。在资本主义发展过程中，政府行为经过了 3 次变革。第一次是资本主义形成的早期，重商主义学说占统治地位，政府为了促进国家财富的增加，普遍采取干预市场的行为，限制进口，关税保护；第二次是自由经济理论的出现，随着竞争的有序化，政府的经济职能日益减少，最后限定为保护现存制度，维持经济秩序，自由放任成为成熟市场上政府的行为特征；第三次是在 20 世纪 30 年代以后所盛行的国家干预主义。

9.1.4 资本原始积累

工业革命的爆发必须有雄厚的资本作为后盾，任何国家走上工业化道路，都离不开启动资本。英国从 16—18 世纪完成了资本积累，主要手段有圈地运动、殖民掠夺和对外贸易这几种方式。

圈地运动是对国内农民的剥夺，殖民掠夺和对外贸易是英国原始资本的重要来源。

从殖民掠夺来看，1688 年以前，英国已在爱尔兰、印度、西印度群岛和大西洋沿岸的北美大陆建立了许多殖民地据点。为了争夺殖民霸权，英国先后发动和参加了一系列的殖民战争。通过这些战争，英国击败了争夺殖民霸权的主要对手法国、荷兰、葡萄牙和西班牙等国，夺取了大片殖民地。1788 年，英国在澳洲建立了殖民据点悉尼港，以后加紧向澳洲移民。到 18 世纪最后 30 年，英国变成了一个庞大的殖民帝国，成为世界最大的贸易区的中心。英国在对殖民地的统治过程中，大量掠夺殖民地财富。例如，英国在对印度进行殖民统治期间，掠夺到的财富估计达到 10 亿英镑，为资本原始积累创造了条件。

从对外贸易来看，英国成立特许公司，在殖民地利用垄断操纵价格，牟取暴利。例如，英国的东印度公司在与印度贸易中采取不平等交换获得巨大利益，印度的胡椒每磅 2 便士，运到英国后卖 20 便士；丁香每磅 9 便士，在英国卖 6 先令；生丝每磅 7 先令，到英国价值 20 先令。英国又将此类殖民地物产转运到西欧、北欧各地，当然赢利更丰厚。据统计，1660—1760 年间，英国的出口贸易翻了 3～4 倍，1660 年为 410 万磅，1760 年增至 640 万磅。在所增加的 230 万磅中，有 1/2 强来自转口贸易。除此以外，英国通过罪恶的奴隶贸易获得巨大利益。在 18 世纪，英国是最大的奴隶贸易国，1686—1780 年，共向美洲贩卖了 230 万黑奴。1783—1793 年，仅利物浦的商人贩卖奴隶就达 333000 人，获利 1200 余万英镑，平均每年 111.8 万英镑。18 世纪，英国向法国、西班牙的美洲殖民地输入了 50 万黑奴。英国的大商人、船主和贵族就是依靠这种

罪恶贸易发了横财。

英国通过圈地运动、殖民掠夺和对外贸易等手段，剥夺国内和国外的资本，把财富集中到少数人手中，为工业化的开始进行了资本的原始积累。

9.2 工业革命的过程

工业革命最直接的表现是技术革命，一系列新式机器的发明，使劳动生产率几十倍甚至上百倍的提高，极大地促进了经济的发展。英国传统的纺织业是毛纺织业，棉纺织业因技术落后一直没有发展起来，国内消费的棉布主要来自印度。为了保护国内毛纺织业、棉纺织业的发展，1720 年国会通过议案，严格禁止由印度、波斯和中国输入棉布。禁止棉布进口的政策，使国内棉布价格上涨，经营棉布成为有利可图的事业，刺激了英国棉纺织业的技术革新。

9.2.1 棉纺织业

棉纺织业的机器革命是从工具开始的。1733 年，约翰·凯伊发明飞梭，这个简单的装置使织布效率提高了 1 倍，棉纱生产开始供不应求，甚至导致"纱荒"。这就诱发了棉纱生产的创新。

1735 年，英国技工约翰·怀特发明一台自动纺筒和翼形纺锤的卷轴纺车，这项发明成为由手工纺纱向机器纺纱技术过渡的一项重大突破。之后，各种纺纱机在此基础上不断改进并发展。马克思对这种纺车的发明曾给予极高的评价，认为它宣告了工业革命的开端。

1764 年，英国技师 J. 哈格里夫斯（1720—1778）发明了"珍妮"纺纱机，又称多抽纺纱机，一人手摇纺机，可同时带动 8 枚纺锭。后经多次改进，纺锭增加到 16 枚、80 枚、130 枚，极大地提高了纺纱效率。同时，由于珍妮机的操作极为费力，它产生的影响一方面是使男工代替女工成为纺纱的主要劳动力，另一方面导致水力纺纱机的诞生。

1769 年，B. 阿克莱特（1732—1793）发明了水力纺纱机，一台纺纱机能带动几十枚纱锭，纺出的纱线坚韧结实。这台纺纱机优于"珍妮"纺纱机之处，在于它不仅可以纺出纬线，同时也可纺出经线，其质量可以与手工纺出的纱线媲美，并且经得住漂白和印染，用这种棉纱织布，其质量不亚于印度棉布。1786 年，水力纺纱机应用于生产，这种纺纱机体积较大，必须安装在有水流落差的地方，不适合家庭生产，于是开始建立纺纱厂，排挤个体纺工。

1774—1779 年，英国织工 S. 克朗普顿（1753 — 1827）综合了"珍妮"纺纱机与水力纺纱机的优点，发明了一种性能更为优良的纺纱机，称为"骡机"，又称走锭精纺机。这种利用水力推动的纺纱机，一次可以带动 300 枚~400 枚纱锭，纺出的棉纱质地优良，格外精细，优于印度棉纱，且生产效率很高，使昔日贵如丝绸的棉布变成廉价商品。

1825 年和 1830 年，英国机械师 R. 罗伯特先后两次设计出能够持续工作的自动纺纱机。此后，许多发明家继续对这种纺纱机进行改进，使其性能逐渐完善。1830—1880年的 50 年间，英国棉纱产量增加 1000 倍，实现了纺纱机械化。

纺纱机的发明和应用，使织布速度相形见绌。为了解决纺与织的矛盾，需要新式织布机。1787 年和 1792 年，英国教士 E. 卡特莱特（1743—1823）先后发明两种织布机，1787 年发明的织布机用马做动力，两年以后改用蒸汽，使织布基本实现机械化，提高效率 10 倍。随后，英国人 J. 纳思罗普和德国人 J. 盖普勒又先后制造出自动织布机。1813 年，英国已有 2400 台自动织布机运转，其中一部分用水力推动，一部分用蒸汽机推动。

蒸汽机的出现有其必然性。纺织部门的机器发明之后，人力不能推动巨大、笨重的机器转动。最初，机器借助风力和水力推动。但是，自然力受地理和季节变化的影响，遇到枯水季节或无风天气，机器不能运转。因此，急需发明一种超越人力、畜力或自然力的动力机，于是诱发了蒸汽机的发明。蒸汽机的发明是整个技术革命的关键点。它从动力着手，是取代人力、自然力、畜力的机器。在瓦特之前，蒸汽机已使用多年，不过仅仅是用来抽水。瓦特在两位企业家罗金斯和波尔顿的支持下，对蒸汽机进行了再发明，于 1782 年试制成功复动式蒸汽机，并于 1785 年运用于纺织业作为动力使用。这是一场动力革命，它具有特别重要的意义。首先，蒸汽机的使用使工厂进一步摆脱了自然条件的限制，因为蒸汽机消耗煤和水而产生动力，它的动力完全受人控制，可以移动，在厂址选择上不受地点条件的制约。其次，蒸汽机的使用使机器体系日臻完善。机器体系包括三部分：一是工具机，二是传动机，三是动力机。工业革命从工具机的革命开始，在水力用作纺织动力的同时，传动装置也发展起来，但水力不能随机器其他部分移动，因而难以真正成为机器的组成部分。蒸汽机的发明，使机器的三个部分结成不可分的整体。蒸汽机的使用，还加速了机器的运转，要求工人密切协作，使工厂管理技术得到进一步发展。蒸汽机出现以后，大量近代工厂如雨后春笋般出现。

纺纱机和织布机的发明及广泛运用，引起了纺织工艺及其装备的根本性变革。许多新发明的机器，接二连三地占领手工劳动的阵地。1783 年，苏格兰人托马斯·培尔发明滚筒印花机，革新了布匹印花技术，提高工效 100 倍。1792 年，美国人 E. 惠特尼（1765—1825）发明轧棉机，实现棉花脱籽工序的机械化。这项技术很快传入英国，一人操作这种轧棉机，每天能轧棉 1000 余磅；在此之前，每人每天只能轧棉 5 磅~6 磅。此外，还出现了净棉机、梳棉机、卷线机、整染机等一系列机器。毛麻丝纺织业在 19 世纪初也逐渐采用了各种机器。

机器的发明和使用使纺织业空前的繁荣。1771—1775 年，英国每年进口皮棉约 500 万磅，1841 年进口 5.28 亿磅，1844 年达到 6 亿磅。1760—1827 年，英国棉纺织业生产增长了 20 倍。1834 年，英国出口棉布 5.56 亿磅、棉纱 7650 万磅以及棉织刺绣制品 120 万磅。英国成为当时世界上最大的棉纺织品出口国。

9.2.2 采矿业与冶金业

采矿是个古老的行业，很早人们就对地球上储藏的矿产资源进行开采，而蒸汽机被应用于生产以后，人们对煤炭的需求量大幅度增长，为了提高采煤效率，各种新形式机器被发明出来。18世纪末至19世纪初，在采矿业中相继发明了许多机器，如钻探机、钻探锤、钻探车、空压机、硬煤粉碎机、通风机等。此外，1813年采用了蒸汽凿井机，1815年发明了安全灯，1820年用曳运机代替人工背运。1844年英国人凯特、1848年英国人法宾安发明了不同类型的钻探机，钻探深度达200余米。

采矿业中机器的发明及其应用，极大地促进了矿石开采量的增长，使采矿业迅速发展成为英国资本主义经济的一个重要部门。19世纪20年代，世界采矿业每年总开采量为1730万吨，60年代达到2.253亿吨。其中，英国硬煤开采量居世界第一位，20年代约占世界硬煤总开采量的87%，60年代占50%。采煤业成为英国采矿业中最重要的部门之一，煤成为伦敦和其他一些大城市的家庭及某些生产部门的主要燃料。有人甚至认为，英国地下丰富的煤成就了英国的工业革命，它为工业、农业、采矿业、交通运输业的机械化提供了充足的燃料、能源。

随着机器的不断改进和日益复杂化，钢铁取代木材，成为制造机器的主要材料，因而对铁和钢的需求量越来越大。冶金业的技术进步，由化学元素的发现引起，由冶炼技术革新与铸造加工和机器发明两部分组成。在冶炼技术方面，1709年，亚伯拉罕·达比（1677—1717）初次将煤烘制成焦炭，冶炼生铁，取得初步成功，但技术尚不成熟，炼出的铁质量不高，该方法未能广泛流传。1735年，其子A.达比（1711—1763）改进了制造焦炭的方法，并加大水力鼓风机，提高高炉温度，除去硫黄和其他杂质，将生石灰和其他催化剂与矿石混合，避免金属在熔化时变质，结果用焦炭炼出了熟铁。这项发明是冶金工业的一次重大革命。1783年，彼得·奥尼恩斯和亨利·科特发明了"搅炼"和"碾压"精炼法，提高产量20倍。

为提高铁的产量，扩大了高炉的容量，继续改进鼓风系统，增加鼓风机的风力。18世纪50年代，离心鼓风机得到广泛应用。1788年之前，已经出现了金属拉长、切削和加工的机器，后来又发明了钻枪炮筒的钻孔机。1797年，亨利·莫兹利发明了导轨和制造螺丝钉的机器。1790年托马斯·克利福德，1796年S.格皮先后发明和改进了制钉机。此外，还出现了许多较为复杂的专用机器。

冶金技术的进步和金属加工技术的提高使铁的应用更加普遍，也使英国生铁年产量大幅度增加，1780年为4万吨，1788年为68000吨，1796年增加到12.5万吨，1806年达到了250000吨，1852年达到270.1万吨，1856年提高到358.6万吨，在70多年间提高近90倍，1880年更达到774.9万吨。18世纪初叶，英国所用的铁2/3来自国外，而到了18世纪末叶、在工业革命的推动下，英国已成为欧洲重要的钢铁出口国。

9.2.3　机器制造业

蒸汽机发明之前，机器大都是木制的，木制机器可以靠手工完成。18世纪末19世纪初，机器多由手工工场生产，机器制造本身尚未摆脱手工业的范畴。蒸汽机发明之后，木制的机器不能承受蒸汽动力带来的震动，于是开始采用钢铁制造机器。铁制机器的出现，明显地超出人力的负荷范围，无法用手工完成生产。同时，纺织机与蒸汽机的出现和广泛应用，推动了各产业部门的机械化，因此，对工作机的需求量急剧增长。这时，如果利用手工制造机器，则产量少、价格昂贵，制造过程还极其缓慢，不能满足对机器数量和质量的需求，机器的可靠性和精确度也存在问题。因此，制造机器只能通过工作母机加以解决，即由机器来制造机器。

18世纪末期，工具制造的精密度和准确度不断提高，人们已经能够解决金属切割的机械化问题。1775年，英国机械师J. 威尔金森设计了一台车床模型。1798年，英国著名机械师H. 英兹利对车床模型进行改进，制造出车床，成为机械制造业发展史上的一个重要里程碑。19世纪初，机器生产标准化。1814年，英国人福克斯发明刨床。1842年，英国人惠特次思发明完全机械化的刨床。19世纪前半期，英国已经能够制造各种车床、铣床、水平平面刨床、钻床（悬臂钻床）、旋制外螺纹车床、蒸汽锤等工作母机；同时，还发明了带车刀和导轨的车床。机工能够轻便、迅速地操作机床，制造机器所需的各种几何图形部件，如加工直线、平面、圆筒、圆锥、球体等形状的部件。

19世纪20年代，英国建立机器制造业，出现了蒸汽机、纺织机和蒸汽机车等机器制造工厂。19世纪中叶，机器已能成批生产，英国机器制造业作为大工业部门基本形成。英国制造的蒸汽机、各种工作母机、火车头、农业机器等，质量优良，远销世界各地，在国际市场上占有垄断地位，英国成为"世界工厂"，开始向世界市场大规模提供生产工业品的机器。

9.2.4 交通运输业

一般来讲，交通运输业包括水上交通运输和陆地交通运输两个方面。在工业革命期间，英国交通运输业取得革命性进步。

9.2.4.1 水上交通运输的革命表现为运河的开凿和造船技术的更新

在技术创新不断涌现的同时，煤炭需要量出现激增，为了解决煤炭运输问题，英国开始兴建运河。1759年，在沃尔斯利煤矿到著名的工业城市曼彻斯特之间修造了第一条运河——沃尔斯利运河。这条运河于1761年竣工，是英国第一条现代意义的运河。它的开通不仅解决了曼彻斯特运煤问题，并使英国从此开始了兴建内河运输网的热潮。19世纪40年代初，英国已修建人工河道3960公里（不包括苏格兰和爱尔兰），连接各个重要地区的运河网已经形成。

运河是水上运输的通道，在运河大量修建的同时，人们也对水上运输工具进行了改进，特别是蒸汽机这种动力机器出现以后，人们就开始思考以机器作为推动船只航行的动力，改变过去依靠风力或人力作为推动力的状况。但是，由于蒸汽机动力强大，木制的船只无法承受，于是出现了用钢铁制造船只，最终英国人发明了轮船。轮船不仅航行速度快，而且载重量更大，提高了水上运输的效率。19世纪末，英国建立了世界上最大的蒸汽机船队。在造船业兴盛的同时，英国投入大量资金发展航运业配套设施，沿海岸修建灯塔、灯船，扩建港口、船坞、堤岸、堆栈等，置备起重机和其他装卸设备。

9.2.4.2 陆路交通运输的革命表现为公路的建设和铁路的兴起

筑路工程师梅特卡夫、特尔福德、多克亚当等发明的新筑路方法，使公路质量大为提高。他们用石块铺设坚硬路基，上面压上泥土、沙砾和碎石的混合物，中间略高，路面呈适度的弧形，防止积水。用新方法修筑的公路，大大提高了运输速度。19世纪30

年代，长途旅行所需的时间大约缩短到 18 世纪 80 年代的 1/3 到 1/5。这一时期，私人投资修建收费公路风行一时。

不过，陆上交通运输革命中最重要的是铁路的兴建。最初的铁路也是为解决煤炭运输，所以，第一条铁路实际上是建在矿区的木轨道上，货车用马牵引。以后，木轨道上包上铁皮，又改为使用铸铁和钢。在蒸汽机车被发明出来以后，1836 年，英国开始出现修建铁路的高潮。据 1843 年统计，大不列颠已有 1498 英里的铁路通车。19 世纪 40 年代中期，英国出现了第二次修建铁路热潮，到 1850 年，英国的铁路为 6084 英里，1860 年为 9070 英里，居欧洲各国的首位。英国铁路网在 19 世纪 50 年代形成，伦敦自那时起成了当时世界上最大的铁路枢纽。

交通运输业的革命造成了持久、深刻的影响。交通运输业的发展不仅为原材料、燃料、制成品、劳动力的运输提供了更为廉价、快捷、便利的方式，而且具有产业带动性。据统计，每建设 1 英里的铁路，铁轨、机车、车辆和道岔就需要金属制品 5000 多普特[1]。从 19 世纪 70 年代起，钢取代熟铁做路轨后引起炼钢业大发展。世界各国钢的产量从 1870 年的 50 万吨猛增到 1900 年的 2800 万吨。最重要的是，运输业的经济效益远远超过了提供运输的意义，它连接了城市和乡村，打破了农村的封闭状态，打破了时间和距离的传统关系，改变了人类几千年来的生活方式，增加了无法估计的社会效益。

英国的这轮技术创新从 18 世纪 60 年代开始一直延续到 19 世纪 40 年代。在不到 100 年的时间里，英国建立了纺织业、采矿业、冶金业、机器制造业、运输业为主的工业体系。

9.3 工业革命的影响

工业革命不仅是技术上的革命，它对英国乃至整个人类的社会、经济生活都产生了极其深远的影响，它使人类进入了工业文明的新时代。工业革命是一次生产力的全面变革，既改变了生产技术和劳动工具，也改变了产业结构。

9.3.1 社会经济关系的革命

经过工业革命，纺织、冶金、煤炭、机器制造和交通运输成为英国工业的五大基本部门，英国从一个农业国变成了工业国。工业革命所创造的巨大生产力是以往任何时代都望尘莫及的，各主要工业部门的劳动生产率和生产量都成倍成 10 倍地增长。在纺织业中，到 19 世纪 20 年代，纺纱工用机器纺纱的效率是手工纺纱的 250 倍。生铁产量，英国 1790 年为 7 万吨，1850 年为 229 万吨，增长 32.7 倍。1850—1870 年，英国的煤产量为 0.5~1.12 亿吨。从交通运输的角度来看，1860 年，马车时速是 8 公里，而铁路时速是 64 公里；运河牵拉轮船的速度是 3.2 公里/小时，工业革命以后海洋汽船的速度是 24 公里/小时。

工业革命最显著的表现莫过于人类社会从农业时代走入工业时代，它使经济结构发

---

① 普特是重量单位，1 普特≈16.38 千克。

生了翻天覆地的变化。在英国，1688 年约有 75％的劳动人口从事农业，1801 年有 35％，1841 年减少到 23％。同期，英国的国民收入中农业的比重，1801 年占 32％，1841 年占 22％，工业所占比重却由 23％提高到 34％，若再加上服务业（包括交通运输业和通讯业），1841 年工业比重增加到 78％。工业的地位已大大超过农业，改变了以前以农业为主的经济结构。工业的迅速增长和较高利润，吸引了越来越多的资本和劳动力。工业已从原来附属于农业的地位，上升为举足轻重的国民经济部门。

劳动力市场的形成，使人们摆脱封建人身束缚关系，人口可以自由流动，劳动力价格由供给决定，而不是支付固定工资，劳动力供应短缺时，工资上涨；而劳动力供应丰富的时候，工人工资下降。但是，为了保证在物价变动时不损害劳动力再生产，规定了工人的最低工资水平。

9.3.2　生产方式的转变

机器的发明尤其是阿克莱特水力纺纱机的出现，逐渐排挤分散的家庭作坊，生产场所由家庭进入工厂。1771 年，阿克莱特在克罗姆福德建立的纺纱厂是首批建立的工厂之一，其规模远远超过当时存在的纺纱工场。该工厂的动力由一台巨大的水车提供。后来，他在兰开夏建立了几座类似的工厂。1780 年，英国建立的阿克莱特式纺纱厂已达 143 座，其中许多工厂的工人达 700 人~800 人。阿克莱特被称为"工厂制度之父"，工厂制度以其强大的竞争力，逐步排挤一个个行业的手工作坊，掌握一个个产业部门，使社会生产方式彻底变革。不过，这样的排挤过程经历了一段时间，尤其是最先发展起来的英国棉纺织业，遇到了手工业者的顽强抵抗。手工业者力图以过度劳动、降低生活费用等办法来维持存在，但终究在 19 世纪 30 年代被大机器无情地消灭。手工工场的工人、包买商控制下的手工工人和独立的手工业者，渐渐变成大工厂的工人，工厂制度统治了各个生产领域。

工厂内部劳动的分工和专业化的发展，使生产、设计和管理等部门各司其职，改变了以往凭经验的工作和思维方式，向科学化过渡。技术设计部门由工程师组成，负责设计生产工艺和生产流程，以达到更有效地考核个人绩效和更快地提高生产率的目的。销售部门在产量扩大的情形下越来越重要。19 世纪 60 年代，销售部门的主要工作是推销部分库存产品和代表厂方签订承办合同。各个部门分工的明确使工厂主不再需要直接管理生产过程、进行产品开发或推销产品，他的工作重心转移到平衡各个部门的发展、做出重大决策和监督各部门的工作绩效上来了，工厂的管理出现层次化。

9.3.3　人民生活的变化

人民生活的变化表现为收支水平和结构的变化，以及生活观念的改变。

首先，收入受到劳动力市场上供求关系的影响。当劳动力供不应求时，劳动力价格即工资水平提高；相反，当劳动力供过于求时，工资水平下降。市场机制成为决定劳动力价格的主要因素。这样形成了不同地区、不同部门工资水平的不同。一般来讲，农村的劳动力价格低于中小城市，中小城市劳动力价格低于工业发达的大城市，技术要求较高的部门工资水平高于技术要求不高的部门。

其次，收入分布出现不均衡。社会形成若干阶层，纯粹的体力劳动者在各个社会群体中收入水平最为低下，掌握一定技术的工人收入水平相对较高，而商人、工厂主成为社会上收入最高的人群，他们虽然人数总量不高，但拥有较高比例的社会财富。他们利用掌握资本的优势、对产业工人的剥削，集聚了大量资产。基尼系数与过去相比，大大提高。

第三，社会整体生活水平提高。工业革命导致社会财富迅速增加，尽管无产阶级承受资产阶级的剥削，但是总体上看，人民生活的平均质量与工业革命以前相比发生重大变化，消费结构改革。从肉类消费来看，1863 年，英国人均消费量 52 磅，1880 年达到 108 磅，而 1904 年达到人均 130 磅以上。人们除了满足生活所需要的基本消费外，有更多的资金可以用于娱乐、奢侈品和教育、旅游消费上。社会恩格尔系数呈逐渐降低的趋势。

第四，新的生产方式也影响着人们的生活观念。农业社会时期，人们普遍没有时间观念，日出而作，日落而息，劳动时间非常自由，基本处于无约束的状态。而工厂制度形成以后，人们的时间观念明显增强，按照工厂的规定，准时上下班，旷工、早退、迟到的行为逐渐被人们抛弃。人们的纪律性明显增强，逐渐认识和接受制度与规则的约束，在生产过程中相互协作，形成了与以往不同的生活规范，新的生活理念逐渐形成。

工业革命后，英国的工业在世界上遥遥领先，到 19 世纪中期，获得了"世界工厂"的地位。英国的海上霸权也得到加强。英国的工业品倾销所到之处无坚不摧。它的领先地位一直保持到 19 世纪 70 年代。1870 年，英国在世界工业生产中占 32％，美国占 23％，法国为 13％。1870 年，英国的采煤量占世界采煤量的 51.5％，生铁产量占 50％，棉花消费量占 49.2％；贸易额占世界贸易总额的 25％，几乎相当于法国、美国和德国贸易额的总和；商船吨位超过荷兰、法国、美国、德国和俄国商船吨位的总和；伦敦是世界金融中心；英国还是世界上最大的资本输出国和拥有殖民地最多的国家，国力强大，号称"日不落帝国"。

英国的强大，引起他国的效仿。其他国家纷纷引进英国的技术、设备和工人，试图也在自己的国家内实现工业革命。继英国之后，法国、美国、德国，以及欧洲一些国家，如比利时、瑞士、奥匈帝国①等在 19 世纪上半叶先后发生了工业革命。俄国和日本也在 19 世纪 60 年代走上了资本主义的发展道路。这些国家都认识到一个真理：只有通过工业革命和工业化，才能进入现代社会，只有通过工业化才能实现现代化。

---

① 1867 年，奥地利帝国改为奥匈帝国，是当时欧洲传统强国之一，地跨中欧、南欧、东欧的一个幅员辽阔的大国。第一次世界大战结束后，1918 年奥匈帝国开始逐渐分裂为多个国家，包括现在的奥地利、匈牙利、捷克、斯洛伐克、波兰等。

10　工业革命的扩散

工业革命以后，英国为了保持技术上的领先，曾经通过法律手段，禁止工业革命的成果向其他国家扩散。但是，工业革命促进生产力的巨大发展对各个国家都具有极大的吸引力，欧美等国不择手段引进英国的技术，使工业革命的成果很快向其他国家扩散。

10.1　美国的工业革命

10.1.1　美国的历史简介

美国是一个历史很独特的国家，与欧洲相比，美国是一片新大陆，不存在封建割据市场的现象，美国建立市场机制、发展资本主义生产关系要比欧洲国家容易，就像一张白纸，可以在上面任意涂抹。

1492 年 10 月 12 日，哥伦布发现美洲大陆；1584 年，英国女王伊丽莎白一世为占有美洲未知土地，令其宠臣罗利爵士派遣探险队考察北美东部沿海一带。罗利爵士考察后认为，北卡罗来纳以北之地宜于移民垦殖和定居，是一片尚未被开垦的处女地，便命名为弗吉尼亚。1607 年，英国有 3 艘船只行驶到北美，殖民者史密斯等在弗吉尼亚亨利角登陆，并定居下来，建立了英国在北美的第一个殖民地——弗吉尼亚。在以后的100 多年间，英国通过战争抢夺和其他手段，在北美大西洋沿岸一共建立了 13 个殖民地。

作为殖民地，北美地区在与欧洲或其他地区进行商品交换的过程中，承受着不平等的待遇。在当时重商主义的影响下，殖民地被认为是为宗主国经济繁荣服务的，殖民地应当是宗主国原材料的供应地，也是商品的倾销地。此时，美洲殖民地出口的是自然产品，以农作物、木材、鱼类和肉类为主，而生活用品、工业制品则从国外进口。英国为了垄断其在北美殖民地的贸易，制定了一系列航海法令，其中有这样一些规定：其他国家销往英国在北美殖民地的产品，必须先运到英国港口缴纳关税和佣金，才能运到北美殖民地销售；北美殖民地出口到其他国家的商品，也必须先运到英国港口交纳关税，然后才能再转运到其他国家。而且，商品的运输由英国船只垄断，英国及其殖民地全部进出口货物必须由英国的船舶装运，船舶的船长和 3/4 以上的船员必须是英国人。

英国向北美输出的商品主要是毛纺织品和金属制品，为了避免北美殖民地成为其产品的竞争对手，还对殖民地的工业加以控制，训令殖民总督阻挠北美一切制造业的发展，尤其是羊毛加工和炼铁工业。因为英国对北美殖民地的出口贸易中，一半是羊毛织品。英国于 1699 年通过毛织品法令，禁止殖民地进口英国以外的毛织品，或者把毛织品从一个殖民地运到另一个殖民地，随后又取消了北美从英国进口毛织品的课税；同时，规定殖民地不得建立炼铁炉，不得使用碾房或引擎碾铁或切铁，不得用轮锤锻打铁板等。

英国对殖民地的这些措施，明显地造成了交易主体的不平等。英国利用其宗主国的地位对殖民地进行超经济掠夺，引起了北美殖民地人民的强烈不满，这是美国独立战争爆发的原因之一。

10.1.2 独立战争与 1812 年战争

美国独立战争，是指英国和其北美十三州殖民地之间的一场战争。由于英国对殖民地经济与贸易上的控制严重阻碍了北美殖民地经济的发展，为了对抗英国的经济政策，北美人民进行了抗争。1775 年 4 月的莱克星顿枪声标志着独立战争的开始，经过不懈的努力，终于赶走了英国殖民者。1776 年 7 月 4 日，大陆会议通过了由托马斯·杰斐逊执笔起草的《独立宣言》，宣告了独立战争的结束和美国作为一个独立国家的诞生。经过北美人民的艰苦抗争，终于在 1783 年迫使英国承认美国的独立地位。独立战争结束了英国的殖民统治，实现了国家的独立，确立了比较民主的资产阶级民主政体，有利于新兴的美国发展资本主义。

美国取得独立以后，脱离了英国的殖民统治。英国为了制裁美国，限制美国经济发展，于 1783 年又制定了一个航运法令，禁止美国的船只进入被英国控制的西印度群岛的港口，并且对出入英国港口的美国船只征收重税。这对于严重依赖英国的美国人来说，无疑是重大打击。美国农场主的利益因为英国的航运法令而受到了损失。农民和农场主认为英国没收了美国的船只，强迫美国的海员服役，影响了农产品的出口，致使农产品跌价；美国人对英国舰队在公海上袭击、拦截美国船只，劫捕美国海员，封锁美国港口并从英国控制的加拿大殖民地把武器供给反抗美国政府的印第安人部落深感不满，美英矛盾不断加剧。1809 年，美国 J. 麦迪逊政府通过了同英、法断绝贸易关系的条例。1811 年 5 月 16 日，英美海军发生冲突。

一系列的事件导致 1812 年 6 月 18 日美国向英国宣战。这是美国独立后第一次对外战争，美国历史上把这场战争称为"第二次独立战争"。战争初期，由于实力上的差距，美国处于被动局面。1814 年夏季，英国大批军队登陆美国，8 月下旬占领美国首都华盛顿，焚毁了国会大厦等建筑物。这场战争是美国历史上第一次，也是到目前为止唯一一次美国首都被外国军队占领。这场战争持续到 1814 年末。战争后期，美国在战场上取得优势。1814 年 12 月 24 日，双方签署和约，宣告战争结束。

两次战争为美国赢得了极高的国际声望，使民众爱国热情高涨。战后，美国成立了西点军校，开始大力为美国军队培养职业军官，提高了美国军队的战斗力。1812 年战争对美国的制造业产生了巨大影响。战时英国对美国港口的封锁导致了美国国内工业制品的短缺，却因此促使美国开始工业的起步，各种工厂在美国的土地上建立起来，形成了美国的工业基础，改变了工业品依赖进口的局面。

战后，美国政府开始采用互惠原则建立商务关系。1815 年 3 月 3 日，美国政府通过的法令规定：只要任何一个外国取消了对美国所采取的差别关税和抵偿关税，那么美国也将废除以前规定对外国船只课以吨位税或对这些船只运入的商品课以差别关税的一切法令。1815 年，美国与英国订立互惠条约，取消两国之间直接贸易的差别税；1830年，英国将西印度群岛的港口对美国开放。美国于 1822 年与法国、1828 年与普鲁士分别缔结互惠贸易条约，后来又与欧洲和中美洲、南美洲的许多国家缔结条约，担保在商务上的相互自由权利。一系列互惠条约的签订，标志着美国这一独立国家为国人参与国际市场竞争提供了坚强保证，美国终于以政府的信用与能力为本国的生产者和消费者争到了市场上的平等权利。

10.1.3 美国市场的开放

美国自建国以来，一直致力于向国际市场开放。开放是多层次的，最主要的表现是劳动力市场的开放、资本市场的开放和技术市场的开放。

10.1.3.1 劳动力市场开放

美国人少地多，发展经济受到劳动力短缺的制约。早期的美国特别欢迎移民的到来。美国一些企业因缺乏劳工，到欧洲刊登广告、散发小册子，以高工资和减价车船票等优惠条件招募移民劳工。这样，移民规模在 19 世纪末和 20 世纪初达到高潮。1821—1825 年间，平均每年从欧洲移民美国的人数是 8000 人，1831—1835 年是 5 万余人，1841—1845 年是 8.6 万人，1845—1850 年共有 140 万人移居美国。1815—1914 年的100 年间，欧洲约有 3500 万人移居美国。除此以外，大量非洲人作为劳工也来到美国，分布在各个种植园中，这些非洲黑人大多是在奴隶贩子的强制和暴力胁迫下来到美国的。据估计，到奴隶贸易被禁止时（1808 年），约有 37 万至 40 万黑人被运进美国，也有估计为 50 万或更多的。移民的到来促进了美国经济的发展。

大量移民来到美国为美国工业革命的开展起到重要的作用。首先，移民提供了劳动力。这些移民分布在工业、农业等各个领域，为生产的发展提供必要的劳动力。1910年，外国移民占美国制造业劳动力的 1/3 强，占建筑和运输行业全部劳动力的 1/4，在粗梳毛线厂、煤矿、钢铁厂、采矿厂，移民占一半以上。其次，移民带来了经济发展所需要的资本。很多欧洲移民携带全部家产来到美国，为美国经济繁荣注入了活力。第三，移民带来新的技术。很多移民曾经在英国工厂工作，他们掌握工业革命期间的生产技术，他们的到来为美国的技术进步创造了条件。1790 年，曾经受雇于阿克莱特纺纱工厂的塞缪尔·斯莱特来到美国，并于 1791 年创立了美国第一个近代机器工厂，他仿制的水力纺纱机获得了专利权。欧洲移民帮助美国发展了纺织、钢铁、酿造、钟表、制鞋、成衣等许多新兴的工业部门。第四，移民的到来促进了美国的市场扩张。移民的到来使消费增加，市场规模扩大，为工业化发展打下基础。

10.1.3.2 资本市场的开放

美国的资本市场的开放为美国早期经济发展创造了条件。资本市场的开放包括两个方面，即引进外资和资本输出。

从引进外资来看，呈现规模不断扩大的趋势。1843 年美国引进外国资本仅 1.5 亿美元，1873 年达到 15 亿美元。美国引进的外资在 1904 和 1914 年分别达到 39 亿和 50

亿美元。美国成为当时资本流入最多的国家之一。

从资本输出来看，1870年以前，美国的对外投资不超过7500万美元。随着美国工业革命的进展，对外投资获得了迅速发展，1899年为6.85亿美元，1914年达到35.14亿美元。美国对外投资一般采取直接投资的形式，主要是对加拿大、墨西哥、南美洲的矿业和制造业直接投资。1899年前后，美国也对欧洲发生了兴趣，但很快被亚洲所吸引。美国的对外投资有明显的为本国工业提供原料和占领他国市场的目的。

10.1.3.3 技术市场的开放

技术市场的开放包括技术引进和技术输出两个方面。从技术引进来看，1825年英国取消了禁止机器、机器图样出口和熟练技术人员出国的禁令后，法国、美国、德国、俄国等开始大量引进英国的技术，在本国开展工业革命。这一时期，美国也大量引入英国技术和先进的机器，美国的纺织、采矿、冶炼和铁路、水路交通等部门基本是靠引进技术建立的。在钢铁工业中，美国先后采用了英国的新精炼法、尼尔森发明的热风炉炼铁法、科特的搅拌法、贝塞默的酸性转炉炼钢法等，这些技术使美国的钢铁产量立即大幅增长。

从技术输出来看，19世纪末20世纪初，美国和欧洲工业化国家出现第二次技术革新和发明的高潮。这一时期，有大量发明是美国人完成的，美国利用自己的发明和借鉴外国经验实现经济腾飞，一举成为世界工业头号强国。同时，美国也把这些新技术及新式机器大量出口，不但给美国带来巨大的利益，而且也为其他国家的工业化提供了条件。

10.1.4 国内市场的扩大

国内市场是指一个国家内部各地区、各部门、各经济单元相互联系和相互交流的交换场所。美国独立以后，国内市场的形成、发展非常迅猛。没有任何国家在任何时期像美国那样迅猛地扩大了国内市场。美国工业化发展的一个重要推动力是国内市场的扩大。美国国内市场的扩大表现为以下几个方面。

10.1.4.1 领土面积的扩大

美国自建国之日起就开始不断地开拓、扩张，通过所谓的"西进运动"，把国土从大西洋沿岸狭窄的一条不断地向西推进，横跨整个美洲大陆。1803年，美国从拿破仑手中购得了路易斯安娜地区；1846－1848年，美国与墨西哥发生战争，又把墨西哥一半以上领土划入自己的版图，取得了现在的德克萨斯、加利福尼亚、亚利桑那、内华达、犹他、新墨西哥、科罗拉多州及怀俄明州的一部分；1867年，美国从沙俄手中购买了阿拉斯加。在短短几十年内，美国的领土从230万平方公里增加到了930万平方公里，从大西洋沿岸一直向西推进到了太平洋沿岸。美国领土面积的扩大为广阔的市场空间的形成打下基础。

10.1.4.2 交通运输业的革命

当时的交通运输业包括陆上交通和水上交通，从水上交通运输发展来看，1795年，费城与兰开斯特之间修筑了第一条62英里长的碎石道。这是第一条由私人投资的收费公路。这以后，经济比较发达的东部和北部各州掀起修建收费公路的热潮。到 1807 年，单纽约州就有 67 家公司修建了 900 英里的公路。公路的修建，对促进国内商品流通创造了条件。

在陆上交通快速发展的同时，运河水道的修建同样繁忙。1825 年，完成了伊利运河的修建。这条运河从伊利湖畔的布法罗到赫德河畔的奥尔巴尼，全长 363 英里，运河平均水深 4 英尺，河面宽 40 英尺，沿途有大小水闸 83 个。这是一项巨大的工程。运河完成以后，成百吨的货物和成千上万的移民被送往西部内地，而粮食与其他农产品又源源不断地运回东部沿岸。伊利运河建成之后，各州开始了修建运河的狂热，把大西洋、大湖区、密西西比河及其支流连成了一条条巨大的水道，为国家的初期繁荣发挥了重要作用。

与此同时，铁路运输也飞速发展。1840 年，美国铁路总长度超过 3000 英里；1860 年到 1875 年，美国修筑了第一条横贯美洲的铁路，延长了从大西洋到芝加哥的干线铁路即纽约中央铁路；到了 19 世纪 80 年代中叶，通向太平洋的各条干线都已修建完成。

10.1.4.3　通讯事业快速发展

通讯事业的发展促进了市场空间的开放。1837 年，塞缪尔·莫尔斯发明第一台发报机，它改变了传统的信息传播方式，在人们意识到它的实用性之后，就开始筹建电报线，用电报线路连接各个重要的城市。1840—1874 年间，纽约与波士顿、阿尔巴尼和布法罗通电报，第二年又与克利夫兰、托莱多、底特律和芝加哥通电报。1876 年，贝尔发明电话，电话的出现使信息传递更加迅速、更加直接。所以，美国开始出现铺设电话线路的热潮，电话线不仅遍布美国国内，而且还通过大西洋海底电缆与欧洲各国联通。

交通、通讯业的革命，使得分布于广阔国土上的村镇城市紧紧相联，沟通了相距遥远地区之间的联系，便捷的信息交流也降低了市场运行的费用，促进了不同地区商品的流通，进一步扩大了市场空间。

10.1.4.4　南北市场的统一

1861 年至 1865 年，美国爆发了南北战争，又称美国内战。美国独立后，南方种植园经济和北方资本主义经济产生矛盾。南北战争以后，国家实现了统一，通过了民主的新宪法，使南部各州陆续加入联邦，实行了统一的政治体制。随后，南部经济从英国的外围变为北部投资家和当地富豪开发的资源和推销产品的新空间。木材工业和棉纺织业在南部迅速发展。到 1899 年，南部各州的木材产量占据国内领先地位，棉纺织业打破了新英格兰的垄断地位；到 1910 年，有一半以上的原棉在南部加工。南方也从大量进口英国制成品转为较多地吸收北方的工业品，从而扩大了工业品的市场，形成了南北统一的国内市场。南北战争以后，黑人得到解放，渐渐地成为自由劳动力。奴隶制废除以后的很长时间，黑人中的大多数并没有立即涌向劳动力市场，而是先沦为佃农，最后在竞争中被剥夺土地后，才成为一无所有的劳动者。1900 年，美国有 90% 的黑人从事农业耕作和家庭佣人这两种职业。1910 年以后情况发生变化。第一次世界大战的爆发迫切需要更多的劳动力，同时，棉铃虫、象鼻虫造成的灾害，使黑人在农村只能挣到维持最低生活的收入，黑人渐渐向工业转移。到 1920 年，就业人口有将近 1/3，大约 1500 万黑人从事制造业或家庭佣人以外的其他城市职业，劳动力要素得以在全国流动。

10.1.4.5　商业组织的创新

19 世纪中叶，商业组织出现一些变化：批发商的作用有下降的趋势，零售部门快速发展。效仿欧洲比较成熟的商业模式，美国出现了百货公司、联号商店、邮购商店等商业组织。这时期，商标制和大规模的广告等许多新鲜事物开始出现在商业领域。零售业中出现两项重要的革新，一是采用明码标价的"一价制"，二是推进商品可以退换的"商品保证制"。商业信用也随之得到发展，最先由零售商或厂家给予消费者赊销信用，后来这种信用逐步由银行和金融公司来提供。同时，制造者和消费者为了各自的合法权益，努力使商标制得到推广。商业组织的创新更有利于降低流通费用、促进销售，保护生产者和消费者的利益。

10.1.4.6　地区专业分工的发展

美国国土广阔，不同地区资源禀赋不同，地区的专业化分工早在殖民地时期就形成。随着不断地向西拓殖，美国掀起了大规模的西进运动。西进运动以驱逐印第安人和资本主义大农场的兴起为代表。西部富饶的平原种植的农产品正好弥补了东部因为制造业的兴起而日渐减少的农产品的不足。当俄亥俄和密西西比河流域一带住满了人以后，东部制造商就为他们的产品找到了市场。随着西部边疆的开拓，1850—1890 年，人口中心向西移动了 243 英里，玉米的生产地带也向西移了。这使严重依赖于原料的食品加工业也不得不向西移动。面粉厂从沿海地带向西迁移到伊利运河上的罗彻斯特，然后再迁往芝加哥，最后到达明尼阿波利斯和堪萨斯；肉食罐头工业越过阿勒格尼山脉，1816 年开始于辛辛那提，后来迁到芝加哥和堪萨斯。渐渐地在全国形成这样一个循环市场：东部把制成品运到西部，西部把粮食卖给南部和东北部，南部再把棉花卖给北方。19 世纪中叶，美国形成了三大区际贸易区：五大湖区、密西西比河沿岸和西部的大平原区。这时，美国最重要的工业区集中于大西洋沿岸中部各州和新英格兰，因为那里是最早进行农业革命的地区，有企业家需要的劳动力、玉米食物的供应和推销工业品的市场。南方建立了以木材加工、纺织业为主的工业部门。地区分工的专业化促进了市场交流，支配货流的不仅是地区的需要，而且是整个市场的需要，哪里物美价廉，哪里就成为经济中心。

10.1.4.7　国民生产总值的提高

美国人均国民生产总值提高很快，1874—1884 年，美国人均国民生产总值是 263 美元，1900 年为 502 美元，到 1910 年提高到 611 美元，在近 30 年的时间内增长了 1.3 倍。人均国民生产总值的提高使市场购买力也提高了。

总之，美国自独立以后，国内市场以迅猛的速度扩展，逐渐形成了国内开放的互相联结的市场体系，为工业革命的展开打下了坚实的基础。

10.1.5　美国工业化过程

美国工业化以南北战争为界，分为两个阶段。到 20 世纪初，美国已成为世界经济强国。南北战争前，主要是学习英国，建立近代工业；南北战争后，在新技术革命的推动下，一举实现了工业化。美国曾是英国统治下的殖民地，它的经济结构长期保持了殖民地特征，表现得非常不均衡。工业化开始以前，美国以种植业为基础性经济，90%以上的人口从事农业，工业处于落后状况，绝大部分工业处于手工业生产阶段，大多数制造品依赖从英国进口。因此，美国在国际市场上处于极为不利的地位，进口大于出口，国际收支存在大量逆差。美国独立后，工业化问题很快提上议事日程。1807年的禁运法案和1812—1814年的英美战争，是美国工业化开始的契机。在此期间，由于海外贸易受到限制，工业品必须自己制造，于是各种工厂像雨后春笋一样在全国各地建立起来，形成了美国的工业基础，刺激了美国制造业的发展。

南北战争以后，美国大量引进英国技术，开始走上工业革命的道路。棉纺织业是美国建立的第一个近代产业。19世纪后半期，纺织业规模不断扩大，其拥有的纱锭数由1867年的800万枚增加到1913年的2.1亿枚；技术上也有很大的改进，在不到50年的时间里，纺织机就更新了两三次，产量也有很大提高。尽管美国的纺织品很早就已进入国际市场，但美国直到第一次世界大战前仍是棉纺织品的净进口国；到1915年，美国棉纺织品的出口才超过进口，成为净出口国。

19世纪60年代以前，美国的炼铁业属于传统工业。由于美国在第一次产业革命中起步晚，1867年，美国的钢产量不到2万长吨[①]；但以后逐年增加，1880年跨上百万长吨的台阶；1899年突破千万长吨大关；到1913年，已达3130万长吨。由于国内钢铁产量迅速增加，进口钢铁占国内消费量的比例大大降低，而且进口的绝对量也不断下降。不仅如此，从19世纪70年代起，美国的钢铁制品开始打入国际市场，可供出口的产品有汽车、机床、特种铸件、农具等。

美国的电力电气工业一开始就走在世界前列。1882年，美国建立第一座商业电站。到19世纪90年代，大小电站遍地开花，为居民、工矿企业和电车提供电力。随着电力工业的发展，电气制造业也发展起来。由于美国在电气技术上领先，并且较早建立起电气工业，美国的电气产品一开始就在国际市场上有较强的竞争力，并很快成为美国的重要出口商品。

19世纪末20世纪初，汽车工业逐步实现了简单设计和起码的批量生产，作为一个重要产业出现。尽管其产值与其他产业比起来还很小，但发展迅速，尤其是出口增加很快。1905年，美国生产汽车2.5万辆；到1910年，就达18.7万辆。同期，汽车（包括发动机零件）出口也由200万美元增加到1100万美元；到1916年，出口达到1.23亿美元。

19世纪末20世纪初，由于工业的迅速发展，尤其是新兴工业的发展，美国完成了工业革命并逐步实现了进口替代。美国工业革命实现时，尽管出口贸易增加了7倍，但在国民生产总值中，对外贸易仅占10%左右，大部分的工业品仍在国内销售。国内市场对美国经济增长的作用比对外贸易大得多。巨大的国内市场容量是决定美国工业迅猛发展的基础，也是其成功的保证。

[①]　长吨是钢铁行业普遍使用的重量单位，比吨略重。

10.2 西欧各国的工业革命

18 世纪 60 年代英国发生了工业革命以后，经济迅猛发展，与英国一海之隔的欧洲大陆成为受英国工业革命影响最早的地区，欧洲各国，特别是与英国地理位置比较近的西北欧国家纷纷想尽办法，引进英国的技术和人才，发展本国的工业，逐渐实现了本国的工业化。由于欧洲各国的国情不同，各个国家的工业化道路各不相同。

10.2.1 比利时的工业革命

英国发生工业革命不久，比利时的资产阶级经过斗争，取得国家的独立，为比利时迈入工业化的道路创造了条件。比利时虽然国家不大，但是在历史上长期分割，曾经被不同的国家和民族统治。15 世纪以后，比利时陆续为西班牙、奥地利、法国所统治。1815 年欧洲的反法同盟在打败拿破仑以后，在维也纳举行了一次国际会议。这是战胜国瓜分欧洲政治疆域和殖民地的会议。会议决定，比利时同荷兰联合组成尼德兰王国，荷兰的威廉一世为国王。此举激起了比利时人民的反抗。1830 年 8 月，布鲁塞尔民众发动了反对荷兰统治者的起义并取得胜利；11 月 18 日，比利时召开国民大会，200 多名代表在布鲁塞尔集会，宣布比利时独立。独立的国家使国内众多经济单位形成独立的经济联盟，为比利时的工业革命铺平道路。

比利时拥有非常古老的工业传统。在中世纪，佛兰得斯就是欧洲生产羊毛织品的中心，以毛纺织业著称于世。这里劳动分工十分细密，后来又以生产绘画、挂毯、乐器、钻石和饰带等奢侈品而著称，这些产品同当时佛兰得斯和布拉班特的布料一起，出口到整个欧洲和中东。与此同时，大量的羊毛和亚麻生产遍及比利时农村。15、16 世纪以后，比利时工场手工业得到快速发展。

18 世纪下半期，英国的工业革命开始后，与英国一海之隔的比利时很快就受到了影响。在工业化的初期，英国的技术革命刺激了比利时人用机器进行生产的欲望，他们像欧洲大陆其他国家一样，热衷于从英国引进技术、设备和人才，比利时纺织业的织机、蒸汽机、搅拌炉等一系列机器都是从英国引进的。

比利时的工业化是由英国人科克里尔引进的。1802 年，定居在比利时吕蒂希的威廉·科克里尔建立起了第一家纺织机械厂。以后，其子约翰·科克里尔子承父业，与几名英国工程师一起创办了制造蒸汽机的工厂。1820 年，他们又仿照英国兴建了第一座搅拌炉；1823 年，建立了第一座焦炭炼铁高炉。他的公司很快发展成一个包括机械厂、矿山、炼焦厂和轧钢厂的大型工业联合企业；1835 年，又建立了欧洲大陆第一家机床厂。受他的成功所鼓舞，比利时的钢铁、机械等工业开始迅速发展。特别是独立以后，比利时的工业化进程加快。1834 年，比利时颁布了铁路法，铁路建设最初由国家投资，铁路公司是国有企业。1835 年，比利时的第一个铁路干线布鲁塞尔—梅歇尔铁路通车。一年以后，这条铁路延长到了安特卫普。到 1870 年，比利时的铁路网基本建成，通车里程达 3000 公里，成为欧洲各国中通车密度最大的国家。到 19 世纪中后期，尽管比利时国土不大，人口不多，但已成为欧洲大陆工业发展最充分的国家，拥有较高的技术水平和商贸能力。不过，由于资源不足和国内市场狭小，比利时的工业原材料大部分依靠进口，产品则大部分出口，成为早期世界市场中一个重要的参与国。

10.2.2 瑞士的工业革命

瑞士也是欧洲大陆工业化起步较早的国家之一。瑞士位于比利时南部，面积、人口与比利时差不多。1291 年，瑞士建国。1815 年的维也纳会议上，瑞士宣布为永久中立国。瑞士在欧洲工场手工业发展期间也是一个经济较为活跃的地区，其传统的手工业如纺织业、钟表业一直很发达。瑞士居民文化水平较高，其成人识字率在欧洲大陆名列前茅，政局也比较稳定。这一切为瑞士的工业化进程打下了良好基础。

拿破仑战争扫除了瑞士的封建制度。18 世纪末 19 世纪初，法国入侵瑞士以后，拿破仑宣布废除具有封建特征的什一税和一切封建地主的权利，宣布各行各业可以自由发展，鼓励并保护用机器纺织等促进资本主义发展的措施。拿破仑战败之后被赶出瑞士，但是瑞士依然保留了这些改革成果。

瑞士有特殊的国家管理体制。瑞士政府机构权力分散，它实行直接民主体制。所谓直接民主，是指凡涉及瑞士国家政治的重大问题都须经全民投票通过。即使一般性议案，如果有人按照法定程序提出倡议，也要举行公投。公民投票，成为瑞士社会政治生活的一大特色。瑞士许多政府职务是荣誉职务，没有报酬。所以，瑞士捐税负担很轻，特别有利于私人资本的积累和中产阶级的形成。

在英国工业革命开始后不久，瑞士也开始了自己的工业化进程。瑞士的工业化也是从纺织业开始起步的。瑞士主要的工业部门是纺织业、机械制造业和钟表业。

19 世纪初，尤其是三四十年代，瑞士是欧洲市场乃至世界市场上英国棉纺织工业最厉害的竞争对手。在工业革命期间，棉花作为纺织业的基础原料，英国使用了世界棉花产量的 58％左右，而瑞士则使用了 20％。所以，瑞士在当时曾引起英国相当程度的重视。后来，在英国纺织品强大的竞争压力下，瑞士转而生产品质精良的精纺织品、刺绣和花边。

瑞士的机器制造业是在拿破仑的大陆封锁政策实施期间发展起来的。瑞士的机械工业比较发达。1805 年，著名的埃舍尔—维斯纺织厂在苏黎世创建。其创建人汉斯·卡斯佩尔·埃舍尔发现，由于纺织业的迅速发展，纺机的需求量大增，但拿破仑的大陆封锁政策使纺机很难进口，因而他决定生产纺机。为此，他多次去英国学习，终于生产出了精良的纺机，他的公司也成为瑞士第一家机械厂。随后，他又开始生产水泵、压力机、造纸机、机床等，1848 年开始生产蒸汽机车。到 19 世纪中期，埃舍尔—维斯成为享有国际盛誉的企业。另一家有名的机械厂是祖尔莱尔兄弟公司，生产当时较为先进的滑阀配汽式蒸汽机，大量接收外国订单，也发展成了国际性厂商。到了 19 世纪后半期，瑞士的机械工业初具规模。

钟表业是瑞士古老的家庭工业，随着机械化和标准化的采用，钟表业也发展成为工厂生产。但在这一行业中，最终的装配工序始终是手工完成的。熟练的手艺和精工制造，是瑞士钟表长盛不衰的原因。

在瑞士工业化的进程中．对外贸易起着关键的作用。瑞士处在欧洲中心，是个内陆国，如果没有对外贸易，瑞士的工业革命是不可能顺利展开的。瑞士的工业从来都是为出口服务的。为了获得廉价的原料和推销商品，瑞士的各个州都把自由贸易作为经济活动的指导方针。早在 1516 年，瑞士就同法国签订了《永久和平条约》。之后，瑞士致力于和平与中立，希望到世界各地去寻找市场。即使在 19 世纪初拿破仑的大陆封锁政策严格执行期间，瑞士也没有放弃开拓海外市场的努力。

总体来看，在瑞士的工业化过程中没有引起任何严重的社会问题或动乱，城市没有出现日益扩大的现象，财富分散在广大中产阶级手中。瑞士的工业化是世界上进行得最轻快的工业革命。

10.2.3 法国的工业革命

法国的工业革命比英国晚 40 年左右，一般认为，法国工业革命是从 18 世纪末 19 世纪初开始的。法国在中世纪的欧洲是一个大国，其历史也比英国要早。早在罗马帝国崩溃以后，公元 5 世纪，法兰克人开始崛起，后来建立起一度统治了整个西欧与中欧的查理曼帝国。帝国分裂之后，西欧分裂为许多封建王国，法国也是其之一。早在公元843 年，法国就已经出现了。这比英国要早 200 年。与其他西欧国家一样，长期以来，法国各地处于封建的分散状态，没有建立起相对集中的统治权力中心。而中世纪的教会则逐渐成为欧洲各国包括法国的统治者，教会可以任免或废黜国王，统治世俗乃至精神生活的一切方面。14、15 世纪，西欧的国王们开始与新兴的商人阶层结成非正式的联盟，与教会争夺权力，建立中央集权政府，逐步形成了一些大而新的政治统一体。法国正是在 15 世纪以后又重新崛起，世纪末完成了统一，形成了民族国家。

18 世纪时，即路易十五和路易十六当政时期，法国的社会矛盾已十分尖锐。由于经历了多次战争，法国经济形势已经岌岌可危。路易十六在位时期，任用重农学派的代表人物杜尔阁进行改革。杜尔阁于 1774 年任法国财政总长，他主要的改革措施有：①整理财政。杜尔阁主要削减了宫廷与军队的开支，同时为农业和工商业的发展创造条件，这样使国家增加了税收来源。在杜尔阁当政的两年里，清偿了 7400 万利弗尔的国债，又清偿了 5800 万利弗尔的预借税款。②开放麦禁，任谷物在国内自由买卖。③限制行会与废止徭役。1776 年，杜尔阁下令消除行会特权，容许人民自由从业。同年，废止徭役，规定凡是征调农民筑路或从事其他劳务，必须付给报酬。④实行纳税公平的原则，规定不管业主是否为特权者都一律缴纳地产附加税。

法国的棉纺织业高效地模仿英国模式。英国人米尔恩和霍克尔在法国政府的鼓励、保护下，在法国定居并开设纺纱厂，为法国棉纺织工厂提供了样板。1790 年前后，法国已经有几家巨大的纺纱厂，每家都拥有大约 1 万枚纱锭，其中最著名的是坐落于奥尔良市的奥尔良公爵的纺纱厂。但是，很多投资建厂的人因为市场狭小、资金短缺遭到失败。总之，在法国大革命前的改革没有动摇旧的制度。

大革命时期，土地问题的解决对工业革命的发展起到重要的作用。1789 年爆发的法国大革命，是人类近代历史上准备最充分、规模最大、最激烈的一次社会革命，这场革命的标志性事件为攻占巴士底狱和将路易十六送上断头台。而其直接的作用，就是为法国的工业革命扫清了障碍。在法国大革命期间，法国政府颁布了土地法，废除了封建的土地占有制和封建领土权利，过去向领主交纳的各种租税和一切封建义务尽皆废除，永佃田变成了农民的私产，部分教会的土地和逃亡贵族的土地被没收并分块出售，农村的公用地按人口分配给了农民。封建土地制度被推翻，大多数农民分到了土地，法国成为一个小农经济的国家。

1799 年，拿破仑通过雾月政变①上台执政。拿破仑上台以后的中心任务是：①大力扶植工商业的发展。为了促进工业生产和贸易活动，拿破仑政权一方面大力推行保护关税政策，不断提高进口税率，阻止外国工业品进入法国市场；另一方面对本国工商企业给予种种帮助，如拨款补助、发给津贴、进行国家订货、奖励使用机器、开展竞赛活动、实行专利权制度、举办博览会等。在各生产部门中，政府重点照顾军事工业，使其能适应战争的需要。此外，还大力发展基础比较薄弱的部门，如甜菜制糖工业等，以减少对国外的依赖。②积极发展对外贸易。拿破仑政权为了适应大资产阶级的需要，始终不遗余力地帮助其扩充经济实力，夺取国外市场。在其专政期间，法国一直与欧洲其他国家处在连年不断的战争中，其主要目的就是要从国外掠夺财富、资源和土地，扩大海外市场，夺取欧洲及世界霸权。因此，法国与欧洲其他国家特别是与当时在工业地位上远远超过它的英国发生了极其尖锐的矛盾。为了从欧洲市场上排除英国的强大竞争，拿破仑于 1806 年颁布了著名的《大陆封锁法令》，禁止欧洲大陆各国与英国发生任何经济联系。这种封锁政策在一定程度上对法国工业的发展起到了推动的作用，一度扩大了法国的商品输出。③努力提高农业生产。拿破仑政权采取了一系列措施，对农业进行了许多改良，如在耕作技术上推行新的轮种制度，颁布保护森林、禁止滥伐树木和盲目开荒的法令，对新作物的种植或扩种原有的作物给予奖励。

拿破仑时期的上述经济政策，促进了法国国民经济的发展。在此期间，工农业产量和国内外贸易量都有了较大的增长；生产技术的提高也很快，特别是在工业中使用的机器逐渐增多，一些规模巨大的企业相继出现，资产阶级手里积累的财富迅速扩大。正是由于这些经济政策的实施，奠定了法国产业革命的物质技术基础。在拿破仑执政结束后不久，产业革命就在法国开始了。但拿破仑时期的经济政策中也包含了一些消极的成份，产生了一定的破坏作用，主要是因为它们同拿破仑专政的军事侵略性交织在一起，又多半是在无休止的战争年代里施行的。所以，法国经济在拿破仑帝国后期，出现了财政困难、物价上涨、原料和劳动力不足的现象。尤其是大陆封锁政策的实施，影响了法国工业原料的来源，给法国自身的经济发展造成了恶果。

1815 年拿破仑下台，尽管政局依然动荡，但是大革命时期和拿破仑时代打破封建束缚、有利于国内市场统一和鼓励商业的立法开始慢慢发挥作用。法国废除了大陆封锁政策，恢复了与英国的经济联系，大量的技术设备、技术人才流入法国，工业化在艰难的环境中进行。与英国一样，法国最先发生变革的工业部门也是在纺织业。

18 世纪 90 年代，法国开始拥有几家纱锭超过万枚的巨大纺纱厂。1805 年，出生于里昂的法国机械师雅卡尔成功地发明了可以织各种图案的自动织布机，这种织机生产的产品一进入市场就成了畅销品。1812 年，法国已拥有雅卡尔织机 1200 台，1824 年更达

---

① 法国的日历把 11 月称为雾月，拿破仑于 11 月 9 日发动政变，因此称为雾月政变。

到 35000 台。1797 年，法国凡尔赛的印染厂开始使用蒸汽机；1812 年，上阿尔萨斯的杜那郝棉纺厂也开始使用蒸汽机作动力。这时，法国已有机器纺纱厂 200 多个，其中著名的利夏·勒诺亚纺织厂在 1810 年就雇佣工人 12000 多名，成为真正的近代意义的工厂。随着拿破仑战争的结束，19 世纪 20 年代以后，法国的工业化开始加快步伐，纺织业更是一马当先。到 40 年代末，法国已有棉纺织厂 566 家，纺纱机 11.6 万台，机器织布机 3 万多台，家庭纺纱业基本上绝迹，而手工织工也受到了极大的排挤，工厂制度开始推广到了纺织业各部门。1839 年，天才的法国机械师泰勒·蒂蒙尼发明了缝纫机，这是个具有重大意义的发明，为纺织业的延伸带来了一个崭新的工业——服装工业。随后，法国的服装工业开始崛起。在法国整个工业革命期间，纺织业及服装业始终是国内最重要的工业部门，其丝、毛织业的水平甚至高于英国。

19 世纪，法国在采煤、冶铁和交通运输等领域都有重大突破，法国经济呈现出欣欣向荣的景象，经济增长加快。1870 年，法国工业发展水平居世界第二，仅排在英国之后；但是工业化步履艰难，国内市场的狭小和政局的动荡不安仍时常制约着法国的工业化进程。

10.2.4　德国的工业革命

德国是位于欧洲中部的一个古老大国，但自公元 962 年建立了德意志民族的神圣罗马帝国后，长期以来分裂割据的时期远远超过统一的时期。在 18 世纪中后期英国开始工业革命时，庞大的德国领土正如恩格斯所形容的"被撕成了碎片"。在德国境内分布着近 300 个邦国、1000 多个骑士领地，盛行着"诸侯君主专制"。不管领地大小，其元首都实行专制统治，割据一方。政治上的分裂使国内经济发展受到阻碍，国内关卡林立，赋税繁多，使得国内商品流通困难重重。

地域的分割对经济发展造成了伤害，德国人很快意识到了这一点。普鲁士率先行动起来，对关税进行改革。1819 年，德意志各邦代表在维也纳集会，商讨如何促进贸易发展的问题，形成了区域性关税同盟，包括南部关税同盟、北部关税同盟和中部关税同盟。虽然各区域关税同盟之间存在贸易壁垒，但是其内部的贸易障碍不断削减。1871 年，德意志帝国成立，关税同盟融合在帝国之内，结束了它的历史使命。

19 世纪 30 年代，德国出现工业革命的迹象。1835 年，德国的第一条铁路建成，从尼恩贝格至富尔特。到 1850 年，德意志联邦的东部、西部、北部和南部铁路都已联接起来，整个铁路网长约 6000 公里，

金属冶炼业出现重大的技术创新。1864 年，西门子和法国的马丁发明平炉炼钢法，使世界钢产量在 1865—1870 年增加了 70%。1867 年，克虏伯父子发明坩埚法，进一步推动了冶金工业的发展。

化学工业在德国获得重大发展。霍夫曼和柏林大学的一些学者集中研究了煤焦油染料化工技术，先后合成了多种染料、香料、杀菌剂、解毒剂等，促进了德国煤化学工业的迅速扩大。另一项重大成果是化学肥料的制造。1837 年，德国化学家李比希分析了土壤的化学组成，提出合成肥料理论。19 世纪 50 年代，氮肥、磷肥、钾肥的生产技术有了很大发展，大大提高了土地单位面积的产量。

　　这一时期，德国的工业发展出现了重工业快于轻工业增长的现象。工厂制度在重工业中占据着完全统治地位，纺织业虽然发展迅速，但是工厂制度只在棉纺织业中占了统治地位，在棉纺织业以外的其他领域还保持着工场手工业，以至小生产的各种形式。

　　1871年1月18日，德意志帝国宣布成立，俾斯麦任首相。统一的联邦国家成立之后，俾斯麦着手整顿全国经济。他统一了全国度量衡制度和币制，确定马克为货币单位；同时，对交通运输的纷杂状况进行了大力整顿，废除国内贸易的障碍，完成了国内市场的统一；在对外贸易方面也采取了统一的政策。政府为了鼓励本国工业的发展，改革原有的关税制度，对工农业都实行保护主义政策。

　　德国统一后，工业出现跳跃式发展。德国抓住新技术革命的机会，大力发展新兴产业，迎头赶上了英、法，成为欧洲大陆最发达的国家。19世纪后25年，德国在钢铁、化学、电气、内燃机等方面都走在世界前列，承担了开拓者的角色。

　　正是在农奴制的废除和全国市场不断形成的条件之下，19世纪30年代以后，德国的工业化开始起步。到19世纪80年代，德国的工业革命基本完成。

11 东方国家工业化的尝试

欧美国家进行了工业革命以后，经济迅速发展，而遥远的东方国家和民族也逐渐认识到只有工业化才是振兴民族的唯一出路，东方各国开始了各自工业革命的尝试。

11.1 印度工业化的尝试

自 15 世纪末欧洲通往印度的新航路发现之后，葡、荷、英、法等国的殖民者相继来到印度，在沿海建立据点，进行海上劫掠和掠夺性贸易。1600 年、1602 年、1664 年，英、荷、法分别在印度成立东印度公司。这些公司都是特权公司，拥有各自的政府所授予的垄断东方贸易和军事侵略的全权。它们一方面不断扩大对印度的侵略和掠夺，一方面彼此之间进行着争夺在印度的霸权地位的激烈斗争。到 17 世纪末，西欧殖民者几乎完全垄断了印度的海外贸易。经过 1652—1674 年间的 3 次英荷战争和 1757—1763 年的英法"七年战争"，荷兰和法国均因战败而先后退出印度，印度成为英国东印度公司独占的势力范围。

11.1.1 英国殖民者对印度的侵略和掠夺

17 世纪以后，在英国资本主义势力的入侵下，印度由一个独立的封建国家逐渐沦为殖民地国家，遭受殖民统治达 190 年之久。在这漫长岁月中，印度饱受了外国殖民者的残暴统治、直接掠夺和赋税搜刮，以及商品输出和资本输出等形式的经济剥削，民族经济遭到摧残，经济发展缓慢而畸形，成为世界上最贫穷落后的国家之一。东印度公司替英国在印度乃至包括中国在内的亚洲其他地方掠夺了巨额财富，为英国的资本主义原始积累提供了重要来源。据不完全统计，仅在 1757—1815 年间，英国就从印度榨取了 10 亿英镑的财富。

英国对印度采取直接掠夺的方式有以下几种。

11.1.1.1 索取战争赔款

殖民者有一套强盗逻辑，他们发动的侵略战争，战败一方要赔偿战胜一方的战争开支。英国从孟加拉勒索赔偿 377 万英镑，又收取"酬金"和"礼金"217 万英镑，两项合计 594 万英镑。

11.1.1.2 在殖民地征收繁重的赋税

由于在战争中取得胜利，东印度公司拥有对印度土地的支配权，把土地租给农民耕种，同时向农民征收相当于全年收成 1/3 至 1/2 的苛重田赋。东印度公司为了加强对印度农民的搜刮，在不同地区建立了形式不同的土地制度：固定柴明达尔制（把土地使用权交给包税人，由包税人出租给农民，向农民收取地租，把地租交给东印度公司）、莱特瓦尔制（东印度公司直接把土地耕种权交给农民，农民直接向公司上缴地租）、马哈尔瓦尔制（以村庄为单位收取地租）。不论哪一种土地制度，农民遭到的剥削都空前加重。在1800—1801年度，东印度公司搜刮的田赋总额达420万英镑；到1856—1857年度，田赋额达到1772万英镑。除田赋外，还征收各种工商贸易税。

11.1.1.3 干预殖民地的手工业生产部门

东印度公司强迫农民和手工业者接受奴役性订货，低价收购，高价出售，牟取暴利。东印度公司为了向中国贩卖鸦片，强迫印度农民种植罂粟，然后以低价向农民收购，仅鸦片收入一项就占公司收入的1/7。马克思在揭露东印度公司对印度的残酷剥削时指出："在整个十八世纪期间，由印度流入英国的财富，主要不是通过贸易弄到手的，而是通过对印度的直接搜刮，通过掠夺巨额财富然后转运英国的办法弄到手的。"[①]

11.1.1.4 直接抢掠殖民地财富

东印度公司武力所到之处，第一个行动就是抢劫当地财富，重点是洗劫宫廷国库。在普拉西战役中，单是抢劫孟加拉首府的宫廷库藏就达6000万英镑。1799年，英军攻占迈索尔首府时，从王宫掳获到的珍宝价值在1.2亿卢比以上。

英国凭借暴力对印度的残酷掠夺，在英国的资本原始积累中占有十分重要的地位。工业革命的开展需要大量启动资本。仅1757—1815年间，英国从印度搜刮到的财富估计达10亿英镑。遭受英国殖民者践踏的印度，被弄得一贫如洗，凋敝不堪，由独立的国家沦为殖民地国家。

11.1.2 在印度实行片面的自由贸易政策

英国在印度实行片面的自由贸易政策主要是为了保护英国工业发展和便于商品输出。当印度沦为英国殖民地时，印度的棉纺织品大量输往英国，几乎占据了英国棉纺织品市场的全部。1720年，英国议会决定完全禁止印度花布和印度丝织品进口，打击了印度的棉纺织业。

一方面，对印度输入英国的货物课以高额关税，甚至禁止进口；另一方面，对于输入印度的货物给予免税或实际上免税的优惠政策。英国制造品输入印度仅课征2.5%的进口税，而印度制造品输入英国则课征高达50%～70%的进口税，甚至印度商品在国内销售也要缴纳17.5%的内地税。这种政策为英国工业品开辟了广阔的市场，使印度传统手工业遭到扼杀和摧毁。在1815—1832年间，英国输往印度的棉织品总值从26000英镑增加到400万英镑，而印度输出的棉织品总值则从130万英镑减少到不足10万英镑。到1850年，英国输往印度的棉织品竟占英国该项输出总值的1/4以上。在英国工业资本的重重打击下，印度传统的城乡手工业急剧衰落下去，古老的自给自足的农村公社的经济基础——家庭手工业与农业的结合遭到破坏，闻名于世的印度棉织业被摧

---

① 马克思恩格斯全集（第9卷）[M]. 北京：人民出版社，1956：173.

毁了。

与此同时，英国殖民者把印度农村变成了自己的农业原料供应地。1833年，英国议会通过决议，准许英国人在印度取得土地，直接经营种植园，强迫印度农民种植棉花、黄麻、蓝靛、咖啡、橡胶、茶叶、罂粟等经济作物。据1860年的调查，在茶叶、橡胶和咖啡等种植园中的工人不下100万人。印度的农业原料出口不断增加。1849—1858年间，羊毛出口从5.6万英镑增至38.7万英镑，黄麻从6.9万英镑增至30.3万英镑。此外，在印度农民忍饥挨饿的情况下，粮食出口也增加很快，仅谷物就从85.9万英镑增至379万英镑。

11.1.3　印度近代工业的建立

到了工业革命后期，随着英国经济实力的增强，对印度的掠夺方式也发生了变化，由商品倾销和原材料掠夺发展为资本输出。资本输出使英国殖民者获利巨大。1910年，英国对印度的资本输出达4.5亿英镑，输出的资本每年创造的收益高达4000万英镑，比同期对外贸易收入2800万英镑还多1200万英镑。第一次世界大战后，英国对印度投资进一步增大，到1939年，资本输出成了英国进一步控制和剥削印度的重要手段。这些投资并非英国资本向印度的输出，主要是将从印度掠夺来的各种收入的一部分转为再投资。

英国在印度的投资，促进了印度近代工业的建立。但是，印度的近代工业呈现一种畸形发展的状况，工业发展严重依赖英国资本。最早的铁路建设是由英国资本投资修建的。19世纪40年代，英国殖民者开始在印度修筑铁路。1845年，伦敦成立了两家私营铁路公司——东印度铁路公司和大印度半岛铁路公司，专门对印度的铁路投资。1853年，孟买到塔纳的铁路投入使用。1857年，印度铁路线长度为288英里；到1913年，印度铁路网长达3.4万英里。另一个较早发展起来的近代工业项目是采矿业，采矿业主要是采煤业、石油开采业和锰矿开采业。1843年，印度成立第一家英资采煤公司。1850年，印度煤产量为290万吨，1913年增加到1600万吨。锰矿开采从1892年开始，到20世纪初产量已跃居世界第一位，年产量达到12.7万吨，1913年激增至81.5万吨，几乎全部出口。20世纪初，印度近代工业初步建立。但是，印度的近代工业严重依赖英国资本，到1910年止，英国对印度投资总额约4.5亿英镑。

11.1.4　印度民族工业的发展

在印度近代工业建立的过程中，民族工业也在艰难发展。第一次世界大战之前，1861年的南北战争，影响了美国的棉花生产，国际市场上棉花供不应求，刺激了印度棉花的生产，也同时刺激了棉纺织业的发展。塔塔家族最初从事棉纺织业生产，创办了多家纺织厂，积累了资本以后开始向钢铁行业进军。1907年，塔塔家族的钢铁公司成立，1913年生产出第一批产品。由于塔塔家族与政府关系密切，在钢铁生产过程中得到政策支持，公司一建立，就与国有铁路公司签订一项协议，在10年以内每年按进口高价购买2万吨钢轨。这使钢铁公司迅速发展起来。特别是第一次世界大战期间，塔塔公司向英国提供近东战区的军需物资，获得巨额利润。1921年，印度将棉布进口税从

7.5％提高到11％；1924年，印度钢铁工业取得33.3％的保护关税率。印度的生铁和钢的产量1933年比1916—1917年度增长了10倍、7倍。

英国殖民者对印度的控制和掠夺，造成了印度民族工业缓慢而又片面地发展，造成了农业衰落和人民贫困，从而使印度社会的民族矛盾和阶级矛盾日趋激化。这一时期，印度民族工业表现出几个特点：①直到独立前，印度的工业水平都不高，距工业化完成有较大距离。②印度工业表现出浓厚的殖民地特色，对英国存在严重的依赖性。③其民族工业具有买办性和工业性。印度殖民地时期的工业特性阻碍了印度工业化的发展。第二次世界大战结束后，印度以反对英国殖民统治、要求民族独立为中心内容的工人罢工、农民起义和士兵暴动日益高涨。在这种形势下，1947年8月15日，英国被迫承认印度独立。但是，英国为了便于在政治上和经济上继续推行殖民主义，把印度分裂为两个国家——印度联邦自治领和巴基斯坦自治领。1950年1月，印度共和国宣告成立；1956年3月，巴基斯坦伊斯兰共和国宣告成立。印巴各自独立以后，冲突不断，造成了地区的不稳定，这种状况持续至今。印度殖民地时期的工业特性阻碍了印度工业化的发展，在印度独立以前，没有实现工业化。

11.2　新中国成立以前的工业化尝试

从明朝后期，中国开始实行"闭关锁国"的政策，是一个典型的封建社会国家。全国大部分土地集中在地主手中，地主将土地租给佃农耕种，主要收取实物地租。千千万万户农家过着自给自足的生活。棉花、粮食、蚕丝、金属制品等的生产过程中有一定的商品化倾向。但是，专制主义国家政权和自然经济状况都不允许商品经济有进一步发展的可能。

鸦片战争使中国被迫打开国门，中国逐渐沦为半殖民地半封建国家。到新中国建立之前，中国有过3次发展工商业的起飞尝试，分别为洋务运动，民国初年的工业化浪潮，20世纪30年代国民政府推行的改革。虽然这三次尝试都以失败告终，但其引起的对中国工业化道路的反思却是深刻的。

11.2.1　洋务运动

所谓洋务，指的是牵连到外国的一切事情，提倡和主持洋务的人自然就被称为洋务派。在洋务派刚刚产生之时，由顽固守旧派占主导地位的清廷对之所抱的是敌视的态度，许多洋务派的先驱，如林则徐等下场悲惨。由于政府对办洋务不赞成甚至反对，所以，当时的洋务派可以说是在偷偷摸摸地办洋务，也就谈不上什么洋务运动了。

但到19世纪中叶发生了变化。随着太平天国运动，一次、二次鸦片战争的打击，使得清政府第一次感到了生存危机。面对这种局面，以总理衙门大臣奕䜣、两江总督曾国藩、闽浙总督左宗棠、直隶总督李鸿章等为代表的新洋务派提出：为抵御外侮、维护清廷的统治地位，应当抛弃陈腐的"祖宗之法"，转而引进西洋先进技术，以"中学为体，西学为用"。由于这批新洋务派的代表人物都是握有大权的军政重臣，且以慈禧为首的顽固派也已看到了要维护自身统治不得不借助西方的火枪大炮，因而默许了洋务派的提议。于是，一场影响了近代中国命运的洋务运动在举国上下"办洋务"的热潮中开始了。

洋务运动一开始的目标是巩固国防，创办"自强新政"以"求强"，具体表现为开办近代军事工业，创建新式军队，购买国外新式武器等。1862 年，曾国藩在安庆设军械所，李鸿章在上海设制炮所，中国的近代军事工业的建设由此拉开序幕。1864 年，李鸿章在苏州设立西洋炮局；1865 年，江南制造总局成立；1866 年，左宗棠在福建设立福建船政；1867 年，三口通商大臣崇厚在天津开办天津机器制造局；1887 年，丁葆桢在成都设立四川机器局……短短几年间，在李鸿章等洋务派领导人的主持下中国的近代军事工业体系基本建成，火枪、大炮、弹药、蒸汽战舰都已能够在国内建造，其决心之大、动作之快令中外为之震惊。这是近代中国历史的一次大飞跃，从此中国大地上有了自己的资本主义工业。

洋务派在兴建军事工业的同时，需要巨额的资金投入，为此"百方罗掘"但仍"不足用"。洋务派领导人李鸿章认为，西方各国是以工商致富，由富而强，认为"求富"是"求强"的先决条件。于是，洋务派开始将工业范围扩大，兴办民用工业以图自强。1872 年，李鸿章在上海开办轮船招商局，开始了"求富"之路。在此后的十余年间，煤矿、铁厂、缫丝厂、电厂、自来水厂、织布厂、电报、铁路相继建设。这些民用工业的创办打破了西方资本在中国的垄断，为国家回收了大量的白银，并为中国近代民族工业的发展打下了坚实的基础。

中国的民营工业出现于 19 世纪 70 年代，主要投资人有商人、地主、官僚、买办。1872—1894 年，民营工厂总共有 100 多家。甲午战争后，中国民营工业的发展开始突破困境，1895—1913 年，开办资本 1 万元以上的厂矿有 500 多家，棉纺织业、面粉业、机器制造业有显著发展，火柴、卷烟、水泥、矿冶等工业也有一定起色。

洋务运动自第二次鸦片战争结束后开始，历经 30 余年。在洋务派的努力下，这 30 年使得中国社会和中国人发生了巨大的变化，使中国一度有机会跻身于世界强国之林。它产生了中国近代第一批工业，标志着近代工业的起步；引进了西方先进科学技术，培养了一批科技人员和技术工人；刺激了中国资本主义的发展，推动了中国早期的现代化；在一定程度上抵制了外国经济的扩张。但随着甲午战争的硝烟散去，中国被落后小国日本打败，清廷面对来自朝野内外的责问不得不找出一个替罪羊来。于是，洋务派和洋务运动变成为甲午战败的罪魁祸首，打开的国门再次重重地关上，从此，原本和中国站在同一起跑线上的日本一跃成为世界一流强国，中国却自甲午战争后一蹶不振几十年。

11.2.2 民国初年的工业发展

辛亥革命推翻了清朝的封建统治，宣布建立共和制度。一方面，新的共和政府主张工商业自由，颁布振兴实业的政策法令，使近代民族工业摆脱了辛亥革命前的衰败状况，走上了振兴发展的道路；另一方面，西方国家集中于应付第一次世界大战，暂时放松了对中国的经济侵略，从外部为中国民族工业发展提供了一个有利的时机。外国商品输入量下降，减少了外国工业品的竞争，从而改善了中国民族工业品的国内市场环境。

由于战争，帝国主义国家对中国部分商品的需求增加，为中国货物输出提供了有利条件。出口增加刺激了中国近代工业的发展，尤其是出口需求量大的纺织业和面粉业的发展。

这期间，首先，新设的工矿企业数量较前有了明显的增长。从 1912 年到 1914 年第一次世界大战爆发，新的私人投资的企业如雨后春笋般地涌现，"几乎每天都有新公司注册"①。据农商部统计，辛亥革命前后历年设厂数，1910 年为 986 家，1911 年为 787 家，1912 年为 1504 家，1913 年为 1373 家，1914 年为 1123 家，出现了一个开设工厂的热潮。从各个具体部门来看，面粉、火柴、卷烟、印刷等轻工业部门都有了比较迅速的发展。

然而，这个时期，伴随着列强的入侵和它们获得在中国投资设厂的权利，中国自然经济逐步解体，城乡经济向着半殖民地化进一步发展。农业经济适应列强的需要向商品农业发展，而封建土地关系依然保存。工业的发展受到社会动荡、市场不完备的影响，官僚资本虽然比民族资本强大．但却缺乏活力，民营工业在外国资本和官僚资本的夹缝中生存。随着军阀混战出现，国内一片混乱，经济大幅衰退，工业化进程就此止步，中国的基本经济状况并没有改变。

11.2.3　20 世纪 30 年代国民政府推行的改革

中国工业化的第三次尝试发生在 1927－1937 年。1925 年 7 月，国民政府成立，由于消灭了军阀割据，国家初步统一，国民政府开始着手经济建设问题。这一时期卓有成效的进步表现在以下方面。

11.2.3.1　争取关税自主

1928—1930 年，政府和一系列资本主义国家谈判，签订了关税条约。在条约中，各国基本同意中国废除过去的不平等条约，民国政府取得关税自主权。为保护幼稚的国内工业发展，1928—1933 年，国民政府公布了 4 次进口税则，中国的进口税率从 1921—1922 年的 3％以下、1928 年的 4.3％，提高到 1931 年的 16.3％、1933 年的 25.4％、1934 年的 34.3％。关税自主是为经济主体争取市场平等权利的行为，提高进口税率对民族工业有一定的保护作用。

11.2.3.2　健全金融体系，统一改革币制

1928 年，国民政府建立中央银行，在政府授权下，改选本位币、辅币和兑换券。由于中国长期以来实行银两与银元复本位制，银两与银元之间成色不一，换算复杂，不利于经济发展。1933 年 3 月 10 日，国民政府下令自 4 月 6 日起，全国废除银两，一律以银元为单位，"废两改元"的改革措施受到工商界的欢迎。但是，新建立的金融制度不久就遇到危机。1934 年 6 月，美国实施白银法案，大幅度提高银价，造成中国白银大量外流，银本位受到动摇，发生金融危机，国内银根奇紧、物价猛跌、利息上涨，工商企业、银行、钱庄纷纷倒闭停业。国民政府不得不于 1935 年 11 月实行币制改革。其

①　朱英，石柏林．近代中国经济政策演变史稿［M］．武汉：湖北人民出版社，1998．

主要内容是：以中央银行、中国银行、交通银行、农民银行发行的纸币为"法币"，银币、生银限期兑换成"法币"，不得再流通。法币与英镑维持固定比价，法币的价格以汇率表示，形成金汇兑本位制。中央银行、中国银行、交通银行买卖外汇，以维持法币的信用。美国对法币与英镑挂钩十分不满，伦敦市场上白银价格继续下跌，使得依靠出售白银来获取外汇基金的国民政府受到威胁。1937年，美国政府改变政策，开始收购国民政府的白银而且给予2000万美元的信贷。美国的支持加强了法币的地位，法币也与美元维持固定比价。法币发行后，白银外流减少，银根紧缩的局面改变，产业资金充裕，利息率下降，对工商业的发展起到了有益的作用。但是，民国政府后期，由于政府开支巨大，为弥补财政赤字而大量发行法币，导致严重通货膨胀，法币被迫退出流通市场。这说明以发行货币来弥补财政赤字的手段是行不通的。

11.2.3.3 组织工业投资，加强基础建设

这个时期，投资新建了许多新行业，如酸碱、橡胶、搪瓷等，其中交通运输事业获得空前发展，特别是兴起了一次铁路建设高潮。中国第一条铁路建于1876年。以后，外国资本、中国政府和民间都投资于铁路建设，到1927年，铁路长度共达12728公里；而在1927—1937年共修筑了9033公里，平均每年修筑近1000公里。此外，还修建了10万公里的公路；与美、德两国合作，开办了几家航空公司；电报、电信业也获得较大发展。

1840年以来，中华民族就仿效西方国家试图走上工业化道路，但几次努力均告失败。1949年以前，中国的工业发展水平不及印度。中国经济、社会体制中始终存在着排斥民营工业的发展，政府以发动工业化为己任，始终视民营工业为异己力量，而官办工厂永远解决不了效率低下的问题；市场一直未获得真正的发育和发展，占统治地位的是小农经济和自然经济。中国的工业化在1949年重新开始。但是，具有真正意义的工业化应是在1979年改革开放之后。

11.3 日本的工业化

11.3.1 明治维新

日本通过明治维新走上工业化道路。

11.3.1.1 明治维新的起源

19世纪中期的日本处于最后一个幕府——德川幕府时代。掌握大权的德川幕府对内实行暴政，向国民收取繁重的苛捐杂税，不时激起众多以务农为业的百姓反抗，对外则实行"锁国政策"，禁止外国传教士、商人与平民进入日本，只有荷兰与中国（当时的清政府）的商人被允许在唯一对外开放的港口——长崎继续活动。1853年，美国海军准将马休·贝里率领舰队进入江户湾（今东京湾）岸的浦贺，要求与德川幕府谈判，史称"黑船事件"（亦称"黑船开国"）。1854年，日本与美国签订了《神奈川日美亲善条约》（又名《神奈川条约》），同意向美国开放除长崎外的下田和箱馆（函馆）两个港

口，并给予美国最惠国待遇等。由于接踵而来的一系列不平等条约的签订，使日本利益受到损失，德川幕府成为日本社会各阶层讨伐的目标，日本民众开展了要求改革幕政、抵御外侮的斗争。在人民群众的推动下，发展为武装倒幕。

1868年，德川幕府的封建统治被推翻，建立了以天皇为首的明治政府。明治政府为摆脱财政困境、振兴本国经济和增强国家实力而实行改革，史称"明治维新"，开始了日本的工业化道路。

11.3.1.2 明治维新的主要内容

(1) 废除封建特权是明治维新的一项重要内容

1869年，各藩的大名为形势所迫，向明治天皇"奉还版籍"。版是版图，籍是户籍，奉还版籍就是大名将自己对土地和人民的领有权交还天皇。1871年，明治政府进一步颁布"废藩置县"的命令，取消藩的界限，以府县代替藩，迫使大名离开领地，迁移到东京居住，消除了封建割据。明治政府废除等级身份制度。等级身份制度禁止农民自由择业和迁徙，还禁止武士从事工商业。1871年和1872年，政府废除旧的封建称号，宣布"四民平等"，即士、农、工、商各个等级一律平等，规定各个等级都有居住、迁移、选择职业和订立契约的自由。此外，明治政府彻底废除行会、商会和各种封建特权。封建割据和封建特权的废除，使日本实现了真正意义上的统一，建立了中央集权的政权，为以后各项政策的贯彻实施提供了保证。

(2) 进行地制改革和租税改革

当时，日本地制改革的主要内容是：①个人对土地可以有所有权；②农民世袭租种的土地归农民所有，抵押过期的土地归接受抵押的人所有；③山林和原野一切公有地归国家所有；④允许土地自由买卖。明治政府在地制改革之后，接着实行租税改革，目的在于增加财政收入，规定地税按地价的3%征收，地税一律用货币缴纳。据估计，地税一般占土地收获量的25%左右。

通过地制和租税改革，部分农民拥有了土地所有权，但是承受着沉重的地税。1873年，地税收入在国家财政收入中的比重是70%，到1875年增加到80%。政府从地税收入中拨出大量款项创办模范工厂和资助私人企业，地税收入为大工业的发展提供了基本的启动资本。

11.3.2 殖产兴业和政府的作用

明治政府提出殖产兴业的口号，希望动用国家的力量尽快完成工业化。这主要分为两个阶段。

最初，日本试图发展以军事工业为中心的采矿、冶金、化工、机器制造等行业。明治政府为此建立许多工厂，著名的工厂有：1868年接收幕府的关口制造所，创办了东京炮兵工厂；1870年创立大胶炮兵工厂，专门生产和修理大炮；1868年创立横须贺海军工厂；1871年创办海军兵工厂。这些兵工厂都大量引进西方的技术和设备，生产军用或民用机器。为了刺激民营企业的发展，政府大批拨款资助官营工厂起到"模范"的作用。因此，这时期大批的官营工厂被称为"模范工厂"。模范工厂一般规模大，技术水平高，确实刺激和影响了民间投资人；但是，官营工厂只注重引进外国技术和设备的工业化战略很快破产，官办工厂的低效率使政府财政状况恶化，贸易逆差严重，货币贬值，明治十四年，金银价格暴涨、纸币暴跌，政府意识到官营模范工厂失败。

第二阶段是在模范工厂失败后，明治政府断然放弃官营主义政策，将殖产兴业的重点放在民间产业的兴起和官方的扶植上。明治政府把原来官办的工厂（除部分军事工厂外）低价出售给私人经营。如长崎造船厂投资 62 万日元，结果三菱仅一次付款 9.1 万日元便买下。在工业化的进程中，政府对主导产业给予重点扶持，一般采用增加政府投资、军事订货、实行保护关税等政策。1911 年，日本取得关税自主权，《关税定率法》生效。1926 年和 1932 年，日本政府对关税进行了两次修订，1932 年使关税平均增加50％。此外，政府颁布法令、法规对造船业、钢铁业采取各种鼓励和保护措施。1896年颁布《造船奖励法》，帮助建立造船厂和扩大生产，规定民间造船厂凡建造千吨以内的钢铁船，奖金为每吨 12 日元，千吨以上的每吨 20 日元。1901 年，日本造船业的生产能力达 3.2 万吨；到第一次世界大战结束时，日本造船业已居世界第三位；1933 年达到 6.8 万吨。1917 年制定《钢铁业奖励法》，规定对钢铁企业支付奖励金，免征营业税和所得税。

日本工业化是一场自上而下的革命，在国内市场狭窄、经济发展不充分的情况下，政府对企业的大力扶植和直接帮助是实现工业化的主要原因。民间工业如果没有政府的有力支持，是不可能发展的。政府对民间资本的支持是日本工业化的重要特点。这些举措所带来的经济发展奠定了日本工业化的基础，掀起了工业革命的热潮，使日本从农业国向工业国转变。

11.3.3　贸易立国与富国强兵

19 世纪末 20 世纪初，日本选择棉纺织业与丝织业作为工业化第一代主导产业部门。但是，棉纺织业的发展很快遇到国内市场狭小的障碍，1895 年，很多公司纷纷倒闭。政府认识到，只有开辟海外市场才是出路，由此确立了贸易立国的原则。贸易立国的原则得到了富国强兵政策的支持。政府规定：实行义务兵役制，建立常备军；建立军事院校；实行军事机构改革，使其直接隶属于天皇并对其负责；扶植军事工业；建立近代警察制度。在强大的军事力量支持下，政府通过发动侵略战争，直接为私人企业开拓市场，使得日本每一次的经济繁荣都与军事侵略相关。1894 年，日本通过甲午战争占领了朝鲜和中国台湾市场，并加紧向中国东北市场渗透；1904 年，通过日俄战争巩固了中国的东北市场。两次战争使日本工业品出口增长迅速。

第一，纺织品出口大增。从 1891 年的 100 捆增加到 1897 年的 140100 捆，1899 年达到 341200 捆，远远超过进口。中国、朝鲜等亚洲国家是日本主要的海外市场，其中中国占重要地位。1893 年，中国吸收的日本棉纱占其总出口量的 81.4％，1898 年达94.1％，1903 年为 95.9％。生丝是日本另一项大宗和传统的出口产品，生丝出口一直在日本出口比重中占重要地位，1880 年占 30.3％，1890 年占 19.8％，1900 年占21.8％。1906—1910 年，日本生丝出口跃居世界第一；到 1934 年，棉布出口才超过生丝。经过两次战争，到 20 世纪初，日本已成为世界上最大的纺织品生产国。

第二，受日俄战争的影响，日本的机器制造业、造船业等发展迅速。第一次世界大战前，造船业和机车车辆制造业已接近自给自足的水平，造船业达到国际先进水平。

第三，日俄战争推动了钢铁等行业的发展。钢铁业的发展是战争推动作用的典型反映。特别是第一次世界大战期间，英国、美国、印度等国纷纷禁止钢铁出口，为日本让出大片亚洲市场，而且还向日本大量订货，刺激了日本钢铁工业的发展。1918 年，日本生铁和钢产量分别达到 58 万吨和 53 万吨，1934 年钢材产量已达 317.2 万吨，实现完全自给。

1901—1914 年，日本工业年均增长 6.3％，高于同期的美、英、法、德等国家，并在 20 世纪前 20 年实现了工业化。它的成功为第二次世界大战后韩国、中国台湾及东盟国家的工业化提供了现实的指导意义。

12 工业革命后的城市化发展与城市病的出现

1763 年，哈格里夫斯发明了以自己女儿命名的"珍妮纺纱机"，在纺纱行业引起了革命，不但把纺纱由手工生产变革成机器生产，而且使纺纱效率提高数十倍，这是工业革命一系列技术创新中第一件最有意义的发明，标志着工业革命的开始。英国用了近 100 年的时间，工业革命胜利完成，实现了工业化。英国的工业革命也引起了欧洲大陆，特别是西欧各国的效仿，法国、德国、比利时、瑞士等国纷纷引进英国的技术和设备，开展了本国的工业革命。工业革命的浪潮也跨过大西洋，来到美国。伴随着工业化的进展，欧美国家近代工厂也雨后春笋般出现。随着工厂和人口集中的地区，出现了工业城市，城市与以前农业社会时期的城市有着本质的不同。工业革命以前，城市不过是以土地财产和农业为基础的城市。而工业革命以后，旧的城市功能开始转变，这一时期所形成的城市称为近代城市。欧美国家伴随着工业化的进展，走上了城市化的发展道路。

12.1 工业革命后近代城市的兴起

工业革命以前的城市是农业城市，最早的城市是两河流域的乌尔，建于公元前 3500 年。后来，在尼罗河下游，建立起孟菲斯、底比斯。这些城市从性质到功能都与工业革命以后出现的近代城市有着很大的差别。城市形成的根本原因是工厂的集中，导致人口的集中。

1844 年，恩格斯对工业革命与城市兴起做了最为经典的描述："大工业企业需要许多工人在一个建筑物里面共同劳动；这些工人必须住在近处，甚至在不大的工厂近旁，他们也会形成一个完整的村镇。他们都有一定的需要，为了满足这些需要，还须有其他的人，于是手工业者、裁缝、鞋匠、面包师、泥瓦匠、木匠都搬到这里来了。这种村镇里的居民，特别是年轻的一代，逐渐习惯于工厂工作，逐渐熟悉这种工作；当第一个工厂很自然地已经不能保证一切希望工作的人都有工作的时候，工资就下降，结果就是新的厂主搬到这个地方来。于是村镇就变成小城市，而小城市又变成大城市。城市愈大，搬到里面来就愈有利，因为这里有铁路，有运河，有公路；可以挑选的熟练工人愈来愈多；由于建筑业中和机器制造业中的竞争，在这种一切都方便的地方开办新的企业，比起不仅建筑材料和机器要预先从其他地方运来，而且建筑工人和工厂工人也要预先从其他比较遥远的地方来，花费比较少的钱就行了；这里有顾客云集的市场和交易所，这里跟原料市场和成品销售市场有直接的联系。这就决定了大工厂城市惊人迅速地成长。"[1]

英国近代出现得较早期的城市——曼彻斯特就是在这种模式下形成的。曼彻斯特现在是英国著名的城市，笛福 1727 年把它称为"英格兰的最大的村落之一，即使不是英格兰的最大村落"。估计当时曼彻斯特的人口至多只有 9000 或 10000 人。1786 年，阿克赖特在这里建立了第一家纺纱厂。1789 年，蒸汽机开始代替水力装备纺织厂，从此，这里的棉纺业发展得更为迅速。1801 年，曼彻斯特约有 50 家纱厂；到 1830 年，曼彻斯特的棉纺织厂已达 99 家，大多数都拥有蒸汽机。其他地方居住的农民被棉纺工业中较高的工资吸引而来，成为早期的产业工人，甚至还有遥远的爱尔兰人。纱厂的周围，有着大量简易的、匆忙建造起来的住宅。因为人口增加，到处开设了商店，开辟了街道，两边有很高的砖砌的房屋。尤其是在 19 世纪 40 年代中后期，因为爱尔兰发生严重饥荒，大量爱尔兰人到只有一海之隔的曼彻斯特做工。到 1820 年，曼彻斯特拥有全国棉纺织工业的 1/4，也是原棉和棉纱的贸易中心；东部以纺织、服装、印染为主；西部以电机与通用机械为主；食品加工、化学和炼油工业也很发达。1830 年，建成利物浦—曼彻斯特铁路；海轮经曼彻斯特运河（1894 年通航）可抵该市，是仅次于伦敦和利物浦的重要港口城市。工业革命以后，像曼彻斯特这样的城市大量兴起，工业化带动了城市化的发展。

12.1.1　世界城市化的历程

城市化亦称都市化，我们通常把伴随着人口集中、农村地区不断转化为城市地区的这一过程称为城市化。城市化的主要表现是：其一，城市边界的变更。一方面，城市扩大，占用农村土地，把以前的农村变为城市；另一方面，城市数量增加，新的城市不断出现，以前的农村变成城市。其二，城市人口的比重上升、农村人口比重下降是城市化。我们认为，城市化的历史发端于 18 世纪 60 年代英国的产业革命。在此之前，世界城市化进程曲折、缓慢。城市人口经历了千年之久，却始终停留在 3% 左右的水平。产业革命进行了短短几十年，世界人口占总人口的比重便以每 50 年翻一番的速度增长。到目前为止，世界城市人口接近 50%。城市化的大规模进行有其必然性，主要表现在 3 个方面：①工业化推动城市化，工业化和城市化是相辅相成的现象，工业化促进了城市化的发展，城市化是工业化的结果；②农业生产工业化的趋势必将改变农村社区的固有特点，从而推动农村地区的工业化；③城市文明不断向农村地区传播，也成为农村不断城市化的重要原因。

我们可以把发端于 18 世纪 60 年代的工业革命至今的城市化历程大致分为 3 个阶段。

12.1.1.1　世界城市化的兴起阶段

此阶段主要是从英国的工业革命开始到 19 世纪中叶。英国成为世界上第一个基本实现城市化的国家，1851 年时英国的城市人口比重已达到 51%，当时的世界城市人口

---

① 恩格斯. 英国工人阶级状况//马克思恩格斯全集（第 2 卷）[M]. 北京：人民出版社，1957：2-3.

比重仅 6.5%。英国的城市化最直接的成功就是英国经济的不断发展，使其成为当时世界上最强大的国家。伦敦作为当时工业革命和城市化成果的缩影就很好地反映了当时的情况："像伦敦这样的城市，就是逛几个钟头也看不到它的尽头……250 万人这样聚集在一个地方，使 250 万人的力量在增加了 100 倍，他们把伦敦变成了世界的商业首都，建造了巨大的船坞……使人还在踏上英国的土地以前就不能不对英国的伟大感到惊奇。"[①] 当然，这一阶段的城市化也带来了诸多经济和社会等问题。

12.1.1.2　城市化由英国向其他国家推广，欧美各国城市化基本实现，发展中国家进入城市化的起步和初期推进阶段

这一段主要是 19 世纪中叶到 20 世纪中叶这一百年。在这一阶段，整个世界人口从 8000 万猛增到 7.17 亿；1950 年，世界城市人口占总人口的比例达到 28.4%，其中欧美发达国家达到了 51.8%。

12.1.1.3　20 世纪中叶以后至今，是城市化在全球范围内推广和基本实现的阶段

该阶段的特点主要是：第一，城市化速度加快。世界城市人口在 1950 至 1960 年平均每年的增长率达 3.5%，而这一比例在 1920 至 1930 年、1930 至 1940 年及 1940 至 1950 年间分别为 2.2%、2.4% 及 2.2%。第二，城市人口稳步增长，但是发达国家和发展中国家差异明显。发达国家城市人口比例在该阶段已达 80%，城市化进入了自我完善阶段，城市人口增长缓慢，速度明显低于发展中国家。第三，人口继续向大城市、较大城市集中，大城区域开始出现。发达国家在城市规模继续扩大的基础上，出现了"郊区化"现象，即开始了人口从城市向郊区转移。这种情况的出现使原先不相连的城市开始连为一体，形成许多大城市带，如美国的波士顿－纽约－华盛顿城市带、日本东京－九州城市带等。

12.1.2　城市化与工业化的相互影响

城市化与工业化之间存在密切的联系，正是由于工业化的发展才导致城市化的出现，但是城市化出现以后又对工业化的发展具有重要的作用。

12.1.2.1　城市化促进了工业化的发展

（1）城市的发展降低了工业化的费用

随着各种生产要素在城市的集中，使城市工业发展具有更高的效率。随着城市基础设施如道路、桥梁、铁路、市场的建立，各个企业可以共用这些基础设施，降低了企业的运行费用。大量企业集中在一起，互相提供原材料、机器设备，可以减少相互之间的交通运输和信息费用；城市集中了大量的人口，缩短了生产与消费的距离；城市中工业可以摆脱或减小受自然界的直接支配，使生产能够连续进行。所有这些能降低费用，无疑会使企业或城市的运作更有效率。

（2）城市的发展对经济发展提供了更多的机会

城市的发展需要建筑（公用设施的建设和居民住宅的建设），与建筑相关的企业如

---

① 马克思恩格斯全集（第 2 卷）[M]. 北京：人民出版社，1965：303.

机械制造、钢材、砖瓦、交通工具等也会随之发展起来。城市的发展集中大量人口，人口的增加需要消耗生活用品，服装、食品加工、家具、交通工具、纺织品、日用工业制品等的消费也会扩大，为城市经济发展提供了更多的机会。

12.1.2.2 城市化的过快发展也可能对工业化的发展形成负面影响

（1）城市化的费用挤占了发展生产的支出

城市发展需要大量建设，城市管理也需要额外的支出，所有这些花费，最终需要城市政府通过税收等形式从企业征集，从而使企业发展的费用要有一部分挪用于满足城市化发展的需求。从社会资源分配来看，城市发展需要消耗大量资源，人口大量集中于城市也需要消耗社会资源，阻碍了相对有限的资源流入生产部门。

（2）大量失业人口降低了社会效率

由于人口迁入城市的速度和规模快于经济发展，进入城市的劳动力不能完全被工业部门吸收，意味着不充分就业。劳动力的闲置降低了整个社会的效率。

12.2 城市病

在城市化的进程中，出现了很多问题，如人口膨胀、交通堵塞、环境污染严重、住房紧张、能源短缺等种种弊端，称之为"城市病"。工业革命以后最突出的城市病主要表现在两个方面，即住房问题和环境污染问题。

12.2.1 住房问题

英国城市的住房问题主要集中于社会下层。当时，住房问题主要表现在以下方面。

12.2.1.1 空间极为拥挤

由于城市人口过多，住房有限，18世纪时，英国城市常见的做法是大房间分隔成一间间小房出租给多户人家。由于这些房子原本是为一户人家设计的，当分隔成小间出租后，就变得非常拥挤。在伦敦，一个房间仅有6英尺宽、8英尺长，平均居住8~17个人，很多房间除了放床以外什么也放不下。

恩格斯在《英国工人阶级状况》中描述道："房子从地下室到阁楼都摆满了床；每间屋子有4张、5张、6张——能容纳多少就摆多少。每张床上睡4个、5个、6个人，也是能容纳多少就睡多少——生病的和健康的，年老的和年轻的，女的和男的，喝醉的和清醒的，所有这些人都乱七八糟地躺在一起。然后就开始各种各样的争论、吵闹、打架。"[①] 1840年，伦敦圣约翰教区5366个工人家庭，男人、女人和小孩总共26830人，居住在5294套住宅里，不分男女老幼地挤在一起。

12.2.1.2 建筑质量差

这些房屋大部分是商人们为了快速营利而粗制滥造的，对出租房的供水、排污和配套设施的维护修缮却漠不关心。恩格斯在考察伦敦的圣詹尔士区后指出，这里住房的肮

---

① 马克思恩格斯全集（第2卷）[M]. 北京：人民出版社，1957：306.

脏和破旧是难以形容的:"几乎看不到一扇玻璃完整的窗子,墙快塌了,门框和窗框都损坏了,勉勉强强地支撑着,门是用旧木板钉成的,或者干脆就没有……"① 1842 年出版的《建筑者》杂志,描述了当时绝大多数城市下层居民的住房标准:"没有人工挖掘的排污沟,地板很薄,裂开的地板距潮湿的地面仅有 6 英寸。墙是掺有残渣的泥灰和煅烧极差的砖块垒起的,相当不牢固。排水管质量极差……"

12.2.1.3 居住成本高

下层居民的房屋建筑质量虽然较差,但这并不意味着房租低廉,由于大量人口涌入城市,使住房供应相对紧张,房租价格昂贵,居住成本对工人阶级来说是一笔不小的费用。19 世纪初,一间勉强能住的小房子要花去一个熟练工人每月收入的 1/4,很少有家庭能经常付得起这样的费用。因此,在许多城市,一间房屋里住 7~10 人或两家合住一间房子的现象普遍存在。虽然拥挤,但有房子住还是幸运的。恩格斯在《英国工人阶级状况》中谈道:"伦敦有 5 万人每天早晨醒来不知道下一夜将在什么地方度过。他们当中最幸运的人,如果能把一两个便士保存到天黑,就到(寄宿屋)里面去,用这一点钱在那里找到栖身之所。"②

12.2.1.4 卫生状况恶劣

由于大量人口拥挤在狭小的空间居住,而且缺少必要的排污沟、清洁用水供应、垃圾堆放和处理等基本的卫生设施,所以居住卫生状况非常恶劣,时常暴发瘟疫。卫生状况的恶劣引起了很多社会工作者和医生的关注。1842 年,利兹的外科医生罗伯特·贝克曾这样描述该城地下室的状况:"我到过一处工人家庭,他们居住在潮湿的地下室,没有任何排污系统,人们把污水污物倾倒到大街上,而这些腐烂的东西有时又流到地下室……坐的地方就是一只破凳子或几块砖块,地板大多是潮湿的……街上各种垃圾都存放几年光景了。"③ 恩格斯在《英国工人阶级状况》中描述一处住房:"这些住房至少要比大街低半英尺,没有排水沟,下雨时积起来的水一点也流不出去!"

住房问题成为当时英国工业发展过程中表现非常突出的一个问题。随着城市住房问题的日趋恶化,英国逐渐认识到在住房问题上,政府要承担起管理的调节职责,积极进行住房建设的规划和住房管理。要做到这一点,首先要改革地方市政机构的管理模式,因为地方市政机构是解决住房问题的具体实施者。原有的地方市政机构不统一,也没有效率,委员会名目繁多,其成员大多是推举的乡绅,他们主要是尽义务而不领薪俸,也很少受到中央政府的监督。因此,议会关于加强地方机构的立法显然可以推动地方市政机构的整合,有助于改善城市下层住房的措施有效实施。同时,国家通过立法的形式,还可以增强对地方市政机构的监督和指导。1855 年,英国出台了《城市管理法案》,该法案的出台使英国城市第一次建立了新的地方机构体系。

1875 年、1882 年、1885 年、1890 年和 1894 年,英国政府相继颁布了 5 部《工人阶级住房法》,扩大了地方城市在住房管理方面的权限,如依据规划兴建房屋、拆除和

---

① 马克思恩格斯全集(第 2 卷)[M]. 北京:人民出版社,1957:335.
② 马克思恩格斯全集(第 2 卷)[M]. 北京:人民出版社,1957:335.
③ 马克思恩格斯全集(第 2 卷)[M]. 北京:人民出版社,1957:335.

清理不卫生的居住区、建造和修缮下水道、提供供水等配套设施等，从而加强了中央对地方城市规划的监督，督促改建贫民区计划的实施，并为城市住房的改善、改建提供多方面的财政支持。在伦敦，19世纪60年代兴起"模范住宅"运动，建造了大量虽然拥挤但却比较卫生的房屋，低价租给下层民众；1894年颁布的《建筑法》，规定建筑物后面的空地必须和它的高度成比例。经过努力，19世纪下半叶，英国城市住房问题已经有了明显改善。19世纪末、20世纪初，英国各城市关闭了许多地下室，拆毁了危旧房屋，建造了大量光线充足、通风良好、清洁卫生的住房。

12.2.2 环境污染问题

环境污染包括空气污染和水污染等方面。在工业化过程中，英国的环境污染问题表现相当突出，尤其是空气污染问题非常严重。

12.2.2.1 空气污染

造成空气污染的主要原因有以下几点。

（1）煤炭的大量使用

随着工业的发展，英国的煤炭产量和消费量激增。据统计，1800年，英国的煤产量达1100万吨左右，到1850年已增至近5000万吨。1848年，英国煤炭产量占全世界总产量的2/3。1829—1879年间，伦敦的煤炭消费量大约增长了5倍。煤炭在支持工业化发展和方便人们日常生活方面做出了重要贡献。但我们同样不能否认，煤炭的燃烧会释放出大量的黑色或褐色烟气、粉尘和二氧化硫等污染物质，当时许多机器和炉灶的燃烧效率又不是很高，导致污染物的排放更加剧烈。在工业化早期阶段，工业生产的经济效益与烟尘是成正比的，所以在那些工厂和人口相对密集的城市，煤烟污染程度更为严重。城市上空烟雾弥漫，烟尘和空气中的水蒸气结合形成雾。18世纪到19世纪，伦敦又被称为雾都，雾都的形成与空气污染密不可分。狄更斯曾在他的小说里，以"焦炭城"来比喻曼彻斯特，在他的笔下，"焦炭城"到处是机器和高耸的烟筒，以至那些时常想呼吸点新鲜空气的人们，不得不乘火车坐几里，"然后下车到田野中溜达溜达，或者闲散一下"。

（2）化工企业的废物排放产生的化学污染

当时集中在朗科恩、威德尼斯和圣海伦斯等地的制碱工业企业，在制造过程中会生成有害的副产品盐酸和硫化钙。当盐酸与硫化钙化合时又会释放气味难闻的硫化氢，有时候臭味会扩散到兰开夏西南部很远的地方，十分刺鼻。

（3）城市居民的排泄物和生活垃圾所造成的空气污染

英国城市化带动了城市人口的巨大增长，但城市的基础设施却远远跟不上需要。人泄物、生活垃圾与动物的粪便等一起堆在粪堆上或垃圾坑里，使城市充满恶臭。很多城市贵族不敢居住在城市，在乡村建造住房居住。

英国政府解决空气污染的主要措施是以立法的形式，对燃料使用地区、使用时间或污物排放数量等进行限制。1863和1906年，英国相继颁布两个《碱业法》，以控制化学工业排放的有毒有害气体。

12.2.2.2 水污染

当时，英国城市的水污染情况也非常严重。

19 世纪以前，泰晤士河水清鱼多，是举世闻名的鲜鱼产地，也是水禽栖息的天然场所；但是，工业革命以后，河的水质迅速恶化，病菌滋生，乃至鱼类绝迹，只有少量鳝鱼，因为能直接游到水面上呼吸才得以幸存。英国国会大厦的窗子被钉死，挂浸了消毒水的窗帘。水污染导致霍乱流行，1830－1886 年间，伦敦就曾 4 次霍乱流行，每次都有上万人死亡。1831 年，一场霍乱大潮降临欧洲。在第一波霍乱菌的袭击中，英国至少有 14 万人死亡，整个欧洲死亡 90 万人。霍乱病使一个健康人感染以后通常会在24 小时死亡，是"最令人害怕、最引人注目的 19 世纪世界病"。最初，人们不知道霍乱的发病原因，有人甚至认为是空气污染所致。后来，约翰·斯诺医生观察到霍乱通常是整条街区出现。而同一街区使用同一水源，人的粪便中带有病菌，这种病菌一旦进入饮水源中被他人饮用，病菌就自然进入他人身体。剑桥大街的拐角处，有一处受污染的压水泵，周围几百户人家都靠其获取饮用水。

关于水污染问题的治理，英国政府采取了很多措施。1850 年，伦敦开始用化学药剂消毒自来水。而且，人们还意识到，城市水质问题是关乎居民生死的大问题，不能留给私人公司来经营。所以，自来水市营问题首先提上议事日程。利物浦市政府于 1847年花费巨资购买了两家私营供水公司。利兹市于 1852 年购买了私营供水公司，并不断扩大经营规模。1846—1865 年间，一共有 51 个城市新建或购买了私人供水公司。从 19世纪 60 年代起，英国又加快了供水市营化。1866—1895 年，有 176 个城市实现了自来水市营。[①] 在伦敦下水道委员会首席工程师巴扎尔盖蒂主持下，1859—1875 年，伦敦建成了 133 公里长的下水道，穿越整个城区。伦敦的下水道工程解决了饮用水和污水分离的大问题，在城市卫生治理的历史上做出了开创性的贡献，尽管城市卫生治理中还存在一些不尽人意的地方，"然而英国的城镇还是居于世界上最卫生的城镇之列，并且肯定是旧大陆最卫生的城镇"[②]，为其他城市所效仿。1878 年，英国颁布《整顿法》，确立了工厂卫生检查制度，实行饮用水和废水分离。这是保证饮用水质的关键。经过长时期治理，到 19 世纪末，英国已经达到"水既充沛又清洁，在城市比在乡间还更为充沛，更为清洁"[③]。

经过半个多世纪的治理，英国的城市供水、排污及整个卫生状况有了明显改善，伦敦变得越来越整洁干净。1851 年的万国博览会的成功举办，显示了伦敦这一国际大都市的地位和风采。城市卫生条件的改善使英国人倍感自豪，"身为一个伦敦人比身为一个巴黎人还要好些，身为一个 1820 年的伦敦人比身为一个 1760 年的伦敦人也要好些……如果生活的好坏可以用一个公算标准来衡量的话"[④]。

---

① 卡特，里维斯. 19 世纪英格兰和威尔士的城市地理 [M]. 伦敦，1990：209.

② 克拉潘. 现代英国经济史（中）[M]. 北京：商务印书馆，1986：564.

③ 克拉潘. 现代英国经济史（下）[M]. 北京：商务印书馆，1986：551.

④ 克拉潘. 现代英国经济史（上）[M]. 北京：商务印书馆，1986：83.

13　自由贸易的兴起与金本位制的发展

13.1　与自由贸易相关的经济学理论发展

自由贸易，也就是国家与国家之间的贸易像国内贸易那样，不受国家政权的干涉和影响。工业革命以前，欧洲各国奉行重商主义，各个国家都把货币看作是财富的唯一形态，把货币的多寡作为衡量国家富裕程度的标准，都强调政府干预经济生活。各国政府为了增加本国货币，保证在国际贸易中本国的出超，通常干涉国家与国家之间的贸易，对国外输入本国的商品通常要收高额的关税。这是一种与自由贸易相对的贸易保护的做法。自由贸易是西方国家自由竞争时期的产物。到了 19 世纪，各国在国际贸易中由贸易保护逐渐发展为自由贸易。引起这种转变的一个重要原因是经济学中自由经济理论的发展。古典政治经济学从它形成以来，就倡导自由经济，反对政府对经济运行的干预，形成了一套较为严密并有说服力的理论。其中，亚当·斯密和大卫·李嘉图为此做出巨大贡献。他们认为，自由贸易是各种文明类型都能够促进经济发达的根本原因。亚当·斯密认为，自由贸易除了是埃及、希腊、罗马等地中海文化蓬勃发展的原因，也是东方国家经济、文化繁荣的原因。与自由贸易相关的经济学理论主要有无形的手理论、绝对成本理论和相对成本理论。

13.1.1　无形的手

亚当·斯密的经典著作《国民的财富性质与原因的研究》（通常简称《国富论》）于 1776 年出版。这部著作的出版被认为是经济学作为一门独立学科诞生的标志，是现代政治经济学研究的起点，在经济学说史上占有重要的地位，是西方经济学的"圣经"。在这部著作中，斯密认为，看起来似乎杂乱无章的自由市场实际上存在自行调整机制，自动倾向于生产社会最迫切需要的商品种类的数量。比如，如果某种社会需要的产品供应短缺，其价格自然上升，价格上升会使生产商获得较高的利润，由于利润高，其他生产商也想要生产这种产品。生产增加的结果会缓和原来的供应短缺，而且，随着各个生产商之间的竞争，供应增长会使商品的价格降到"自然价格"即其生产成本上。在这个过程中，谁都不是有目的地通过消除短缺来帮助社会，但是问题却解决了。用亚当·斯密的话来说，每个人"只想得到自己的利益"，但是又好像"被一只无形的手牵着去实现一种他根本无意要实现的目的……他们促进社会的利益，其效果往往比他们真正想要

实现的还要好。"①

但是，如果自由竞争受到阻碍，那只"无形的手"就不会把工作做得恰到好处。因此，亚当·斯密相信自由贸易，为坚决反对高关税而申辩。事实上，他坚决反对政府对商业和自由市场的干涉。他声言这样的干涉几乎总要降低经济效率，最终使公众付出较高的代价。

13.1.2 绝对优势理论

斯密认为，生产相同的产品，不同国家的成本是不同的，且各国有各国的优势。如果各国将本国的全部资源用于生产在成本上具有绝对优势的商品，然后通过对外贸易，用自己生产的东西换取本国需要而其他国家生产的东西，在投入不变的情况下，参与贸易的各个国家均可以从中获得好处。斯密在他的《国富论》中，曾对国际经济关系的理论基础进行了分析，他假定：英国和葡萄牙各生产布和酒，在分工前，英国生产1个单位的布需要100个劳动力，生产1个单位的酒需要120个劳动力；葡萄牙生产1个单位的布需要110个劳动力，生产1个单位的酒需要80个劳动力；即英国生产布的生产成本低于葡萄牙，而葡萄牙生产酒的成本低于英国，双方都在某些产品生产上分别具有绝对优势。实行分工后，英国用220人生产布而不生产酒，葡萄牙则用190人生产酒而不生产布，这样，英国用220人便能生产2.2单位的布，而葡萄牙用190人则能生产2.375单位的酒。分工后的效率提高了，资源配置获得了改进，两国交换商品都能获得利益。

具体说来，斯密的国际贸易理论主要有以下几方面的内容。

13.1.2.1 分工可以提高劳动生产率，增加国民财富

每一个人都有自己的优势产品，如裁缝的优势产品是做衣服，鞋匠的优势是做鞋子。社会生产进行分工，每个人都致力于生产自己最有优势的产品，能够提高整个社会的劳动生产率。推而广之，每一个地区、国家由于传统不同、自然资源禀赋不同，同样有自己的优势产品，每个地区都致力于生产自己的优势产品，然后进行交换，同样可以提高劳动生产率。

13.1.2.2 分工的原则是成本的绝对优势或绝对利益

分工既然可以极大地提高劳动生产率，那么每个人专门从事他最有优势的产品的生产，然后彼此交换，则对每个人都是有利的，即分工的原则是成本的绝对优势或绝对利益。他以家庭之间的分工为例说明了这个道理。他说，如果一件东西购买所花费用比在家里生产的少，就应该去购买而不要在家里生产，这是每一个精明的家长都知道的格言。裁缝不为自己做鞋子，鞋匠不为自己裁衣服，农场主既不打算自己做鞋子，也不打算缝衣服。他们都认识到，应当把他们的全部精力集中从事比邻人有利地位的职业，用自己的产品去交换其他物品，会比自己生产一切物品得到更多的利益。

---

① 亚当·斯密. 国民的财富性质与原因的研究 [M]. 北京：商务印书馆，1979.

13.1.2.3　国际分工是各种形式分工中的最高阶段，在国际分工基础上开展国际贸易，对各国都会产生良好效果

斯密把生产分工由家庭推及国家，论证了国际分工和国际贸易的必要性。他认为，适用于一国内部不同个人或家庭之间的分工原则，也适用于各国之间。国际分工是各种形式分工中的最高阶段。他主张，如果购买外国的产品比自己国内生产的要便宜，那么最好是输出在本国有利的生产条件下生产的产品，去交换外国的产品，而不要自己去生产。他举例说，在苏格兰可以利用温室种植葡萄，并酿造出同国外一样好的葡萄酒，但要付出比国外高 30 倍的代价。他认为，如果真的这样做，显然是愚蠢的行为。每一个国家都有其适宜于生产某些特定产品的绝对有利的生产条件，如果每一个国家都按照其绝对有利的生产条件（即生产成本绝对低）去进行专业化生产，然后彼此进行交换，则对所有国家都是有利的，世界的财富也会因此而增加。

13.1.2.4　国际分工的基础是有利的自然禀赋或后天的有利条件

斯密认为，有利的生产条件来源于有利的自然禀赋或后天的有利条件。自然禀赋和后天的条件因国家的不同而不同，这就为国际分工提供了基础。因为有利的自然禀赋或后天的有利条件可以使一个国家生产某种产品的成本绝对低于别国，而在该产品的生产和交换上处于绝对有利地位。各国按照各自的有利条件进行分工和交换，将会使各国的资源、劳动和资本得到最有效的利用，将会大大提高劳动生产率和增加物质财富，并使各国从贸易中获益。这便是绝对成本说的基本精神。

要实现国际分工创造的经济效益，必须有自由贸易作为前提。所以，斯密坚决支持自由贸易，反对各国政府对国际贸易的干预。

13.1.3　比较优势理论

斯密绝对优势说不能回答这样的问题：如果一国在所有产品生产上都不存在着绝对有利的生产条件，那么这个国家还要不要参加国际贸易，或者说还能不能从国际贸易中获得利益呢？而当时许多殖民地便处于这种状况，它们又与宗主国之间发生了大量的双向贸易。

大卫·李嘉图（D. Ricardo）提出的比较成本说（亦称比较优势理论）解释了这一问题。李嘉图认为，即使一国在所有产品的生产成本上与别国相比都处于劣势，仍然会进行国际贸易，仍然可以获得贸易利益。

只要处于劣势的国家在两种商品生产上劣势的程度不同，处于优势的国家在两种商品生产上优势的程度不同，则处于劣势的国家在劣势较轻的商品生产方面具有比较优势，处于优势的国家则在优势较大的商品生产方面具有比较优势。两个国家分工专业化生产和出口其具有比较优势的商品，进口其处于比较劣势的商品，则两国都能从贸易中得到利益。这就是比较优势原理。也就是说，两国按比较优势参与国际贸易，通过"两利取重，两害取轻"的原则，生产那些成本相对低的商品，然后对外贸易，用自己生产的商品换取本国需要而由它国生产的商品，两国都可以提升福利水平。

李嘉图在他的《政治经济学及赋税原理》（商务印书馆 1962 年版）中，则分析如

下：英国的情形可能是生产一定量的毛呢需要 100 人 1 年的劳动；而如果要酿制葡萄酒则需要 120 人劳动同样长的时间。葡萄牙生产同等数量的葡萄酒可能只需要 80 人劳动 1 年，而生产同等数量的毛呢只需要 90 人劳动 1 年。因此，对葡萄牙来说，输出葡萄酒以换取毛呢是有利的。虽然葡萄牙能够以 90 人的劳动生产毛呢，但它宁可从一个需要 100 人的劳动生产毛呢的国家输入，因为对葡萄牙来说，与其挪用生产葡萄酒的一部分资本去织造毛呢，还不如用这些资本生产葡萄酒，因为由此可以从英国换取更多的毛呢。

古典政治经济学的这些理论分析，据有较强的说服力，逐渐被欧洲各国所接受。这一时期，人们普遍认为实行自由贸易能够增加参与国的财富，在英国的带动下，18 世纪末欧洲及其殖民地走向自由贸易的道路。在这个过程中，英国起到巨大的作用。

13.2　英国的自由贸易进程

13.2.1　英国自由贸易的发展过程

1768 年英法之间签订了《艾登条约》，这是自由贸易取得的初步成功。根据这个条约，两国之间的贸易有部分产品可以免除贸易关税，其他大量商品在两国之间的贸易关税水平也比以前有了大幅的降低。这一条约的签订，使两国之间的贸易额大增。但是，1792 年英法战争爆发，使得《艾登条约》废止，逆转了贸易自由化的趋势。

重商主义盛行时期，包括英国在内，欧洲各国普遍采取关税制度保护本国市场，随着工业资产阶级的不断壮大，自由贸易和保护贸易的斗争开始显现。两种观点斗争的焦点集中到《谷物法》的实行与废止上。英国于 1815 年制订的限制谷物进口的法律，规定国产谷物平均价达到或超过某种限度时方可进口，目的是维护土地贵族的利益。实施该法后，谷物价格骤升，工人生活成本提高，要求提高工资，导致工业产品成本提高，而且由于吃粮支出增加也挤占了对工业制品的消费，限制了工业品市场的空间；外国也提高了英国工业品进口税，从而损害了工业资产阶级的利益。反对《谷物法》、实现自由贸易成为工业资产阶级反对土地贵族，争取更大权利的重要任务。经过英国新兴工业资产阶级的不断努力，终于在 1846 年英国宣布废除《谷物法》，标志着英国自由贸易发展取得重大胜利。

1822 年，哈斯基森担任商务大臣，他在任内对英国的关税进行了大刀阔斧的改革。哈斯基森为彻底消除与欧洲国家的贸易纠纷，向议会提出《互惠关税法案》，建议对所有进入英国的货物，不论用何种船只运输，一律征收同等关税并实行税后退款。该法案终于以 75 票对 15 票被议会下院通过。起初，《互惠关税法案》受到英国国内商船主的强烈反对，因为他们担心海运业的垄断权因此被剥夺。然而，法案实施后英国对外贸易的迅速增长，大大补偿了他们的损失，各种不满很快消散。在努力与各国建立贸易互惠关系的同时，哈斯基森不遗余力地推行他的自由主义商业政策。从 1823 年到 1825 年，他先后取消了长期以来对外国生丝输入英国的禁令，调整降低了全部的商品进口关税。特别是 1825 年，哈斯基森对《航海条例》继续做出重大修订，宣布向所有拥有海外殖民地的国家开放英国的殖民地贸易，条件是这些国家必须做出相同的让步。1827年，英国再次修订《谷物法》，进一步降低了允许谷物进口的价格标准。哈斯基森在1823—1825年的改革是英国在自由贸易进程中取得的重要成果。以后的20年里，英国自由贸易取得一连串的胜利。

最终，英国彻底废除《航海法令》。《航海法令》是英国在重商主义盛行时期制定的一系列法案，其根本目的是通过国家干预手段保护海外贸易。《航海法令》的主要内容有：第一，英国与殖民地之间相互运送货物，只能用英国或殖民地的船只，这样就把其他国家，主要是当时海上航运业非常发达的荷兰排挤出了英国的沿海贸易以及英国与其殖民地之间的贸易。第二，殖民地出口的物品只能向英国出口，进口的物品只能由英国进口。这人为地干涉国际贸易，与自由贸易理论相违背。

在自由贸易政策的影响下，英国在其殖民地体系内的贸易政策也发生了相应的变化。英国早期对殖民地通过《航海法令》实行贸易垄断，后来，随着工业化的进展，逐渐变成特惠制，英国商品在殖民地享受特殊低关税政策，而其他国家的产品虽然也可以销往殖民地，但需要承受高关税，从而对英国商品扩大殖民地市场创造条件。以后，英国自由贸易政策的实施促使它修改对殖民地的贸易政策，1849年废除小麦特惠关税，1860年废除特惠葡萄关税。再加上加拿大、澳大利亚、南非、新南威尔士等殖民地经济势力和独立意识的增加，主张拥有独立关税自主权，特惠制逐渐瓦解。英国的殖民地贸易政策也趋于自由贸易原则。

13.2.2　自由贸易的扩散

当时英国是欧洲，也是整个世界最强大的国家，欧洲国家热衷于效仿英国。19世纪50年代，在英国实行自由贸易政策以后，欧洲很多国家也逐步实行自由贸易政策。

法国是当时欧洲第二个工业强国，法国一贯执行贸易保护主义政策，19世纪上半期更是如此。当时，法国为了抵制英国棉纺织品和毛纺织品的竞争，一方面绝对禁止棉纺织品和毛纺织品的进口，另一方面提高原材料和中间产品的进口。从19世纪中叶起，法国也逐渐倾向于自由贸易。1853—1855年期间，法国曾降低煤、铁、钢材、羊毛、棉花进口税。1860年《英法条约》（《柯布敦—舍瓦利埃条约》）签订，根据该条约，英国同意废除所有制成品的关税，把对白兰地、葡萄酒征收的关税减低到殖民地产品的水平，这使法国获利最大。法国方面降低英国煤炭、焦炭、条铁、生铁、钢、机器、工具、纱线、大麻及亚麻制品的关税，征收关税的商品减少到总数的30%，关税平均约为15%，法国放弃极端保护主义选择了温和的保护主义。这个条约是19世纪60年代把欧洲大部分地区变成低关税集团的第一个贸易条约，标志着自由贸易把法国这个一向被视为欧洲保护主义关税的堡垒也攻克了。随后，欧洲开始了一系列根据自由贸易原则进行的关税条约的谈判，相互之间降低或免除关税。法国1862年与比利时和德意志建立了关税同盟，1863年与意大利，1864年与瑞士，1865年与瑞典、挪威、汉萨、西班牙和荷兰，1866年与奥地利，1867年与葡萄牙分别签订了类似的贸易协定。连当时已经实行自由贸易的英国也与比利时、意大利、奥地利、瑞士和德意志关税同盟缔结条约。19世纪60年代成为欧洲自由贸易的黄金时代。

在欧洲多数国家实行自由贸易的同时，德国却相对落后。因为德国工业革命起步较晚，与英国、法国相比，工业相对落后，直到19世纪60年代才逐渐放松以关税为主要工具的保护政策，出现自由贸易倾向。从1865年修改关税法开始，德国于1867年修改关税同盟条约，以后又废除出口税及部分进口税，降低进口税率，但在自由贸易进程中始终与其他欧洲国家相比存在巨大差距。欧洲以外的重要国家——美国在自由贸易盛行时期也处于落后状况。美国在南北战争以后，北方胜利，北方工业较为发达，为了保护北方工业，实行较为严格的贸易保护做法，不断提高工业品进口关税，就工业品贸易来说，美国并未出现自由贸易时代。

13.2.3　自由贸易的影响

自由贸易的做法对国际贸易产生巨大的影响。自由贸易一方面促进了国际贸易的发展，另一方面也体现了对不同国家的不公平。一般的，相对发达的国家从自由贸易中获得的好处大于相对落后国家所获得的利益。具体说来，自由贸易的影响主要有以下几方面。

13.2.3.1　国际贸易取得异乎寻常的增长

19世纪60年代的自由贸易政策，使国际贸易取得异乎寻常的增长。国际贸易在1800—1913年间，每10年增长33%，而在1840—1870年间达到53%的最高增长率。在1720—1800年的80年里，世界贸易的总量增长了1倍。进入19世纪，世界贸易增长速度加快，19世纪前70年世界贸易增长了十几倍，特别是19世纪40年代—70年代，世界贸易的增长快于世界工业生产的增长（见表13-1）。

表 13-1　1720—1900 年世界贸易和世界工业生产平均增长率

时间	世界贸易增长率	世界工业增长率
1720—1780	1.1	1.5
1780—1820	1.37	2.6
1820—1840	2.81	2.9
1840—1860	4.84	3.5
1860—1870	5.53	2.9
1870—1900	3.24	3.7

资料来源　宫崎原一等：《近代国际经济》，中国财政经济出版社1990年版，第21页。

13.2.3.2　最惠国条款成为大多数贸易协定的内容

1860年的《英法条约》包含了最惠国条款，该条款也成为以后大多数贸易协定的内容。最惠国待遇是目前国际经济贸易关系中常用的一项制度，是指国与国之间签订条约，在进出口贸易、税收、通航等方面互相给予优惠利益、享受某些特权的一项制度，相互给予对方的优惠或特权，不低于给予任何其他国家的优惠、特权的待遇。条约中规定这种待遇的条文称"最惠国条款"。这样就会出现一种情况，即当某一个国家给予其他国家更好的待遇的时候，那么所有与这个国家签订最惠国待遇的国家都无条件地自动享有这种待遇。这意味着，对一国的关税减让会自动适用于其他所有享受最惠国待遇的国家，于是刺激了以多边条约为基础的贸易扩张。最惠国条款的存在还成为限制关税保护的重要手段。

13.2.3.3　欧洲国家还在贸易以外的领域进行合作

19 世纪 60 年代，由于低关税而紧密联系在一起的欧洲国家还在贸易以外的一些领域进行了合作，签订了许多国际公约来促进国际铁路、运河、电报、邮政事业的发展。1868 年，西欧最重要的贸易通道莱茵河对所有国家船只自由开放。1865 年，建立了拉丁货币同盟，法国、比利时、意大利和瑞士同意将其货币价值标准化。自由贸易引起了国际经济一体化的发展，尤其促进了欧洲经济一体化。

13.2.3.4　自由贸易政策损害了殖民地国家的利益

在欧洲与东方的贸易中，很多贸易条约是在不平等、非自愿互利的条件下签订的。东方国家或多或少地被剥夺了本国的关税自主权，西方国家将自由贸易原则强加给对方，又由于有最惠国条款的存在，东方国家的大门向所有西方国家敞开。例如，中国和日本最初只与英国和美国分别签订过不平等条约，西方列强利用最惠国待遇同样取得了在中日两国的特权。1853 年，美国海军准将马休·贝里率领舰队进入江户湾与德川幕府谈判。1854 年，日本与美国签订了神奈川《日美亲善条约》（又名《神奈川条约》），同意向美国开放除长崎外的下田和箱馆（函馆）两个港口，并给予美国最惠国待遇等。

随着自由竞争向垄断的过渡，自由贸易又逐渐为保护贸易所代替。从 19 世纪 80 年代到第二次世界大战前的 60 年间，是自由贸易逐渐走向衰亡的时期。第二次世界大战后，经济实力大为增强的美国竭力鼓吹贸易自由化，主张降低关税，取消数量限制，实行无差别待遇的互惠原则。在它的影响下，建立起以"关税及贸易总协定"（1947，GATT 是世界贸易组织 WTO 的前身）与"国际货币基金协定"（1945 年 12 月 27 日成立）为中心的国际经济贸易体制。经过 40 余年的矛盾与冲突，从世界范围来看，关税壁垒大为削弱，贸易数量限制有所放宽，贸易自由化取得进展。但其他各种形式的贸易壁垒却大为加强，新贸易保护主义势力有增无减，贸易自由化成为经济大国进行贸易扩张的工具。

13.3　金本位体制的形成与发展

13.3.1　金本位及特点

金本位即金本位制（Gold standard），就是以黄金为本位币的货币制度。金本位制于 19 世纪中期开始盛行。它的特点是：①用黄金来规定所发行货币代表的价值，每一货币单位都有法定的含金量，各国货币按其所含黄金的重量而形成一定的比价关系；②金币可以自由铸造，任何人都可按法定的含金量，自由地将金砖交给国家造币厂铸造成金币，或以金币向造币厂换回相当的金砖；③金币是无限法偿的货币，具有无限制支付手段的权利；④各国的货币储备是黄金，国际结算也使用黄金，黄金可以自由输出或输入，当国际贸易出现赤字时，可以用黄金支付。

从这些内容可看出，金本位制具有自由铸造、自由兑换、自由输入输出这三大特点。随着金本位制的形成，黄金承担了商品交换的一般等价物，成为商品交换过程中的媒介，金本位制是黄金的货币属性表现的高峰。

13.3.2 英国实行金本位制

最早实行金币本位制的国家是英国（牛顿最早提出这一制度）。在此之前，英国及欧洲其他很多国家实行金银复本位制，即黄金和白银都是本位币的币材。这种制度的优势在于：一方面来源充足，货币材料来源既可以是白银也可以是黄金，两种币材之间可以相互补充；另一方面使用方便，当需要进行大额交易时可以使用黄金，小额交易则使用白银；既能同发达资本主义国家之间进行金币贸易，又能同殖民地国家进行银币交易。但是，金银复本位制的缺陷是可能出现"劣币驱逐良币"的情况，导致一国货币关系紊乱，也会引起国际货币关系动荡，从而阻碍国际贸易的发展。为了克服这种缺陷，19 世纪发明了一种新的货币制度，即"金本位制"。

在 18 世纪初，英国以黄金计价的白银价值被大大低估，白银退居到辅币的地位，而且留在流通中的银币也都磨损严重。随后，白银作为货币单位的重要性不断降低，1774 年左右，银币的法偿地位仅限于 25 英镑以下。到 18 世纪末期，白银已经从英国交换流通中消失，英国走向了事实上的金本位制。1816 年，英国铸币法允许铸造金索洛林，这是一种价值 20 先令的金块。金索洛林的黄金含量与黄金铸价固定一致，银币只是黄金的法定辅币，而且由于规定只能进行 2 英镑的法偿支付而进一步受到限制。1819 年，恢复了因为英法战争而停止的银行券自由兑换黄金的业务。当时，一项国会通过的法案许可英格兰银行恢复以金块进行现金支付。1821 年的法案又允许以金币进行现金支付，而且取消了把金币熔化成金块的法律限制，宣布金银锭可以自由交换。这意味着英国在法律上实现了完全的金本位制。

13.3.3 金本位的国际扩散

英国以外的主要欧洲国家直到 19 世纪下半期才陆续采用金本位制。妨碍这些国家采取金本位制的一个重要因素是害怕实行金本位制后，会出现货币短缺的困难。19 世纪中期，加利福尼亚和澳大利亚发现大金矿，使世界黄金产量增长了 10 倍。世界性黄金增产使金价下跌，金银比价由 1850 年的 1∶15.70 降为 1865 年的 1∶15.40，在此之前最低点曾达到 1∶15.21。这一形势缓和了这些欧洲国家的顾虑。19 世纪 40 年代和 50 年代，在内华达和其他地方发现巨大银矿，世界白银产量急剧增长，世界市场白银充斥。1873 年，美国暂停铸造银币，白银价格下降，银金比价降到 16∶1 以下，白银开始普遍非货币化。实行银本位制和金银复本制的国家面临着大幅度通货膨胀的威胁。

德国首先从银本位转向金本位。其原因有几个方面：第一，当时，与德国有重要贸易关系的许多东欧国家放弃银本位，发行不可兑换的纸币，德国如果在与这些国家的商业关系中坚持银本位不会获得任何好处；第二，德国与非欧洲国家的大部分商业关系都通过实行金本位制的英国筹措资金，在国际贸易中以黄金作为记帐单位，如果德国不采用金本位制，会形成诸多的不便；第三，1867 年，在巴黎国际货币会议上，许多欧洲国家代表热烈赞同普遍采用金本位制；第四，德国从普法战争中掠取的巨额战争赔款，为金本位制的实施奠定了基础。在诸多因素的作用下，德国于 1871 年和 1872 年相继通过法案，进行了一次大的货币改革，正式实行了金本位制。德国的货币法案规定：①以黄金作为货币金属；②只有金币可以自由铸造并且有无限法偿能力；③对银币采取限制铸造制度，以人口为标准，每人不得超过 10 马克，银币一次的支付额以 20 马克为限，大量银块和银币被用来在金银市场上购买黄金，以弥补国内铸币金属的不足。

随后，荷兰在 1874 年停止铸造银币，不久就采用黄金作为记账单位。挪威、瑞典和丹麦也紧随其后。在这些国家的压力下，努力维持复本位制的拉丁货币同盟于 1874 年开始实行"跛行"金本位制，即禁止铸造银币。白银虽然是法偿货币，但却不以银币形式出现，也不能在商业交易中大量使用。到 1878 年，英国、比利时、荷兰、法国、德国、瑞士和斯堪的纳维亚国家都实行了金本位制，白银在欧洲已经不再是一种国际本位货币了。

俄国和日本在 1897 年实行金本位，同年，印度通过了使卢比汇率绑定英镑的金汇兑本位制。一年以后，菲律宾以同样方式与美元联系在一起。美国直到 1900 年才实行金本位。1900 年以后，包括亚洲的锡兰（今斯里兰卡），拉丁美洲的阿根廷、墨西哥、秘鲁和乌拉圭等先后采用金本位制。全世界共有 59 个国家实行过金本位制。"金本位制"虽时有间断，但大致延续到 20 世纪的 20 年代。由于各国的具体情况不同，有的国家实行"金本位制"近 100 年，有的国家仅有几十年的"金本位制"历史，而中国一直没有施行过金本位制。到 1914 年，中国仍然是固守银本位制的主要国家。

到 19 世纪后期，金币本位制已经在资本主义各国普遍采用，它已具有国际性。由于当时英国在世界经济体系中的突出地位，它实际上是一个以英镑为中心，以黄金为基础的国际金本位制度。这种国际金本位制度持续了 30 年左右，到第一次世界大战爆发时宣告解体。在金本位制度的全盛时期，黄金是各国最主要的国际储备资产，英镑则是国际最主要的清算手段，黄金与英镑同时成为各国公认的国际储备。英镑之所以与黄金具有同等重要的地位，是由于当时英国强大的经济力量，伦敦成为国际金融中心，英国也是国际经济与金融活动的中心，于是形成一种以黄金和英镑为中心的国际金本位制，也有人称之为英镑汇兑本位制（Sterling Exchange Standard System）。

13.3.4 对金本位制的评价

金本位制的运行，要求政府不能采用政策手段干预黄金的流入或流出，这必然使人们产生一种担忧，如果出现极端情况，导致一国黄金大量流出，将会导致国内货币供应不足，影响经济运行；反之，黄金的大量流入，必然导致严重的通货膨胀。这两种情况的出现都会降低经济效率，影响经济秩序。但是从理论上分析，极端情况是不可能出现的，因为在金本位制度下，黄金的流动具有自我调整的机制。大卫·休谟、亚当·斯密和 J. S. 米勒等经济学家都对此做过分析，这种机制可以称为"价格－硬币流动机制"。这个机制由 4 个环节衔接而成：国际收支和黄金国际上的联系、黄金数量和货币供给量的联系、货币量和物价的联系、物价水平和商品进出口的联系。根据这个机制，由黄金流动引起的物价变化会产生调节作用。假如一国出现国际收支逆差，会使黄金流失，黄金流出将减少国内货币供给量，国内货币供给量的下降会降低物价水平，物价水平下降将导致出口增加、进口下降，从而达到改善国际收支的目的。

金本位的运行机制也存在着缺陷：①汇率过于僵硬，无法以汇率作为有效的政策工具，应付国际收支失衡。②该机制要顺利运行，货币当局不能采取任何货币政策抗拒黄金流入或流出对本国货币供给产生的影响，所以，各国必然丧失货币政策的自主性。③该机制的致命缺陷在于，它将外部平衡置于内部平衡之上，逆差时以国内经济紧缩为代价，顺差时以国内经济膨胀为代价。④金本位制对中心国家比较有利，中心国家可以通过改变贸易条件等方法，把相当大一部分的调整费用转嫁给生产初级产品的外围国家。

13.3.5　金本位制的崩溃

金本位制通行了不到100年，至1914年第一次世界大战爆发，标志着这种国际货币制度的终结。尽管一战以后，欧美各国努力恢复金本位制，但这种恢复是不全面的，1929年爆发的经济危机使这种尝试最终流产。金本位制没有长期存在的主要原因有：

第一，黄金生产量的增长幅度远远低于商品生产增长的幅度。18世纪中期的工业革命极大地提高了人类的生产能力，19世纪末期出现的第二次产业革命又一次把社会生产力提高到一个新的层次。这期间，社会财富极大增长，商品流通规模达到前所未有的程度，而世界黄金的生产受到储藏量与开采速度等因素的限制，没有相应增长，导致黄金不能满足日益扩大的商品流通需要。这就极大地削弱了金铸币流通的基础。

第二，世界已经生产出来的黄金，在各国的分配不平衡。1913年末，美、英、德、法、俄五国占有世界黄金存量的2/3。黄金存量大部分为少数强国所掌握，必然导致金币的自由铸造和自由流通受到破坏，削弱其他国家金币流通的基础。

第三，第一次世界大战爆发，黄金被参战国集中用于购买军火，黄金作为一种重要的战略物资，决定了参战国的军事实力与装备。这一时期，各国对于黄金的流通进行管制，很多国家停止黄金自由输出和银行券兑现，破坏了金本位的运行机制，从而导致金本位制的崩溃。

13.4　世界经济格局的初步形成

13.4.1　国际分工体系的建立

工业革命在欧美国家扩散以后，在世界市场的基础上国际分工体系形成了。随着欧美国家完成了工业革命，生产力水平得到极大发展，劳动生产率成百倍提高，世界各国经济发展水平出现很大差距，经济发达国家生产的产品本国已经无法全部消化，必须寻求国外需求市场；而发达国家生产所需要的原料，只由国内供应也不能满足需求，必须到海外去寻找，开辟新的供应地。这样，产生了国际分工，一方面，发达国家从事工业品的生产，落后国家提供原材料；另一方面，世界上不同的国家自然资源禀赋不同，对于不同产品的生产能力不同，也形成了跨国家和跨地区的经济上相互依赖的劳动分工。

影响国际分工的条件主要有：①生产力水平因素。它是国际分工形成与发展的决定因素。只有在社会生产力有了很大提高的情况下，才会产生进行国际分工的要求。②生产关系因素。参与国际分工国家的社会生产关系决定着国际分工的性质和特点。例如，在旧殖民主义时期，国际分工明显带有宗主国掠夺、统治殖民地、附属国的性质和特点。③自然条件因素。不同国家的地理、气候、资源、国土等条件不同，为国际分工提供了自然基础。但现实中究竟如何进行国际分工，归根结底是由社会生产力水平和社会经济关系决定的。

国际分工的发展阶段与人类社会生产力发展阶段相适应。一般来讲，可把国际分工分为3个阶段：第一阶段是国际分工的形成阶段，时间从18世纪中期开始到19世纪末期。18世纪中期开始了工业革命，机器生产取代手工劳动，促进社会生产力水平极大提高，一些实现了工业化的国家成为世界工业制品的主要生产国，而没有实现工业化的国家，生产力水平仍然保持过去落后的状况，主要向发达国家提供原材料。第二阶段是国际分工发展阶段，时间从19世纪末期到20世纪中期。19世纪末期出现了第二次产业革命浪潮，发电机、电动机、内燃机的发明及其广泛应用，使生产力更加提高，社会生产活动分工更加精细，特别是一些落后国家也在一定程度上引入机器生产，能够向国际市场提供初级加工品。第三阶段是国际分工深化阶段，时间从20世纪40年代、50年代开始，这一时期出现了第三次科技革命，它导致了一系列新兴工业部门的诞生，如高分子合成工业、原子能工业、电子工业、宇航工业等，对国际分工的深化产生了广泛影响，使国际分工的形式和趋向发生了很大的变化，使国际分工的形式从过去的部门间专业分工向部门内专业化分工方向迅速发展。

按参加国际分工经济体的生产技术水平和工业发展情况的差异来分类，可划分为两种不同类型的国际分工形式：①垂直型经济分工。这是指经济技术发展水平相差较大的经济体之间的分工，部分国家供给初级原料，而另一部分国家供给制成品的分工形态，如发展中国家生产初级产品，发达国家生产工业制成品。这是不同国家在不同产业间的垂直分工。②水平型经济分工。这是指经济发展水平相同或接近的国家（如发达国家以及一部分新兴工业化国家）之间在工业制成品生产上的分工。如英国纺织业发达，英国生产更多的纺织品出口，瑞士钟表业发达，瑞士生产钟表产品出口，日本家用电器发达，德国汽车生产业发达。当代发达国家的相互贸易主要是建立在水平型分工的基础上的。19世纪中期以后的国际分工形式，主要是垂直分工，即由英国等先进国家出口制成品，销往落后国家或殖民地，而后者出口原料供应前者；前者成了世界大机器生产的中心，后者成为附庸。正如马克思所说："一种和机器生产中心相适应的新的国际分工产生了，它使地球的一部分成为主要从事农业的生产地区，以服务于另一部分主要从事工业的生产地区。"这种垂直分工在19世纪中叶以后，特别是19世纪70年代以后得到扩大、加深。因为工业国已经不再是英国一个国家，还包括欧洲和北美各国，以及亚洲的日本；而原料供应地也不再是殖民地，而是世界所有落后地区，原材料供应所涉及的范围也更广，有赞比亚的铜，苏里南、牙买加、圭亚那和加纳的铝矾土，巴西的铁矿石，玻利维亚的锡，约旦和摩洛哥的磷，海湾各国的石油等。这个时期，国际分工的特点虽然以垂直分工为主，但并不意味着没有水平分工，先进国家之间的商品贸易大部分是在水平分工基础上的国际贸易。先进国家之间的贸易在世界贸易总额中比重不大，直到 1913 年，只有 43%，而它们与殖民地的贸易则占 52%。

13.4.2　国际贸易制度的建立

随着自由经济理论的普遍接受，国际贸易在各个方面也发生显著变化，国际贸易制度逐渐建立和完善。国际贸易是指一个国家或地区同别的国家或地区进行商品和劳务交换的活动。它是在国际分工和商品交换基础上形成的。19 世纪 60 年代，自由贸易在以欧美为主的世界范围内推广，可用于交换的产品空前增加；同时，大工业也使交通和通讯发生了变革，从而大大促进了国际贸易的发展。国际贸易各方面都发生了显著变化。

13.4.2.1　国际贸易量迅速增加

在 1720—1800 年的 80 年里，世界贸易的总量增长了 1 倍。进入 19 世纪，世界贸易增长速度加快，19 世纪前 70 年世界贸易增长了十几倍，特别是 19 世纪 40 年代～70 年代，世界贸易的增长快于世界工业生产的增长。

13.4.2.2　国际贸易的商品结构发生了很大变化

国际贸易的商品结构发生很大变化，工业品比重上升，其中纺织品的增长最快并占重要地位。粮食成为当时国际贸易的大宗商品，占当时国际贸易额的 10% 左右。

13.4.2.3　国际贸易方式有了进步

国际贸易方式有了进步，国际定期集市的作用下降，现场看货交易逐渐转变为样品展览会交易。1851 年，英国举办第一届世界博览会（当时称万国博览会），通过样品与价格的权衡决定购买，扩大了商品交易的规模。这种世界性的商品博览会定期在各国举行，商品价格和销售条件逐渐统一，促进了国际贸易的发展。另外，商品交易所交易也迅速发展。1848 年，美国芝加哥出现第一个谷物交易所；1862 年，伦敦成立了有色金属交易所；19 世纪后半期，在纽约成立了棉花交易所。这些交易所的行市集中地反映了世界市场上该商品供求关系的基本态势，其销售条件体现了长期的贸易过程中形成的通行做法，因而其价格和成交条件具有广泛性和代表性，在国际上被普遍接受，从而对各地市场有着极大的影响，成为各地交易时参照的标准和调整的依据。期货交易也开始出现，小麦、棉花等常常在收获前就已经售出。

13.4.2.4　国际贸易的组织方式有了改进

19 世纪以前，为了争夺国际贸易的独占权，英国、荷兰、法国等纷纷建立由政府特许的海外贸易垄断。随着贸易规模的扩大，原先的公司垄断地位丧失，很多有限责任的股份制公司参与到国际贸易中来。而且，这些公司日益专业化，成立了许多专门经营某一种或某一类商品的贸易企业。

13.4.2.5　政府对外贸易干预减少

政府对对外贸易中的干预减少，各个国家开始相继推行自由贸易政策，与前一时期政府直接经营外贸有很大的区别。为了调整各国彼此之间的贸易关系、协调移民和其他方面的待遇问题，各国努力寻求协调分歧和消除争端的途径，其中制定调整国际经贸关系的法律规范、统一有关各方面都能接受的贸易惯例成为主要方式。

13.4.2.6　在保险业方面的统一性也取得了进展

1912 年，伦敦保险协会制定了《协会货物保险条款》，简称 ICC，后经多次修订，成为目前应用最广的保险条款。这表明国际保险市场上"销售条件"统一性的实现取得了重大进展。

13.4.3　国际金融制度的建立

在 18 世纪 60 年代到 19 世纪中后期，国际金融制度在国际结算制度、国际金融市场和国际货币体系建设方面都取得了重大进展。

国际结算制度又称国际结算体系，它是指各国之间结算债权债务关系的基本方法和总的原则。这一时期，伴随着国际贸易的发展，多边结算制度出现了。国际结算制度一般分为双边国际结算制度和多边国际结算制度。在国际贸易的初级阶段，各国间的贸易主要是双边贸易。双边贸易的特点是：除了物物交换以外，对外贸易清算时必然伴随着贵金属货币的流动。当时，许多国家都奉行重商主义原则，将贵金属视为国家财富，因而对进口贸易都采取限制措施。双边贸易由于缺乏有效的支付手段作为后盾而受到制约。为了缓和支付手段短缺对国际贸易的制约，"三角贸易"便发展起来。三角贸易的优点是：A 国对 B 国的贸易逆差可以用 A 国对第三者 C 国的贸易顺差来抵偿，前提条件是 B 国对 C 国的贸易存在贸易逆差。这样，在三角贸易中便减少了贵金属的流动。

19 世纪以后，随着工业革命在欧洲和北美的深入发展，以及世界贸易和对外投资在范围和数量上的急剧增长，国际信贷关系也迅速扩大。以伦敦为例，伦敦不仅是短期信贷中心，而且是长期信贷中心。在拿破仑战争结束后的 1815－1830 年间，在伦敦金融市场上以发行债券形式进行借贷的，主要是欧洲大陆一些国家的政府、南美独立战争期间的一些革命政府和美国的一些州政府。这些政府纷纷在伦敦金融市场通过发行债券、股票等形式进行借贷。这些政府借款，有的用来资助工业发展，如鼓励建立新的纺织工业；有的用于这些地区的铁路建设和矿山开采，有的用于城市公用事业建设投资，如 19 世纪 50 年代，欧洲大陆一些城市公用事业如煤气和采矿业的建设资金很多都来源于此。

14 垄断的形成

14.1 垄断的产生

19世纪60年代，亚当·斯密和大卫·李嘉图所倡导的自由经济理论取得了胜利，欧洲各国普遍实行自由贸易的政策，一般情况下，政府不干涉经济，而是由市场机制自发地调节经济的运行。市场经济体制具有资源配置的高效性，极大地促进了各国经济的发展，国际贸易量迅速增加。经济活动突破了国家界限，世界经济按同一步调发展。然而，到了19世纪末20世纪初，资本主义生产关系发生了重要的变化，在一系列并购之后，经济生活中出现垄断。

14.1.1 垄断的理论分析

垄断是指少数大资本家为了共同控制某个或若干部门的生产、销售和经营活动，以获取高额垄断利润而实行的一种联合。它是帝国主义最深厚的经济基础，是帝国主义的经济实质。通常认为，垄断是西方经济发展到一定时期而出现的现象。事实上，垄断一词在古汉语中就有。《孟子·公孙丑下》有这样的描述："必求垄断而登之，以左右望而罔（音 wǎng）市利。"这是说，在交易市场上，有一个人居高临下统观整个市场，以便寻找机会以最高的价钱卖掉自己的货物，以最低的价钱买进其他的商品，尽收市场之利。这就是"垄断"。

根据不同的标准，可以对垄断进行分类，一般可以把垄断分为5种类型：①资源性垄断。由于独占或少数生产者占有某种资源，使其他生产者不能够生产同种商品而形成垄断，如茅台酒、大红袍茶叶等。②技术性垄断，即由于掌握专利技术、特殊工艺、产品秘方而形成的垄断地位，如 Windows 操作系统、可口可乐等。③经营性垄断。由于市场上某种商品的经营者数量较少，从而对产品数量和价格可以达成合谋而形成的垄断，如洋快餐等。④强制性垄断。依靠政府或其他强制性力量，通过非经济性手段清除竞争对手，形成了对市场的排他性独占，如枪械生产等。⑤自然垄断。有些产业具有规模经济效应和成本函数弱增性的特点，不宜多个企业进入展开充分竞争，政府通过规制手段限制进入该部门企业的数量，如电信行业、输电行业、自来水供应等。

马克思认为，资本主义经济发展最终必然会走向垄断。利润是资本主义生产的唯一目的，而竞争则是迫使资本家努力摄取更多利润的外在压力。要获取更多利润并保证在竞争中获胜，就要使产品成本降低、价格更为便宜，才能够占有市场。为此，要不断地提高技术水平，提高劳动生产率，这又将导致资本有机构成的提高和生产规模的扩大。

另外，在激烈的竞争中，大资本的地位较小资本巩固得多。因此，对于资本家来说，极力扩大资本和生产规模，不仅仅是获取更多剩余价值的需要，也是保存自己的需要。资本家扩大自己的资本和生产规模的途径有两条：一是不断地把剩余价值的一部分转化为资本，即资本的积聚；二是通过合并、收购等手段，把原来的小资本逐渐集中成为大资本，即资本的集中。资本扩大到一定程度之后，就会导致垄断的形成。

14.1.2　大规模生产的出现

工业革命初期，欧美各国基本都以轻纺工业起步，在发展纺织工业的基础上，带动其他产业发展起来。纺织行业中，对生产规模和资本规模的要求普遍较小，大部分是单个资本，只要能够买得起几台纺织机和原材料就可以开办工厂。但是，随着工业革命进一步发展，各个行业纷纷兴起，特别是到了 19 世纪五六十年代，新兴的重工业开始充当社会经济的主要角色，生产集中和大规模生产体制初露端倪。

到 19 世纪 50 年代，随着工业革命的展开，兴起了大规模的铁路筑造。1825 年，英国在大林顿（Darlington）到斯托克顿（Stockton）修建了 21km 的世界上第一条铁路。由于铁路投资收益回报高，从这以后，英国出现铁路修建的高潮时期。到 1880 年，英国境内主要的线路基本完成；1890 年，全国性铁路网已形成，路网总长达 32000 公里。美国第一条铁路于 1830 年 5 月 24 日建成通车，全长 21 公里，从巴尔的摩至俄亥俄。19 世纪 50 年代，美国筑路规模扩大，80 年代形成修筑铁路的高潮。从 1850—1910 年的 60 年间，美国共修筑铁路 37 万余公里，平均年筑路 6000 余公里；1887 年筑路达 20619 公里，创造了铁路建设史上的最高纪录；1916 年，美国铁路营业里程达到历史上的最高峰，共 408745 公里。铁路的修筑投资巨大，所以铁路公司的资本规模也非常庞大，通常单一资本难以完成，修造一条铁路的投入通常高达几百万美元甚至更多，所以，铁路公司拥有的资本至少几百万元，有些大型铁路公司的资本额已达数千万美元至 1 亿美元之巨。企业规模越来越大，开始出现大规模生产。另一方面，在炼铁、机器制造、化学工业和交通、通讯业等行业也出现大规模生产，这些行业逐渐成为经济发展的主导产业。

14.1.3　垄断的必然性

各个行业出现大规模生产，为企业之间联合控制市场提供了条件；规模扩大以后，生产者数量减少，为企业之间达成协议提供了便利。如铁路行业，最初各个铁路公司单独营运，这样增加了乘客的转运次数和货物的转运费用。如果各个铁路公司联合经营，结成遍布全国的铁路网，将会降低成本，从而为铁路营运公司创造丰厚的利润。于是，各个铁路公司开始联营，随着不同公司的铁路相互联结，使铁路网的不断扩大，从一条铁路到另一条铁路的直达交通降低了运输成本，逐渐成为铁路公司的利润来源，联营取得了成功。联营在法律上并不是独立的企业，参加联营的公司拥有各自的车厢，他们将其在直达运输上的收入提交给联营的行政组织。这种组织将原先数百家企业的经营融合起来，结果一趟装运和一次交易的赢利抵得上从前的许多次。铁路经营逐渐被少数单位的大联营组织取代了。

　　大规模生产也加剧了竞争，在弱肉强食的竞争中垄断形成。铁路运输具有自然垄断的特点，存在规模效应。铁路经营的成败又取决于运输量的多寡，为此，各个联营单位相互竞争、降低运费，并积极开展广告与销售活动。但是，竞争者的固定成本并不随着载运量的多少而改变，19 世纪 80 年代固定成本占了总成本的 2/3。这很快就使铁路经理们认识到，不加控制的价格竞争的后果将是毁灭性的。他们希望通过合作来对竞争进行控制。1874 年，宾夕法尼亚铁路、伊利铁路及纽约中央铁路正式建立同盟，组成了自己的立法、执行和裁决机构。该同盟请 3 位熟悉铁路交通事务，与各公司既无利害关系又无正式关联的绅士，每隔一定时期制定对公众合情合理并且公平的适宜运费，而且还要制定出对装运者而言统一的运费。铁路公司的这种同盟很快成为正式制度，铁路中的卡特尔出现了。通讯业和重化工业中卡特尔这种垄断形式也很常见。这样，垄断成为企业生存和发展的必由之路。

　　随着垄断的发展，形成各种垄断组织，常见的垄断组织形式有：

　　①卡特尔。这是最早出现的、也是最简单的垄断组织形式。它是生产同类商品的大企业，通过签订关于产品价格、销售市场、生产规模等协定而建立的垄断组织。比较流行的卡特尔有三种：A. 划分销售市场的卡特尔；B. 规定统一价格的卡特尔；C. 规定生产规模的卡特尔。

　　②辛迪加。同一生产部门的少数大企业通过签订关于销售商品和采购原料的协定而建立的垄断组织。参加辛迪加的企业，其商品销售、原料购买都必须由总办事处统一办理。

　　③托拉斯。由若干生产同类商品的大企业或与产品有密切联系的大企业互相联合而组成的垄断组织。在托拉斯内，一切有关生产、销售和财务等业务，均由托拉斯理事会统一处理，而原来的企业主则成为托拉斯的股东。

　　④康采恩。由不同经济部门的许多大企业联合组成的垄断组织。参加康采恩的既有单个的企业，也有其他的垄断组织，如辛迪加、托拉斯；既有工业企业，又有商业企业、交通运输企业以及银行和保险公司等。其中，最大的银行或企业则是这个庞大、复杂组织的核心。

14.1.4　1873 年经济危机

　　自从市场经济体制形成以后，资本主义世界周期性地爆发经济危机，1825 年、1837 年的危机虽然在国际范围产生影响，但还属于英国性质的危机。随着美国、法国等其他国家资本主义及其工厂制度的发展，1847 年的危机开始具有国际化特征。而1857 年危机在资本主义历史上第一次不仅像 1847 年那样具有国际性，而且开始表现出世界性特征，这在一定程度上是 1847 年后西方国家工业化与世界市场迅速发展的一个结果。1873 年的危机"就其时间之长、规模之大的强烈程度来说"，却是到当时为止资本主义所经历过的所有经济危机中"最大的一次"，其持续时间之长、对各国经济打击之严重，仅次于 1929—1933 年的大危机。这次危机的一个显著特点是大批弱小和经营不善的中小企业在长期萧条中破产。1876—1878 年，资本主义国家中破产和倒闭的企业每年平均达 9500 家，真正在竞争中站住脚并获得发展的，都是一些拥有雄厚资本，并有良好生产和销售条件的企业。

这使人们似乎明白了一个道理，要在激烈的竞争中生存和发展，就必须组成巨型公司，并形成对市场的垄断。同时，危机中大批中小企业破产的直接后果，也使生产集中和垄断的趋势大大加强，出现了一批著名的垄断组织。例如，美国石油大王洛克菲勒就是利用在危机中生产过剩和小型企业的倒闭，在1870年组成了美孚石油公司；1878年，美孚石油公司变成一个强大的垄断组织，控制了美国利用铁路和管道的石油运输业市场份额的100％及石油加工业市场份额的95％。

1873年爆发的危机是西方市场经济发展过程中的一个分水岭，它标志着自由竞争体制的结束和垄断时代的到来。

14.2　并购与垄断

14.2.1　并购理论

所谓并购，是指合（兼）并（merger）和收购（acquisition）。不论是合并还是收购，最终的结果都是中小企业被组织成一个大型或巨型企业。企业规模扩大，理论上有两种方式，一种是扩大再生产的方式，把剩余价值转化为资本；另一种方式就是并购，把小规模的企业合并成为大规模的企业。但是从实际情况来看，企业规模的扩大，主要是通过并购的方式。美国著名经济学家、诺贝尔经济学奖获得者乔治·斯蒂格勒在《通向寡占和垄断之路——兼并》中说：一个企业通过兼并其竞争对手的途径成为巨型企业是现代经济史上一个突出现象，没有一个美国大公司不是通过某种程度、某种方式的兼并而成长起来的，几乎没有一家大公司主要是靠内部扩张成长起来的。并购是导致企业规模扩大的根本原因，是通向垄断的途径。

根据并购企业的行业类型来划分，可以把并购分成横向并购、纵向并购和混合并购三种。关于并购对经济发展的影响，有各种理论解释，如：①效率理论；②内部化理论；③代理问题；④价值低估理论；⑤财富重新分配理论。每一种理论在解释并购时，都有其透彻和精辟之点；但是，由于假设条件和切入角度的不同，哪一种理论也不能给复杂的并购以权威的解释。

14.2.2　横向并购

横向并购，是指在同一个地区或同一市场上，处于同一行业、同一生产阶段、生产同质商品的具有竞争关系的企业间的并购。如某一地区有5家纺织厂，其中1家并购了另外4家纺织厂而形成了一个区域性大型纺织厂，这种并购就属于横向并购。1873年的经济危机导致横向并购的出现。危机发生以后，出现了大规模的横向并购浪潮，因为经济危机导致市场中供求失衡，供过于求，产品大量积压。为了使生产能够持续下去，生产者不惜压低价格，以求尽快把产品销售出去。这导致价格急骤下降，全部商品的批发价格指数自1869年的151降至1886年的82，农产品在同一时期从128降至68，金属和金属产品自227降至110。价格持续下跌对企业造成强大的冲击，大量企业亏损。

为了应对生产无序的状态，很多厂商组成同业公会这种联盟的形式，同业公会限制对某一种产品的生产数量，并且把生产数量分配到每一个厂商，希望通过缩减产量以维持价格。经济危机期间，美国的厂商以不同的速度和方式完成了这项变革。

这种做法虽然起到一定的作用，但由于同业公会是一种松散的组织，对加入公会的企业约束力不强，经常会有成员采用秘密回扣或公开降价的方式破坏价格协定，有些成员则采取虚报产量和销售额的办法增加利润，使同业公会失效。因此，要对联合起来的各公司进行更有效的控制，需要把各成员公司合并成为一个单一的，在法律上能予以承认的实体。显然，更大的控股公司是合理合法的形式。制造业的许多公司只是想加强同业公会对各成员公司的控制，组成了一个类似于理事会的机构，理事会是一个单一的组织，各个公司按资产多少拥有理事会一定比例的股份，一切有关生产、销售和财务等业务均由理事会统一处理，这样形成的垄断组织叫托拉斯。托拉斯很快就因为限制独立法人的生产而遭到反对。

1890 年，美国国会在日益高涨的反对产业卡特尔化的浪潮中通过了《谢尔曼反托拉斯法》。该法案因由参议员约翰·谢尔曼提出而得名，正式名称是《保护贸易及商业免受非法限制及垄断法》。该法是美国反垄断法案中最基本的一部法律，全文共 8 条，其主要内容规定在第 1 条和第 2 条中。第 1 条规定，以托拉斯或任何类似形式限制州际贸易或对外贸易者均属非法，违者处以 5000 美元以下罚金，或 1 年以下监禁，或二者兼科；第 2 条规定，凡垄断或企图垄断，或与其他任何人联合或勾结，以垄断州际或对外贸易与商业的任何部分者，均作为刑事犯罪，一经确定，处罚与第 1 条相同。《谢尔曼反托拉斯法》奠定了反托拉斯法的坚实基础，但该法的措辞极为含混和笼统，诸如"贸易""联合""限制"等关键术语词义不明，为司法解释留下了广泛空间。而且，这种司法解释要受到经济背景的深刻影响。由于《反托拉斯法》使托拉斯这种企业结合的方式被认定是非法的，企业迫切需要重新结成一种合法的组织，以应对不同企业的无序生产。

新泽西州议会在 1888—1889 年修改了该州《普通公司法》，允许制造厂商在州内和州外购买或拥有其他企业的股份，可以为在该州以外通过买进股票而拥有的财产支付费用。控股公司为处于法律困境的并购提供了最好的选择。1895 年，在联邦政府控告美国制糖公司的 E. C. 奈特案件中，最高法院做出判决，承认新泽西州控股公司的合法性。最高法院宣称，一个制造业的股份公司并不受《谢尔曼反托拉斯法》的约束，这是对《谢尔曼反托拉斯法》的权威司法解释。这样使企业组合是不是违反《谢尔曼反托拉斯法》有了明确的界限。金融家和投资家们对这个判决欣喜若狂，他们似乎发现了企业并购的合法方式。接着，最高法院在 1897 年横贯密苏里货运协会案件、1898 年运输公司案件以及 1899 年阿迪斯顿钢管和钢公司案件中，都做出了清晰的判决：任何生意公司的联合，如果是为了冻结物价或分配市场，那就触犯了《谢尔曼反托拉斯法》，而通过股份购买，扩大企业规模，控制其他企业的行为不违反《谢尔曼反托拉斯法》。

这样，众多企业放弃通过卡特尔或同业公会而达成联盟，许多同业公会和托拉斯迅速改组成为控股公司。著名的美国棉籽油托拉斯、美国糖业托拉斯、国民铅托拉斯和国民绳索托拉斯经过改组变成了股份公司。控股公司不仅法律地位比托拉斯巩固得多，而且和托拉斯证券相比，投资者更喜欢股份公司的股票。所以，新泽西州控股公司宣布合法后，企业并购的脚步加快，在 1898—1902 年达到顶峰。如果没有《谢尔曼反托拉斯法》和联邦法院对该法案的解释，各种卡特尔和家族企业之间的协议联合很可能会延续到 20 世纪，就像它们在欧洲的情况一样。所以，《谢尔曼反托拉斯法》促进了合法并购的到来。

工业委员会研究了这个时期的 22 起并购，每起并购完成后形成的企业所控制的国内市场份额平均达到 71%。穆迪研究了 92 起大的并购案例，其中 78 起控制了其所在行业的 50% 的产量，57 起控制了 60% 还多，26 起控制了 80% 还多。在钢铁业、烟草业、石油冶炼业、有色金属业、制鞋业等多个行业，并购很明显地把原来的竞争市场或寡头市场变成了一个由部分垄断者控制 50% 以上产量的市场。可见，大量的横向并购产生了一些巨型公司，加强了它们对所在行业的产量和市场的控制。

1895 年，美国并购公司的总数只有 26 家，并购公司资产额为 2500 万美元；在并购的高峰年份 1898—1902 年，被兼并企业总数达 2653 家，其中仅 1898 年一年因并购而消失的企业数就达 1028 家。在这 5 年中，并购的资本总额达到了 63 亿多美元，100 家最大公司的规模增长了 4 倍，并控制了全国工业资本的 40%。在 19 世纪末 20 世纪初的这次横向并购中，美国工业完成了自己的形成时期。到 1917 年，大部分的美国工业都已具备了自己的现代结构。此后，大企业继续集中在那些于 1907 年就已集中于其内的相同的产业组中，而且相同的公司继续保持其在这些集中了的工业中的优势地位。在德国，1875 年只有 7 个卡特尔，1890 年增加到 210 个；到 19 世纪末 20 世纪初，在不到 1% 的德国企业里，使用了德国国内 75% 的电力。

14.2.3　纵向并购

纵向并购，是指在产业链中，不同生产阶段企业之间的并购。如 5 家纺织厂通过横向并购合并成为一家纺织厂后，形成对一个地区纺织品生产的垄断。但是，对于纺织行业，生产持续进行需要购买大量棉纱等原材料，需要把产品不断销售出去，因此，纺织厂生产受到原料供应的影响，受到市场销售的影响。纺织厂为了减少这些影响，进一步收购棉纱生产企业，收购销售纺织品的商业，这种双方有紧密的供方和需方关系的并购就是纵向并购。纵向并购发生在处于连续的不同生产阶段的企业之间，又分为向前和向后并购。

横向并购导致了巨型企业的产生，控制着行业的市场。但是，大企业因为规模经济或垄断获得的利润受到了市场的限制；企业在发展过程中，产量巨大，然而厂商与原料供应商和销售商订立的合同，受到了不确定性和机会主义的干扰，使得企业拓展原料供应和销售市场遇到了困难，市场机制在这种情况下失灵了；厂商为了保证大量生产得以顺利进行，不得不将采购和销售的交易内部化于一个单一的企业中，用企业的协调能力来克服市场的不足，于是出现了纵向并购。

在以纵向并购为特征的 20 世纪初到 20 世纪 20 年代这段时间里，涉及公用事业、银行、制造业和采矿业的近 12000 家企业因并购而消失；同一时期，26 个行业里的 1591 家连锁商店吸收、合并了 10519 家零售商店。这次在以纵向并购为特征的浪潮中

消失的企业数目比横向并购时消失的企业数目多两倍多。

14.2.4 投资银行

这一时期，投资银行的业务随着并购的发展而逐步扩大，投资银行的发展又对并购产生重要影响，两者相辅相成。

第一，投资银行在企业债券和股票的发行中发展壮大，又为企业的进一步发展筹集资金。并购的发生扩大了投资银行的业务数量和盈利途径，使投资银行迅速发展起来，资金实力不断增强，形成了一些实力雄厚的银行企业。

第二，投资银行的发展刺激了并购的发生。投资银行一方面为并购提供资金，另一方面又充当兼并促办人的角色从中牟利。摩根银行曾积极参与各类企业并购，并成为并购的主导者，1886年改组了雷丁铁路，1888年又改组了巴尔的摩和俄亥俄铁路、切萨皮克和俄亥俄铁路。1885年，在摩根银行的策划和敦促下，纽约中央铁路公司的范德比尔特家族收购了西岸铁路"四巨头"——克利夫兰铁路、辛辛那提铁路、芝加哥铁路、圣路易斯铁路的大量股票，最终完成法律和管理上的合法并购。摩根银行在以后的并购中发挥着更大的作用。在东部，摩根银行操纵了宾夕法尼亚铁路、纽约中央铁路和摩根铁路的股权联合，而且是几家公司的改组者。在南部，摩根银行使大西洋海岸公司收购路易斯维尔公司和纳什维尔公司51％的股份。摩根银行还一手操纵了美国钢铁公司的成立。

第三，投资银行作为兼并促办人在股票市场上促成并购。1897—1902年所形成的大量的不规则并购起源于对证券的疯狂投机。在并购的高峰年份，差不多有60％的并购事件是在纽约股票交易所中进行的。查尔斯·范林特是一个典型。他在橡胶业的首脑们经年累月的劳作而未达成协议之后，成功地完成了美国橡胶公司的合并。范林特和另外三个主要促办人负责完成了这些年里1/3的大规模兼并活动。有些投资商行雇用了一些受委托的人员，专门寻找可能进行兼并的对象。1928年夏季，有一批工商业家和金融家在讨论这一事件时，一致认为并购运动中十次有九次都是投资银行家起了核心作用。

并购对生产、经济发展产生重要影响。经过并购形成了巨型企业，控制了某一行业的生产，资本主义从自由竞争时代走向垄断时代。

14.3 垄断的影响

14.3.1 垄断对经济运行的影响

19世纪后30年和20世纪前30年，是垄断盛行的时代。垄断对经济发展具有双刃剑的作用，即一方面垄断能够促进经济的发展，因为垄断导致大规模、集约化生产，降低了生产成本；另一方面，垄断形成了经济发展的障碍，垄断是一种没有效率的资源配置方式，它缓解了外部竞争的压力，抑制了技术进步的内在动力，导致生产的停滞。

14.3.2 垄断与现代企业制度的建立

通过横向并购和纵向并购，形成了巨型企业，这样就要求变革以前的企业管理模式。在小规模生产时代，一个厂主既管生产，又管进货，还管销售。而通过并购形成了大量的股份制公司，股东是一个群体而不是个人，股东并不懂得生产和经营，这样就要求企业的所有权和经营权分离。股东作为企业财产的所有人，只有在筹集资本、分配资金、制定公司长远规划、选举高层经理、评估经理的绩效时才发挥作用。

公司所有者和经营者的职能明确地分开了，对于大型企业通常形成新的经营管理模式。如美国杜邦公司的管理机构设置体现了这种组织创新：最高的行政机构是董事会，在董事会的执行委员会内设总裁及负责各个操作部门的副总裁。副总裁对各自分管部门的绩效负责，执行委员会注重总体规划和评估各部门的绩效。各职能部门，如生产的3个部门、销售部及下属地区办事处和原料部的日常操作由各部门经理负责，企业成为统一行动的整体。

现代企业制度建立之后，经济活动在企业外由市场机制协调，在企业内的生产与交换，市场机制不再发挥作用。伴随着交易的复杂，市场机制被企业家的行为所取代，企业家指挥生产。大企业所有权和经营权的分离，使工商业进入了经理式的资本主义时代。

14.3.3 垄断与创新机制

垄断对创新的作用，不同的学者有着截然相反的观点。

垄断的形成，为企业提供了新的创新动力。企业规模大，资金力量雄厚，它们在维持研究与开发方面能够轻而易举地获得资本，拥有更强的抵御风险的能力，而且具有规模效应。此外，垄断力量影响技术创新收益的持久性。垄断程度越高，垄断企业对市场的控制就越强，别的企业就越是难以进入该行业，也就无法模仿垄断企业的创新活动，垄断企业从技术创新所得到的超额利润就越能持久。熊彼特指出，从某个时期看，完全竞争可能比其他市场结构更有效率；但从长期来看，垄断比完全竞争更有效率，因为垄断有利于技术创新。维拉德也认为，在垄断竞争条件下，企业为保持或扩大市场份额，就必须进行技术创新。

然而，也有人认为垄断一旦形成，企业就会丧失技术进步的动力。而且，企业规模过大还会降低效率，不利于技术进步。在许多产业中，小企业也能对技术进步做出重要的贡献。一些实证研究表明，小企业由于机制灵活以及面临的竞争压力较大，其在技术创新效率和时间上都明显优于大企业。谢勒还发现，美国大企业创新基本上与其规模成比例，而小企业则做出了超比例的重要创新。

不管理论上如何争论，这个时期垄断产生的垄断利润，极大地促进了科学技术研究的社会化。美国政府委员会关于托拉斯的报告中指出，它们比竞争者优越，是因为它们的企业规模大，技术装备优良。它们大规模采用机器代替手工劳动，收买一切有关的专利发明权。托拉斯雇用改进技术的工程师专事发明和技术改良，这样使技术发明过程也社会化了。美国授予的专利权，从1880年的14万件上升到1907年的36万件；德国则

从 1900 年的 9000 件上升到 1910 年的 12000 件。垄断与新技术的发明和应用互为条件。

14.3.4 垄断导致金融资本的形成

在工业垄断组织的产生过程中，银行的作用发生了根本的改变，它由过去的单纯支付、中介作用，转化为支配整个社会货币资本的万能垄断者。这时，银行业中的垄断资本与工业中、家族中的垄断资本的界限已经难以划分。它们相互渗透，混合成长，形成一种新的、最高形式的垄断资本，即金融资本。

在这一过程中，金融资本集团既有工业垄断资本向银行业扩展而形成的，也有银行垄断资本向工业渗透而产生的，洛克菲勒集团和摩根集团是这两种形式的代表。洛克菲勒集团在 19 世纪 70 年代美孚石油公司具有相当规模之后，就迅速向铁路、电气、炼钢、炼钢等方面扩展，并且从 19 世纪 90 年代起大力渗入金融、信贷行业，不久控制花旗银行和原本由斯蒂尔曼控制的其他 5 家银行，形成一个庞大的金融帝国，并通过互相兼任董事逐步向更大范围扩展势力。摩根家族是在美国铁路建设和铁路投机、兼并盛行时从事金融活动起家的，在不断扩充金融实力的同时向铁路、钢铁、电气等行业投资。到 19 世纪末 20 世纪初，摩根集团已经形成，它直接控制着美国的国民商业银行，并与花旗银行结盟，通过它们占有、控制和影响着美国重要的银行与信托公司以及大保险公司；同时，它在工业企业方面占有和控制了 28 家铁路公司、16 家重要的实业公司。

这些金融资本形成后，成为各个国家居统治地位的力量，它们不仅控制着整个国民经济，而且操纵政府，左右国家政治生活。以摩根财团为例，19 世纪 90 年代，美国由于经济危机导致黄金外流，政府的黄金储备急剧下降，仅仅达到法定限额的 55%。美国政府不得不请求摩根财团帮助。到 1913 年联邦储备银行建立以前，摩根银行事实上充当着中央银行的角色，不仅发行货币，而且垄断了 1878 年、1894 年财政部的公债发行。1912 年，摩根财团拥有和控制的资产超过了 240 亿美元，几乎相当于新英格兰 6 个州居民全部动产和不动产估价的 3 倍。一些财团还通过自己的代理人，有时甚至直接出面担任政府要职，从不同渠道控制和影响着国家政权。例如，英国的金融财团凭借其在金融方面的垄断地位，将自己的经理、董事派到英格兰银行兼任董事职务，参与国家财政、金融活动的最高决策。美国梅隆二世从 1855 年起连任哈定、柯立芝政府的财政部长。

可见，金融资本成了各个主要资本主义国家以至于整个资本主义世界中占统治地位的力量，而这些金融资本的大垄断资本集团便成为各国经济乃至资本主义世界经济的实际操纵者。

15　大危机与新政

马克思认为，资本主义制度由于存在生产的社会化与生产资料的私人占有之间不可调和的矛盾，使得经济危机频繁爆发。自 1825 年英国第一次发生普遍的生产过剩的经济危机以来，随后发生危机的年份分别是 1836 年、1847 年、1857 年、1866 年、1873 年、1882 年、1890 年和 1900 年，差不多每隔 10 年左右就要发生一次这样的经济危机。经济危机简单地说就是生产相对过剩的危机。由于生产的无序性，生产规模不断扩大、产品增多，而财富却集中在少数富有阶层手中，占社会人口绝大多数的普通民众收入并没有同步增加，导致社会整体购买力下降，形成了生产的相对过剩，导致产品大量积压、价格大幅下降，工人失业率上升，整个社会经济陷入混乱之中。

15.1　大危机的出现

1929-1933 年的经济危机之所以被称为"大危机"，因为它是资本主义世界迄今为止历时最长、损失最为严重的一次经济危机。这场经济危机起源于美国，迅速向其他资本主义国家蔓延，危机爆发以证券市场崩溃、商品价格下跌、企业破产和工人失业为主要现象。

15.1.1　大危机从纽约证券市场的崩溃开始

20 世纪 30 年代的大危机导火索是纽约证券市场崩溃。而在纽约证券市场崩溃之前，欧洲的其他国家证券市场已经开始下跌，如德国从 1927 年、英国从 1928 年、法国从 1929 年开始出现股市下跌的现象。但是与此相反的是纽约证券市场涨势惊人。道琼斯工业股票平均指数在 1928 年初至 1929 年 9 月，不到两年的时间里翻了一番。美国股票市场充满着狂热，几乎每一个人都在谈论股票如何赚钱，人们普遍认为购买股票是致富的捷径，很多人借高利贷甚至动用公款来购买股票。很多人对于这种高风险甚至是违法的行为一点也不担心，因为大家相信，用这些钱购买了股票，过一段时间必然会赚到更多的钱，到时候，不但可以支付贷款、偿还挪用的公款，而且自己还可以大赚一笔。但是，一些头脑清醒的人开始意识到股票市场的泡沫已经越积越多。1928 年 12 月 31 日，《纽约时报》金融编辑诺伊斯综观当时的经济形势，撰文坚持称："某些迹象已经出现，像是一场将临的地震。股票市场的崩溃正在到来，而一旦到来，它将扫平华尔街，那将是幻梦破灭的日子。"但是，诺伊斯的言论被人们所嘲笑，很多人称他是"江湖骗子"，是跟不上时代步伐的"落伍者"，是"美国繁荣的破坏者"，是一个不折不扣的"冒牌经济专家"。尽管人们对美国股票市场充满了信心，但是虚拟经济的膨胀失去了与现实经济的联系，这为 10 月的股市恐慌铺平了道路。

从 1929 年 10 月 19 日起，纽约证券市场的股票开始大幅度下跌；连跌 4 天后，到 10 月 23 日，一阵抛售股票的浪潮横扫纽约证券交易所。股票市场价格"一落千丈"，抛出的股票达数百万股，股票市场一片惊慌。在收盘时，各种股票均不同程度下跌，如威士汀房产公司股票一天下跌了 35 美元，通用电器公司股票下跌了 20 美元。截至下午 3 点收盘时，有 6374960 股股票易手，成为纽约证券交易所历史上第二个最大的数字。交易数量如此之大，以至交易所内的股票行情自动收录器陷入瘫痪，无法及时报价。但这还仅仅是开始。第二天，即 10 月 24 日，早市一开盘，卖出的股票已经开始"像是怒潮冲开闸门"，呈现了剧烈地下跌的态势。这时，由于一些大银行的巨头开始干预，他们筹集大笔资金杀入股市，阻止了股票价格的崩溃，股票成交价格开始缓慢上涨，到收盘时证券指数没有继续下跌，保持与上一天相当的水平。接着，第二天、第三天（即星期五和星期六），股票市场情况也相当不错，稳中有升。星期天证券市场休市，而这一天，当时的胡佛总统向全国人民发表一个文告，声称："美国主要工商业以及商品的生产和销售，形势很好，欣欣向荣。"这些言论，为惊慌失措的股民注入了一支强心针，人们期待着下一周股票市场能够有一个好的表现。然而，这只是短暂的风平浪静。银行家干预股市的目的并不是为了救市，而是为自己的脱身创造机会。这种行为只不过是为暴跌的股票加上一副雪橇，把股市推向一个更加危险的状况。

纽约证券市场的灾难在 10 月 29 日发生了，上午 10 点钟，证券交易所开盘的锣声一响，所有的股票蜂拥卖出，交易所的情况十分混乱，所有的人都急于把手中的股票抛售出去；到 10 点 30 分，交易量就超过 300 万股，12 点交易量超过 800 万股，下午 1 点钟交易量超过 1200 万股；到下午 3 点鸣锣收场时，以一天超过 1600 万股交易量的最高纪录收盘。在这一天之内，美国各大公司的股票价格平均下跌 30% 以上，纽约股票交易所的市值一天中减少了 40 亿美元。人们把这一天称为"黑色的星期二"。

证券市场的崩溃，引发了连锁反应，从此以后，开始了资本主义国家长达 4 年的大萧条时期。许多银行把他们的大量存款用于投机，随着股票价格的下跌，这些银行被迫关门倒闭；银行的破产导致了制造业和商业面临困境，银行、工厂、企业和投资者接二连三的破产使美国陷入了大萧条的深渊之中。这次经济危机很快从美国蔓延到其他工业国家。对千百万人而言，吃、穿、住等基本生活条件无法得到满足。各国为维护本国利益，加强了贸易保护的措施和手段，进一步加剧恶化世界经济形势，这是第二次世界大战爆发的一个重要根源。

15.1.2 大危机的表现

危机爆发期间，经济秩序受到严重破坏，生产停顿、商品积压、工人失业，导致整个社会陷入混乱之中。危机爆发主要表现在如下方面。

15.1.2.1 商品价格大幅下跌

各主要资本主义国家的批发价格大都下跌了 1/3 至 2/5，只有英国低于 3/10。而位于产业链条前端的农产品和原料的价格下跌更加剧烈，下降幅度大都在 40%～50% 左右。农业资本家和大农场主大量销毁"过剩"的产品，用小麦和玉米替代煤炭做燃料，把牛奶倒进密西西比河，使这条河变成"银河"。

15.1.2.2　大量企业破产

由于产品滞销，导致大量企业破产。企业生产得越多，损失就越大。很多企业在此期间停止生产，工厂大门贴上了封条，派人守卫，阻止门口聚集的大量工人涌入。甚至有些企业的所有者故意损毁机器，以达到不再生产的目的。

15.1.2.3　大量工人失业

与此同时，大量工人失业。失业的工人失去了生活的来源，无法维持自己以及家人的生存。他们徘徊在工厂门口，流连在职业介绍所周围，希望能够通过出卖自己的劳动获取收入，给家庭的困顿带来转机；但是，就业的机会非常渺茫，能够开工的企业少之又少。在美国，失业人口总数达到了 830 万。在美国各大城市，排队领救济食品的穷人长达几个街区。英国则有 500～700 万人失业，不得不排着很长的队伍等候在劳务交易市场内。

15.1.2.4　造成严重的社会问题

大萧条也造成了严重的社会问题。大萧条期间，美国约有 200～400 万中学生中途辍学；许多人忍受不了痛苦和压力而自杀；社会治安日益恶化。

15.2　危机的传导和扩散

经济危机在美国爆发以后，通过国际贸易和国际金融，凭借利率传导机制、价格传导机制和汇率传导机制迅速在世界范围内扩散。

15.2.1　危机的发源地

此次大危机的发源地为美国，关于当时美国爆发国内经济危机的原因有很多种解释。

15.2.1.1　美国的建筑业出现严重的供过于求的情况

建筑业是美国当时的支柱产业之一，随着 20 世纪初期美国经济迅速发展，推动了房地产业迅速增长，人们对住房、商业用房和生产性用房需求量大增，有力地支持着美国房地产业的发展，并进一步带动美国经济的增长。但是，到 1925 年以后，人们的住宅需求已经基本满足，加之 20 年代人口增长放慢引起家庭规模缩小，以及 1928—1929 年因投机性贷款竞争而出现的抵押贷款不足等原因，使美国建筑业出现了需求饱和的局面。而建筑业在整个 20 年代都保持了高速增长，各类企业及生产设施充足形成了巨大的生产能力，产生了实际的或潜在的生产能力过剩。

15.2.1.2　耐用消费品的需求停滞

20 年代，随着电子技术的发展，美国的生产能力向耐用消费品转移，汽车、收音机和其他家用电器的生产大大扩张。这种扩张得到金融机构的信用消费、租赁购买或分期付款信贷的支持，用未来的预期收入来支付现时的消费，这些新产品销售的持续增长要求消费者具有较高而且不断扩大的收入，以及对未来高度的信心做保证。临近 20 年代末，收入分配日益不公，利润、价格、收入、对经济形势的预期都开始下降. 耐用消费品的发展受到限制。

15.2.1.3 农业长期的慢性萧条对经济产生不利的影响

美国土地广袤，农产品生产能力大大超过国内消费能力，必须有大量农产品出口。一战期间，由于欧洲各国农业生产荒废，大量从美国进口农产品，刺激了美国农业的发展；但是第一次世界大战后，欧洲各国的农业逐渐恢复到第一次世界大战前的水平，对美国的农产品需求量减少，美国农产品输出的可能性大大减少，国内市场又难以扩大，结果供过于求的现象日益严重，美国农场收入在 1925 年以后停止增长，农产品批发价格指数在 1921—1929 年下降了 35.4%。

15.2.1.4 美国银行制度存在结构缺陷

美国一直坚持银行业务单位应该是弱小的，并且能自筹流动资金，尽量少有分支机构。与欧洲大银行、多分支机构的银行体系相比，美国的银行要脆弱得多。

15.2.1.5 货币政策存在滞后性

货币当局对这一时期的货币政策摇摆不定、瞻前顾后，使得市场的危机没有得到及时化解。1928—1929 年，在股票市场泡沫越来越大的情况下，没有及时控制货币的供给量，当股票市场已经达到崩溃的边缘时，才收缩市场流动性。这已经不能挽救将要倾倒的股市，反而给制造业和零售业带来灾难；对经济产生收缩作用，反而加剧了危机。

美国出现经济危机以后，通过国际贸易和国际金融迅速向其他国家蔓延，形成一场席卷全球的经济危机，危机由美国向其他国家传导的途径主要有利率传导机制、价格传导机制和汇率传导机制。

15.2.2 利率传导机制

各国联动的贴现率频繁调整，是危机传导的途径之一。贴现率政策是西方国家的主要货币政策。中央银行通过变动贴现率来调节国内货币供给量和金融机构的利息率，提高或降低贴现率会导致利息率提高与降低，使国内货币供应变化，从而促使经济扩张或收缩。当需要控制通货膨胀时，中央银行会提高贴现率，这样，商业银行就会减少向中央银行的借款，商业银行的准备金就会减少，而商业银行的利息将得到提高，从而导致市场货币供给量减少，防止经济的过热。当经济萧条时，中央银行降低贴现率，银行就会增加商业银行向中央银行的借款，从而准备金增加、利息率下降，扩大了货币供给量，促进经济发展。中央银行通过调整贴现率可起到稳定经济的作用。

20 世纪 20 年代末，纽约证券市场的火爆引起货币当局的关注。政府反对过度投机并希望提高贴现率，从 5% 提高到 6%，实行通货紧缩，抑制股票市场的过热。但是，政府对提高利率犹豫不决，瞻前顾后。一方面，因为当时欧洲正致力于恢复金本位，美国担心提高利率会给欧洲各中央银行的黄金储备带来压力；另一方面，在证券市场上美国商业银行的地位已由美国的公司商号所取代，这些公司的资金主要来源于国外，如果提高利率，大量的外国资金会更猛烈地涌入美国的拆借市场，势必会进一步推动证券市场高涨。那么，较高的利率不仅没有起到平抑股市的作用，反而会对工商企业造成伤害。为此，美国货币当局陷入两难选择，迟迟没有采取行动。

随着纽约证券市场价格的上升，更多的国际资本涌向美国。其他国家不得不提高利率以应对，从而保证它们国内的黄金储备。1929 年 1 月，意大利提高贴现率，2 月是英国，3 月是荷兰，4 月和 5 月是德国、奥地利和匈牙利，7 月是比利时，这些欧洲国家纷纷提高贴现率，紧缩信用。在这种情况下，1929 年 8 月，纽约联邦储备银行终于提高贴现率，从 5% 提高到 6%。然而，提高了的贴现率通过市场传导需要一定的周期，并没有立即在证券市场上生效，但是紧俏的银根却使美国的工商业更加脆弱。美国工业生产、价格和个人收入从 8 月到 10 月的下降幅度分别达到 20%、7.5% 和 5%。其他国家，除法国以外，消费停止增长，存货不断增加。

证券市场崩溃后，货币当局得以照顾工商业。从 1929 年 10 月 29 日到年底，英格兰银行先后 3 次降低贴现率，荷兰和挪威两次，奥地利、比利时、丹麦、德国、匈牙利和瑞典各一次。美国的再贴现率 11 月 1 日降为 5%，15 日降为 4.5%。但是，古典的降低贴现率的办法失灵，利润和收入并没有因此而有提高，市场参与者对其变化不敏感，对利率调整不再作出反应，导致货币政策失效，利率传导机制堵塞，经济落入了"凯恩斯陷阱"①。

15.2.3　价格传导机制

国际贸易中商品价格的持续下降是危机传导的另一个重要通道，它不仅使美国的农业和工业生产受到影响，而且将危机传向全球。

美国农产品价格下跌开始于 1925 年，主要的原因是生产过剩和剪刀差。第一次世界大战以后，欧洲农业生产得以恢复，美国农产品出口减少，而国内市场无法消费全部的农产品，农产品生产过剩，导致农产品价格下降；再就是剪刀差的影响，美国农业品与工业品的比价 1928 年为 91，1932 年为 53，呈不断发展的态势，导致农产品价格大幅度下降，农业收入减少，农业收入减少对工业生产造成影响。一方面，农业收入的减少缩小了农场主及农业工人对工业品的需求，造成工业品价格的下降。另一方面，农产品价格的下跌，降低了劳动力成本，引起工资下降；工资下降，降低了工人阶层的购买力，市场需求减少，而市场需求减少又进一步促使商品价格的下降。经济陷入恶性紧缩的怪圈。同时，对未来形势的悲观估计影响到抵押贷款的发放，尤其是对房屋抵押贷款的发放，这直接促使住房和新建筑物的价格剧烈下跌。

美国工农业新产品价格的下降，通过国际贸易，引起国际市场工农业产品的下降。在价格传导的链条上，受到价格下降影响最大的是初级产品生产国，工业生产的萎缩导致原材料需求减少。所以，在国际贸易中，价格下跌首当其冲的是初级产品出口国，咖啡、棉花、橡胶和小麦等的价格在 1929 年 9 月至 1930 年 12 月下跌了 50% 以上，这给

---

① 凯恩斯陷阱也称流动性陷阱（liquidity—trap），是凯恩斯提出的一种假说，指当一定时期的利率水平降低到不能再低时，人们就会产生利率上升而债券价格下降的预期，货币需求弹性就会变得无限大，即无论增加多少货币，都会被人们储存起来。发生流动性陷阱时，再宽松的货币政策也无法改变市场利率，使得货币政策失效。

巴西、哥伦比亚、荷属东印度、阿根廷和澳大利亚等国的出口收入和中央银行的黄金储备带来灾难性后果，导致这些国家在市场上出现恶性降价竞争，价格下跌意味着国际贸易收入的减少，在近代狭隘民族主义世界观的支配下，对进出口进行控制的防御性措施受到重视。这样，价格下跌得更厉害，国际贸易萎缩，各个国家从国际贸易中得到的利益减少，危机在全球扩散

15.2.4 汇率传导机制

金本位体系崩溃，各国竞相货币贬值。国际汇率的频繁变动是危机传导的又一个重要途径。危机爆发前，金本位制运行平稳，各国汇率基本固定。1931 年，奥地利最大的银行——奥地利信用银行被披露严重亏损，引起集中提取银行存款风潮，奥地利出现金融危机。为了协助奥地利金融机构度过金融危机，国际清算银行安排了 1400 万美元的贷款。这点钱杯水车薪，很快用完，而金融危机没有得到缓解，奥地利国家银行请求其他国家提供另外的贷款。法国提出条件，要求奥地利放弃同德国的关税同盟作为条件，才给奥地利提供贷款。这种做法引起英国的不满，认为法国将政治和金融混在一起，所以英国于 1931 年 6 月 16 日通过英格兰银行向奥地利提供了一笔贷款。英国和奥地利危机的联系，加深了法兰西银行和英格兰银行的对抗。7 月，法兰西银行将它的英镑兑换成黄金，市场上英镑增加，使英镑受到贬值的压力；英国为了维护英镑的国际汇率，抛出黄金而回收英镑。

奥地利的金融危机波及到匈牙利、捷克斯洛伐克、罗马尼亚、波兰和德国等国，这些国家也出现了银行挤兑现象，危机国大量黄金外流。为了维护这些国家的金本位体系，美国胡佛政府提出"延期付款"的建议，即把各国在一战时的借款推迟两年偿付，得到欧洲没有发生金融危机的各国支持。6 月 25 日，德国得到由国际清算银行、英格兰银行、法兰西银行和纽约联邦储备银行各提供的 2500 万美元的贷款。7 月 5 日，这笔贷款全部用完，挤兑仍然没有停止，金融危机没有解决，德国需要新的贷款。但是，英格兰银行已无能为力。英国财政大臣诺曼认为，为了防止出现金融危机贷给奥地利、匈牙利和德国的款项，其金额已达到完全适宜的程度，英国无力承担更多。美国总统胡佛指出，美国在预期财政赤字 16 亿美元的情况下期望国会给德国更多的贷款是荒谬的。法国同意提供贷款的条件是，德国放弃关税同盟，取消建造中的装甲巡洋舰，不许炫耀武力，禁止国家社会党的武装示威。在这种情况下，德国处于孤立无援的地步。

后来，德奥金融风暴逐渐平息，英镑已变得十分虚弱。英国政府动用大量黄金才勉强保持英镑的国际汇率不下跌。各种因素迫使英格兰银行不得不保持较高的利率，而高利率导致国内失业增加，经济的低增长率。英镑受到的压力还来自比利时、荷兰、瑞典和瑞士等小国的商业银行，这些银行由于德国封存信贷而丧失了流动性，不得不出售英镑以增加它们的黄金储备。英镑的压力使国内的意见发生分歧，希望外汇贬值，主张从面向世界经济转而面向大英帝国的意见占了上风。9 月 21 日，英国脱离了金本位，撤出维持外汇市场的资金。英镑从 1 英镑兑换 4.86 美元，几天之内跌落了 25%，达 3.75 美元。政府出于不干预的原则，任其滑落。12 月，英镑对美元的汇率跌到 3.25 美元的最低点。英国作为金本位制的维持者宣告拯救危机失败。

英镑贬值 30％对其他国家迅速产生影响。大部分英联邦国家，以及大英帝国的贸易伙伴国——斯堪的纳维亚、东欧、阿根廷、埃及、葡萄牙等 25 个国家继英国之后也脱离了金本位，任它们的汇率自由浮动。日元在英镑贬值后受到冲击，日本银行在 3 个月内流失的黄金达 6.75 亿日元。12 月 14 日，日本禁止黄金出口，12 月 17 日正式退出金本位。1932 年末，2/3 的国家暂停黄金支付。大国中只有法国和美国，小国中只有比利时、荷兰和瑞士依然坚持金本位制。

英国放弃金本位后，国际金融恐慌转而以美国为中心。美国依然实行金本位。9 月 22 日，法兰西银行把 5000 万美元换成黄金，比利时国家银行把 1.066 亿美元换成黄金。美国联邦储备系统流失的黄金从 9 月中到 10 月底总计达 7.55 亿美元。美国货币当局对黄金流失做出的反应是采用传统的提高贴现率的办法，但没有能有效阻止银行倒闭的扩散。此时，联邦储备系统拥有的可动用的黄金储备已降到 4 亿美元。这对美国国内经济产生重要影响，国内商品价格、就业率等指标跌落的速度比英镑贬值之前更快。这说明，美元升值对国内经济产生了更大的紧缩作用。这促进罗斯福断然选择放弃金本位。美国放弃金本位主要是为了摆脱国内金融、经济的危机状况，力图用美元贬值来促成国内物价的普遍上涨，从而达到扩张经济的作用，而不是像放弃金本位制的其他国家那样是因为国际收支困难。美国放弃金本位的做法遭到国际社会的非议，认为美国推卸了作为世界头号经济强国在危机中应承担的责任。美国放弃金本位标志着金本位制的终结，原来的国际汇率体系在危机的冲击下彻底崩溃。

15.3　危机的原因和后果

15.3.1　危机的原因

经济危机使英国开创的自由市场经济破产，古典经济学派对经济放任自由的主张遭到现实的否定，认为资本主义市场具有自动稳定经济平衡的观点受到猛烈攻击，各学派开始对经济危机产生的原因进行探索，并给出了不同的解释。

熊彼特用创新浪潮的起伏来解释经济繁荣和衰退。他认为，技术革新因素是危机的根源。美国经济史学家菲特和里斯把投资和消费的矛盾看成是导致危机的根源。罗斯托则主张，初级生产国收入相对下降，限制了它们购买工业品和投资于新生产方法、技术的能力。尤其是 1929—1933 年初级生产国收入的巨大损失是危机产生的一个重要原因。金德尔伯格认为，世界经济的不稳定因第一次世界大战引起的赔款和混乱而增强，这种不稳定只有通过有效的国际领导才能克服。第一次世界大战前英国担任的领导地位美国却没有很好地接替。萨缪尔森强调，一系列事件的综合影响促成了大危机的爆发：发明的停滞、人口与领土扩张的结束、银行信贷情况和联邦储备银行的货币政策、重置周期、政治斗争和出于政治因素考虑的反危机，以及乐观和悲观情绪的波动等。

然而，西方学者对大危机原因的分析都没有触及资本主义的根本制度，马克思主义经济学深刻分析了此次大危机的原因，认为资本主义的生产力迅速发展与劳动人民购买力相对低下之间的矛盾是危机发生的直接原因；而社会大生产和生产资料资本主义私有

制是这对矛盾最终演化为危机的根本原因。

15.3.2 危机的后果

20世界30年代的大危机严重冲击了整个资本主义的制度和经济。首先，大危机使整个资本主义世界损失2500亿美元，比第一次世界大战期间遭受的物质损失还多800亿美元。其次，经济危机宣告了自由放任体制的末日。凯恩斯的国家干预理论大行其道，美、英、法加强了政府对经济的干预和调节。最后，危机使德、意、日选择了法西斯道路，采取了专制残暴的法西斯统治。

15.4 罗斯福新政

1933年初，富兰克林·罗斯福（Franklin Roosevelt）取代了焦头烂额的胡佛，当选为美国第32届总统。他针对当时的实际情况，顺应广大人民群众的意志，大刀阔斧地实施了一系列旨在克服危机的政策措施，历史上被称为"罗斯福新政"。新政的主要内容可以用"3R"来概括，即复兴（Recover）、救济（Relief）、改革（Reform）。

15.4.1 罗斯福政府的金融政策

由于大萧条是由疯狂投机活动引起的金融危机而触发的。罗斯福总统上任以后先从整顿金融入手。在被称为"百日新政"（1933年3月9日至6月16日）期间制订的15项重要立法中，有关金融的法律就占了5项。罗斯福于1933年3月4日宣誓就任总统时，全国几乎没有一家银行营业，支票在华盛顿已无法兑现。这种局面形成经济恢复的障碍，要有效应对经济危机，必须使金融业首先正常运转。在罗斯福的要求下，1933年3月9日，美国国会通过《紧急银行法》，其主要内容有以下几点。

15.4.1.1 清理银行

根据《紧急银行法》规定，对银行采取许可证制度，对有实力的银行，向它们颁发经营许可证，允许它们尽快恢复业务。从3月13日至15日，全国有14771家银行领到执照重新开业，与1929年危机爆发前的25568家相比，淘汰了10797家。

15.4.1.2 发放巨额贷款给金融界

拥有许可证的银行，在危机期间，自身的偿付能力受到重大影响，为了保证这些金融机构能正常运转，美国政府对一些规模大的银行提供大量的贷款，政府向金融机构投放的贷款额度达30亿美元之巨。

15.4.1.3 美国断然放弃金本位，促使美元贬值

罗斯福在整顿银行的同时，还采取了加强美国对外经济地位的行动。1933年3月10日发布除财政部批准外一律禁止黄金出口的行政命令；4月5日，宣布禁止私人储存黄金和黄金证券，强制全国私人公司和个人把储备的黄金交到联邦储备银行，美钞停止兑换黄金；4月19日，禁止所有黄金出口，表明美国放弃了金本位；6月5日，公私债务废除以黄金偿付；1934年1月10日，宣布发行以国家有价证券为担保的30亿美元

纸币，并使美元贬值40.94%。通过美元贬值，加强了美国商品对外的竞争能力。这些措施，对稳定局势、疏导经济生活的血液循环等产生了重要的作用。

15.4.1.4 《1933年银行法》对银行制度进行改革

《紧急银行法》只不过是应急措施，《格拉斯—斯蒂格尔法》（又称《1933年银行法》）对银行制度进行了改革，最重要的两项内容是商业银行与投资银行分业经营的原则和建立存款保险制度。

15.4.1.5 通过了《证券交易法令》

《证券交易法令》规定，由1934年建立的证券交易委员会监管证券交易，规范证券市场的行为，企业通过股票融资，为企业的发展注入活力。

15.4.1.6 《1935年银行法》的颁布

该法将联邦储备局改组为联邦储备委员会，赋予它以直接管理全国货币、信贷和利率的权力。联邦储备委员会成为事实上的中央银行，联邦政府通过它大大加强了对货币和金融的管理，意味着美国自由经营银行制的结束。

上述这些措施，保证了危机期间美国金融业能够正常运转，为经济的良性发展注入了动力；规范了金融业的行为，增加了美国在国际市场的竞争力。这对收拾残局、稳定人心起到了巨大的作用。当时，美国公众舆论对罗斯福的金融政策的评价是，这个行动犹如"黑沉沉的天空出现的一道闪电"，使人们看到了光明、希望。

15.4.2 罗斯福政府的工业政策

在对金融业进行整顿的同时，罗斯福总统还在工业领域进行大刀阔斧的改革，其主要措施是制定了《全国产业复兴法》。该法是新政的基础和核心。《全国产业复兴法》规定，经济中的各个部门都要建立产业委员会，制定公平竞争法规，确定该行业的生产规模、价格水平、信贷条件、销售定额和雇用工人的条件。公平竞争法规实质上是新的强制卡特尔化的法令，在危机期间对恢复工业生产能起到作用；但是，施行一段时间以后，它所暴露出来的缺陷又受到人们的猛烈抨击，认为这一法案损害了自由资本主义制度。1935年，最高法院宣布《全国产业复兴法》违反宪法，罗斯福就势抛弃了这个法案；但是，法案中保护工人利益方面的措施被保留下来。

15.4.3 罗斯福政府的农业政策

危机期间，农业生产领域的主要问题是产品过剩，国内市场无法完全消化，国际市场的销路无法打开。在这种局面下，减少农产品生产是唯一有效的手段。罗斯福政府的农业政策包括国家对农业生产的调节及政府调整农村信贷和债务的政策。

1933年5月通过《农业调整法》，这是国家调节农业生产的一项措施，旨在减少农产品的产量、提高农产品价格。政府利用奖励和津贴，来缩减农业耕地面积。根据《农业调整法》，国家对价格下降最多的7种基本产品（小麦、玉米、烟草、棉花、牛奶及猪肉等）的生产加以控制。其具体办法是：政府与有关农场个别签订自愿缩减耕地面积的合同，为减少农场主的损失，停耕的土地由国家向农场主支付损失。支付的方式是国家租用农场主的停耕土地，向农场主支付租金；对于政府支付的租金不足以弥补损失的部分，由政府付给农场货币奖金作为补偿。1934 年，罗斯福把《农业调整法》扩大到农业生产的一切产品；同时，进一步给各州、各区直到个别农场规定农产品的生产定额，对超过定额的产量课以重税，对违反合同的农场主施以罚款及徒刑的制裁。为了消灭现有的过剩农产品，罗斯福政府拨出大量的资金进行收购。在整理农村信贷和债务方面，1933—1934 年，罗斯福政府通过《农业信贷法》以及对农场发放贷款的两个法令，使农村金融形势大为改观。

15.4.4　罗斯福政府的财政政策

在财政政策方面，罗斯福新政主要是在新办公共工程和社会救济两个方面进行。罗斯福解决失业和贫困的办法是直接让人们工作，给他们收入。为此，建立联邦紧急救济署、公共事业振兴署和农产品信贷公司，以及策划其他创造就业的措施。

15.4.4.1　政府转移支付提高国民福利

在罗斯福执政初期，由于社会失业人员数量庞大，很多人无法解决生存的基本问题，政府主要通过直接救济的方式，解决最为迫切的民生问题。1933 年 5 月通过了《紧急救济法》，成立联邦紧急救济署，拨出 5 亿美元作为直接救济金，向生活有困难的人口发放食品、衣物等，使灾民能够渡过难关。当情况有所好转以后，1935 年，通过了《社会保险法》，在全国范围内推行养老金制度和失业保险制度，增加人民抗击意外和风险的能力。起初，这一制度只是为退休人员和难民提供补助，后来扩大为全民范围。

15.4.4.2　政府购买解决就业问题

政府除了购买剩余农产品之外，最大的购买项目就是劳务。1934 年，罗斯福政府实行"以工代赈"政策，给失业者提供从事公共事业的机会，维护了失业者的自力更生精神和自尊心，同时使人民有了收入来源，增加了社会消费能力。如民间资源保护计划，该计划专门吸收年龄在 18 岁到 25 岁、身强力壮而失业率偏高的青年人，从事植树护林、防治水患、水土保持、道路建筑、开辟森林防火线和设置森林瞭望塔，第一批招募了 25 万人，在遍及各州的 1500 个营地劳动。到美国参战前，先后有 200 多万青年在这个机构中工作过，他们开辟了 740 多万英亩国有林区和大量国有公园。平均每人每期干 9 个月，月工资中拿出绝大部分用于家庭生活消费。这样，在整个社会扩大了救济面和相应的购买力。又如全美国设有名目繁多的以工代赈机关，综合起来可分成两大系统，即以从事长期目标的工程计划为主的公共工程署（政府先后拨款 40 多亿美元）和民用工程署（投资近 10 亿美元），后者在全国范围内兴建了 18 万个小型工程项目，包括校舍、桥梁、堤坝、下水道系统及邮局和行政机关等公共建筑物，先后吸引了 400 万人工作，为广大非熟练失业工人找到了用武之地。

罗斯福政府的主要手段是救济、社会福利和保险。这是把救济、就业与安全等社会责任归政府承担的一项重大转折，自此以后，美国开始走向福利国家的道路。而国民福利的提升对促进经济发展起到非常重要的推动作用，用于救济的资金发放到国民手中，最终将转化为现实的消费，具有乘数效应。

15.4.5 罗斯福新政的评价

到 1939 年，罗斯福总统实施的新政取得了巨大的成功。新政几乎涉及美国社会、经济生活的各个方面，其中多数措施是针对美国摆脱危机，最大限度减轻危机后果的具体考虑，还有一些则是从资本主义长远发展目标出发的远景规划，它的直接效果是使美国避免了经济大崩溃，有助于美国走出危机。从 1935 年开始，美国几乎所有的经济指标都稳步回升，国民生产总值从 1933 年的 742 亿美元增至 1939 年的 2049 亿美元，失业人数从 1700 万下降至 800 万，恢复了国民对国家制度的信心，摆脱了法西斯主义对民主制度的威胁，使危机中的美国避免出现激烈的社会动荡，为后来美国参加反法西斯战争创造了有利的环境和条件，并在很大程度上决定了二战以后美国社会、经济的发展方向。罗斯福新政标志着混合经济时代的开启，政府开始干预宏观经济的运行，从而在一定程度上克服了自由经济的自发性、盲目性和滞后性。罗斯福新政开辟了新的经济管理模式，但并未有触动资本主义制度本身，相反，罗斯福是资本主义制度的坚定支持者，所以，这些举措没有从根本上解决经济危机的根源。

16 国际商战的出现与两次世界大战

19世纪60年代是欧洲自由贸易盛行的时代。亚当·斯密、大卫·李嘉图等古典政治经济学家提出的理论被普遍接受，各个国家都认为通过国际分工和国际自由贸易，可以使参加国际贸易的各个国家获得利益。英国从19世纪初经过制定一系列取消关税的做法，包括废除《谷物法》、废除《航海法令》、开放本国市场和殖民地市场，以及与欧洲其他国家签订互惠条约（如《英法条约》）等，使英国比较彻底地实行了自由贸易。英国实行自由贸易政策以后，使欧洲许多国家热衷于效仿英国，尾随英国的大多数欧洲国家本着自由主义的精神，改革了它们的税收政策。但是，自由贸易的做法并没有维持很长时间，有些国家又重新开始了贸易保护的做法。

19世纪60年代到20世纪30年代持续发生经济危机。这期间是自由贸易的黄金时期。20世纪30年代经济危机发生，产品大量积压，价格剧烈下降，企业无法正常运行，各个国家展开争夺市场的战争。在争夺国际市场的过程中，纷纷使用了关税壁垒、商品倾销、货币贬值等手段，形成国际商战，自由贸易的体制被打破。

16.1 自由贸易体制的解体

16.1.1 自由贸易的缺陷

国际商战的出现表明自由贸易并不像理论上描述的那样完美，存在一定的缺陷。自由贸易理论的假设前提是市场当中存在完全竞争，只有在完全竞争的条件下，市场机制才能发挥作用，才能起到对资源合理配置的作用。在竞争中，每一个市场主体本着追求利益最大化的目标，参与市场活动；对于产品生产者来说，市场中哪一个产业获利最高，资金就会流入到哪一个产业，由于不同的国家在不同的产业中具有不同的相对优势，从而形成国际分工。每个国家致力于发展自己的优势产业，与其他国家生产的自己具有相对劣势的产品进行交换，从而使各个国家在国际贸易中得到好处。这是自由贸易理论的基本观点。从这套观点中可以看出，自由贸易的前提条件是自由竞争的存在。但是，在现实经济过程中，完全自由竞争是不存在的。一方面，随着经济规模的扩大，形成垄断，自由竞争受到垄断的限制；另一方面，受到国家政策、政府干预的限制。所以，不完全竞争是常态。而且，参与自由贸易的国家，并不是每个国家都能获得均等的比较利益。谁获利最大，要看它在不完全竞争中所处的地位。

19世纪六七十年代的自由贸易建立在垂直分工的基础上，不同国家因为其不同水平的劳动生产率和经济发展水平，在国际分工的地位是不同的，处于高低不同的分工梯级。生产力发达的工业化国家处于垂直分工的上层，为国际市场提供制成品；而生产力不发达的国家处于垂直分工的下层，为国际市场提供原材料。这样，不同发达程度的国家在国际分工中所处的地位是不同的。一般地说，在国际分工中处于较高梯级的国家所获的利益大于处于较低梯级的国家。这是因为，高梯级国家凭借技术的优势和垄断的力量使产品价格远远高于价值，从而对梯级低的国家形成一定程度的剥削。很多低梯级的国家被迫加入自由贸易的体系当中，处于高梯级的国家利用经济或军事的优势，通过一系列不平等条约，迫使落后国家开放市场，不得不加入国际贸易的垂直分工体系；动用非经济手段强行压制低梯级国家出口商品的价格，造成初级产品生产国与工业国的矛盾。同样道理，在水平分工和混合分工的情况下，任何国家只要在单个产品市场上占到相对大的的市场份额，它就处于垄断地位，可以享受垄断利润。

因此，在利益机制的驱动下，任何国家要想获得较大利益，就必须加速发展，发展的过程中可以改变它在国际分工中所处的位置，跨上一个更高的梯级。另外，每个国家在国际市场中都要努力扩大市场份额，从而形成一定的垄断。在这样的变动过程中，势必引起贸易摩擦和冲突。对于强国来说，自由贸易是占领弱国市场，打败弱国企业的旗帜；对于弱国来说，贸易保护是抵御市场强权，发展民族工业的盾牌。在国际竞争的环境中，发达国家把机械化大生产的制成品低价倾销到不发达国家，获取高额利润；不发达国家为保护本国市场，保护本国处于劣势的工业发展，往往放弃自由贸易原则转向保护主义。这是自由贸易体制瓦解的根本原因，也是国际商战的根源。

国家经济实力不同，对自由贸易的态度也不同。当一国从弱变强时，它就会由反对自由贸易转向支持自由贸易；反之，当一国由强变弱时，它又会从提倡自由贸易转向贸易保护主义路线上去。美国和英国是两个典型。在建国初期，美国工业并不发达，在国际贸易中处于链条的低端，因此反对自由贸易，用贸易保护的方法保护本国制造业的发展。20世纪以后，随着美国制造业的发展达到一定水平以后，开始成为自由贸易的支持者。而英国正好相反，工业革命以后，英国工业化走在世界前列，成为自由贸易体系的建立者和维持者；随着英国逐渐被美国、德国等新兴的工业化国家赶超以后，便放弃了自己过去倡导和建立的自由体系。

既然自由贸易并不是平等贸易，不发达国家是被迫地、不自愿地加入这种体系之中，那么这种体系就存在不稳定的因素，要维护这个体系的运转，就需要有一种外部力量和相应的制度来维持。由于在国际分工中处于较高梯级的国家从自由贸易中获得的利益最大，所以这些国家最热衷于自由贸易，并主动承担维持自由贸易体制的义务。只要这个国家从自由贸易中得到的收益大于它维持这一体制所付出的代价，那么自由贸易体制就会相对稳定。但是，任何国家，特别是经济强国不可能永远处于强势的地位，自由贸易所带来的巨大好处，有时会使该国创新程度相对减弱，发展速度相对减慢，最终丧失处于最高梯级国家的地位，这样，该国从自由贸易中获得的利益将递减。同时，其他各国在追逐自己的利益时，会加剧这个体系的动荡，加大维持成本。一旦这个国家放弃自由贸易，整个自由贸易体制也就面临解体的危险。自从自由贸易体制形成一来，英国一直是自由贸易体制的维持者；但是，随着英国经济水平逐渐被欧美其他国家赶上之后，英国从自由贸易中获得的利益越来越少，而维持这一体系存在的成本越来越高。所

以，在经济危机爆发以后，英国为了本国利益放弃自由贸易，也宣告自由贸易的终结。

16.1.2 贸易保护主义的理论

与自由贸易主义相对立的是贸易保护主义。在自由贸易的过程中，发达国家无法离开落后国家的支持，因为落后国家要为发达国家提供市场，提供原材料。因此，处于相对落后的国家从本国利益出发，会产生与自由贸易理论相反的另外一套理念。19世纪中后期，美国和德国在当时是相对落后的国家，工业革命起步较晚，工业化水平与英国、法国等相比较为落后，因此，这些国家在自由贸易过程中使本国工业发展受到影响。为了反对英国工业霸权，在这些国家中，保守主义的思潮在意识形态中占据了上风，形成了贸易保护主义的理论观点，其中的代表人物有：美国的汉密尔顿和凯里，德国的李斯特。

关于贸易保护主义理论，较为完整和精彩的论述是汉密尔顿的《关于制造业的报告》。1789年美国联邦政府成立，华盛顿当选为美国第一任总统，汉密尔顿作为华盛顿政府决策圈内的核心人物，深得信任和赏识，被任命为第一任财政部长。1791年12月5日，他向国会呈交了一份冗长而又复杂的政府文件《关于制造业的报告》，提出发展制造业的计划，要对制造业发展采取保护关税的政策，"保护是一个武器，不是一种原则"。在这个报告中，汉密尔顿提出美国要采取措施禁止工业生产的原料出口，鼓励国内企业在国际市场上进口原料类商品，对原料进口免征关税，用补助金和奖励金制度鼓励创办新的企业。在这个报告里，汉密尔顿列举种种理由认为自由贸易政策不利于美国。他说：如果实行自由贸易，美国确能毫无困难地从国外获得他们需要的工业品，但是，美国自己商品的出口却遭受到许多重大威胁性的障碍。美国不能在平等条件下与欧洲进行交换。如果实行保护政策，一方面可以改变这种不平等状况，另一方面可以大大增加美国的财富。他还对保护关税提出一套具体的措施，建议利用奖金和津贴制度，使国内企业免遭外国竞争，使"幼稚工业"很快成熟起来。凯里在《橄榄枝》中表达了同样的观点。

德国的弗里德里希·李斯特也是一位著名的贸易保护主义倡导者，他在其著作《政治经济学的国民体系》中指出，经济学是服务于国家利益和社会利益的。李斯特的经济思想，主要体现于他的保护关税的论述中。他认为，德国资本主义经济具有自己的特殊性，应采取保护主义。李斯特抨击了英国古典学派的自由放任和"世界主义"政策，认为它忽视了国家的作用和不同国家经济发展的民族特点。因此，他竭力反对自由贸易政策，主张实行保护关税制度。李斯特认为，财富的生产比财富本身重要得多。向国外购买廉价商品，似乎可以增加财富，看起来比较划算；但从长远来看，将会阻碍德国工业发展，使德国长期处于从属国地位。为了培养德国的生产力，政府必须采取保护关税政策。而采取保护关税的政策，起初会使工业品的价格提高，经过一定时期，生产力提高了，商品生产费用就会跌落下来，商品价格甚至会跌落到国外进口商品的价格以下。李斯特所主张的生产力论和在这个理论基础上提出的保护关税政策当时确实促进了德国工业的发展，使德国在很短的时间内就赶上了其他先进的资本主义国家。

16.1.3　美国贸易保护主义的实践

美国由于工业起步较晚，经济水平一直处于欧洲各国之后，所以美国历史上一直具有贸易保护主义的传统。到了 20 世纪，特别是第一次世界大战以后，随着美国经济的快速发展，美国才开始主张被欧洲放弃了的自由贸易的做法。美国的历史就是根据本国在国际市场竞争中的力量强弱交替运用贸易保护和自由贸易两种主张的历史，而美国也正是因此才从一个殖民地国家变为世界第一流的强国。如果不采取贸易保护主义措施，也许今天的美国就如同南美洲的巴西、阿根廷一样，徒有广袤的土地、丰富的资源，却仍受到发达工业国家的控制和掠夺，仍然贫穷落后。

美国于 1776 年通过独立战争赶走英国殖民者，获得国家独立。1789 年，政府颁布关税法案，对 81 种物品征收进口税，其中有 30 种征收特种关税，其余征收 7.5％～15％的计价税。很快政府发现，平均不超过 8％的关税没有提供足够的保护，因而便在 1790 年、1792 年和 1794 年提高了关税。1812 年，美英正式交战。这场战争对美国经济的影响和禁运十分相似，对外贸易和航海业陷入长期萧条、停滞，而制造业却飞速发展，对英国霸权构成了真正威胁。战争结束后，英美建立贸易互惠原则，英国商人不惜以低于成本的价格向北美倾销商品，英国国会和政府则在一旁积极支持。布鲁厄姆勋爵在英国下院称："为了把美国在战争期间产生的幼稚制造业扼杀在摇篮中，即使在最初的大量出口中受些损失也是值得的。"这一时期，英国产品大量进入美国市场。据估计，1814 年美国进口英国货 1200 万美元，两年后猛增至 1.47 亿美元，增加了 10 倍以上。而 1789 年通过的《关税法案》规定，大多数货物的税率只有 5％，最高的也不过 15％。外国工业品的冲击使美国工业面临破产的危险。1816 年，国会经过激烈斗争，通过了美国第一个保护性关税法案，对一般进口货平均征收 20％的关税，而对于某些需要特别保护的工业品征收特别进口税。此后，直至 19 世纪末，贸易保护主义一直是美国的经济政策的基调。如果不这样的话，美国很难摆脱后来中南美洲各国的命运，成为欧洲工业国的附庸。1828 年，美国又提出一个税率更高的关税法案，将羊毛进口税提高到 50％，毛织品进口税提高到 45％。高额关税在一定程度上限制了来自英国的竞争，对美国南部种植园主不利，使他们的利益受到损失。因为南部以发展种植业为主，加工业落后，实行关税保护使南部需要的工业制品价格提高，也使南部的农产品出口受到影响。所以，南方各州始终反对高关税，南部则把 1828 年的高关税称为"可憎的关税法案"。特别是南卡罗来纳州，为了反对高关税，他们提出一种观点，按照美国宪法，当中央政府的决定不符合州的意愿时，州有权作出自己脱离中央政府的决定。1832 年 7 月，在南方各州的强大压力下，国会通过了新关税法案，比 1828 年的关税有所下调，但仍不能满足南卡罗来纳州的要求。同年 11 月，南卡罗来纳州召开州代表大会，宣布国会通过的关税法无效。如联邦政府采取强制措施，则南卡罗来纳州将脱离联邦。

在以后的 20 年里，美国执行了一种连续性保护政策。这种保护政策因为南方和北方经济利益的不同时常引起争论，保护的强度也因北方利益集团实力的强弱变化而变化，时而温和时而强烈。19 世纪 20 年代日益强烈，30 年代又趋于缓和，并通过了关税减让方案。四五十年代是政策多变的年代，1846—1856 年还一度出现了自由贸易的趋势。但是，1857 年经济不景气，又有人提出了保护关税的主张。1861 年，在欧洲逐步实现自由贸易的时候，美国却走向了反面，原因是内战的爆发需要更多的财政收入。1862 年，美国共和党议员莫里尔创造了在国会参众两院供职达 43 年的记录，他在立法方面最重要的贡献是《1862 年莫里尔法》，该法恢复了 1846 年温和的关税保护水平，1862 年将应税商品的平均税率提高到 37％，1864 年又上升到 47％。内战结束后，虽然出现了关税改革的呼声，但是代表北方工业利益集团的民主党坚决执行关税保护的政策，战时的关税体制奠定了美国贸易保护体制的基础。1890 年的《麦金莱法案》把平均关税水平提高到 50％，1897 年的《丁雷税则》把平均税率提高到 57％。直到第一次世界大战前，美国的贸易保护政策都没有发生本质性的变化。

关于贸易保护政策对美国经济发展的贡献，经济学家们一直存在争论。有人认为，贸易保护政策并没有对美国经济发展产生太多促进作用，因为 19 世纪后半期，新行业，如电气设备、汽车、石油采炼等，其发展和贸易保护没有相关性，美国国内市场广阔，国内贸易是拉动经济增长的主要动力，因为 19 世纪末 20 世纪初对外贸易仅占到国民生产总值的 10％左右。但是这种看法是片面的。贸易保护政策使美国建立了自己的工业基础，也为新兴产业的出现、发展提供了物质条件，把美国从一个农业国变成了工业国。以美国的条件来看，土地广阔、资源丰富，是适合发展农业的国家。内战以前，美国还是个农业国，每 1 美元投入工业，就有 7 美元投入农场、牲畜、农业工具和设备，农产品占全部商品生产的一半以上。就工业结构而言，内战前，手工作坊、工场和小企业仍占压倒优势。但内战结束后的不到半个世纪里，这一切就完全变了。1879 年到 1884 年间，美国工业产值超过农业产值。从 1870 年到 1900 年，美国国民生产总值增长 3 倍多。1900 年时，美国工业总产值约占世界工业总产值的 30％，一跃成为世界第一大工业国。由此可见，贸易保护政策对美国的强大起到非常重要的作用，如果没有贸易保护政策，可能美国永无出头之日，最终走向以农业发展为主导的经济模式，不可能发展为如此强大的现状。

16.1.4 欧洲贸易保护主义的复归

自由贸易运行到大约 1880 年左右，其地位受到动摇，一系列的经济、政治事件导致了欧洲各国开始保护主义的复归。

第一，德国和意大利等民族国家的兴起，以及与此相关的民族主义和保护主义的出现。新兴国家随着工业化的逐步成功，使它们具备了在国际垂直分工中跨梯级发展的能力，为此与其他国家的摩擦逐渐增多。国与国之间为了不同的利益，相互之间提高关税，如：1887—1898 年，法国和意大利之间的关税战，对双方都造成了伤害，十多年内，这两个邻国之间的贸易额下降到正常水平的一半以下；德国和俄罗斯在 1892—1894 年期间，陷入了一场短暂的关税战。

第二，19 世纪 70 年代，美国和俄国廉价谷物涌入欧洲和 1873—1879 年的萧条，使受损农场主和幼稚工业联合起来要求保护。贸易保护主义首先在德国赢得地盘，1879 年，德国对制造业和农业采取了温和关税保护。意大利到 1887 年，已将对制造业和农业的关税提高到相当的水平。瑞士于 1906 年的新立法也规定了对食品征收高关税，并大幅度提高了制成品的关税。法国 1892 年的米兰关税将农产品关税提高了 25％，对某些制成品也提高了关税。

第三，后进国家的保护政策。第一次世界大战期间，日本、印度、澳大利亚和某些拉美国家利用欧洲忙于战争的 4 年时间，发展了许多制造业。第一次世界大战后，虽然恢复了和平时期的贸易状况，但在自利动机和国家兴亡的刺激下，政府利用关税保护工业部门的发展。另外，一些初级产品生产国，为了减少对外国制成品的依赖和保护在战争期间发展起来的制造业，逐步将保护政策从特定工业扩展到国际收支。

第四，第一次世界大战后，最大的债权国——美国，实施《福特纳—麦库伯关税法案》，把关税提高到当时的最高水平。法国、德国、意大利、西班牙、比利时和荷兰为了应对第一次世界大战后混乱的通货状况，在 20 世纪 20 年代首次引入关税税则和上调现有关税税率，并且在国际贸易中经常谨慎地使用高关税和贸易数量限制。

第五，自由贸易政策的捍卫者——英国，在第一次世界大战期间也实行了关税保护政策。政府为改善收支差额和增加国库收入，于 1915 年对汽车、摩托车、轮胎、钟表、影片和乐器征收 33.3％的进口税。第一次世界大战后，英国在保护关税方面又有所发展，1921 年的《保护工业法》规定，在 5 年内对关键性产品，如光学玻璃、光学仪器、科学用具、高级化工产品、真空管以及类似的产品的进口征收 33.3％的从价税。

16.1.5　大危机对自由贸易体系的冲击

1929 年的大危机使各国实际收入和物价水平暴跌，减少了对进口商品的需求；同时，出口国出口锐减，降低了出口国家的外汇收入，而每一个国家都难以做到相应地缩减其国际开支并保护黄金和外汇储备。在这种情况下，各国都争取多出口少进口甚至不进口，以求国际收支平衡，为此，纷纷采取提高关税和贸易管制等手段。这些手段动摇了自由贸易体系的基础。

1930 年 6 月 17 日，美国国会通过了《霍利—斯穆特关税法案》。该法案提高了 890 种商品的进口税率，将进口税平均提高到征税商品价值的 60％。结果，1931 年美国纳税进口商品的平均税率，比 1914 年高出 41.5％。这是 100 多年来美国关税史上的顶点。这个新关税法案引发了一场世界性的关税大战。法案一经实施即有 33 个国家提出抗议，7 个国家采取报复措施，到 1931 年底，参加抵制的国家达到 25 个。法国和意大利提高了汽车的关税，印度提高了布匹的关税。古巴、墨西哥、澳大利亚和新西兰的立法机构相应通过新的关税方案。到 1931 年底，欧洲各国进口税比 1929 年提高了 60％～100％。

这时期，经济决策的重要特点是单方面性，各国脱离金本位、提高关税和限制进口份额等政策的制定，都是在没有经过国际协商、没有考虑有关方面的影响下做出的，这直接破坏了针对保护主义的扩散而进行的国际协调。例如，1930 年召开的旨在解决关税混战协定的会议，由于《霍利—斯穆特法案》而失败，与会的 27 个国家中，只有 7 个国家（英国、比利时、瑞士和 4 个斯堪的纳维亚国家）在不提高关税的协定上签字。

16.1.6　英国放弃世界自由经济体系维护人的地位

19世纪中期，英国工业革命的完成使它取得"世界工厂"的地位，并实现了自由贸易。英国处于垂直分工体系的最高梯级。但是，随着美国和德国异军突起，英国世界工厂的地位很快就丧失了，英国自由贸易的收益逐渐减少。1929年经济危机爆发后，英国国际收支状况迅速恶化。1929年，英国结算差额（黄金移动除外）的顺差超过1亿英镑，1930年降为2800万英镑，1931年更出现了1.04亿英镑的结算差额逆差。再加上奥地利、德国金融危机的影响，英国失去了用于补偿巨额贸易逆差的来源。英国自由贸易的收益迅速减少。

与此相反，维持自由贸易体制的费用在各国的关税战中急剧升高，自由贸易对英国失去了吸引力。1932年2月29日，英国政府通过《保护关税法》，规定：除英帝国商品及海关免税货物单上的少数商品和原料外，一般征收10%的进口普通从价税；但工业制品提高到20%以上，其中大多数钢征收33.3%的关税，奢侈品的关税提高到20%～30%。英国彻底放弃自由贸易主义原则。英国对自由贸易主义原则的抛弃，等于抽掉了最后一根维系国际自由贸易秩序的纽带，它标志着世界经济全面混乱的局面已经到来，国际市场恶战无限制升级而不可遏止的时期已经开始。

16.2　国际商战

1929年，席卷世界的经济危机爆发，各个国家都表现出供过于求的情况。各国为了自己的生存和民族利益，竞相采用各种经济手段争夺有限的世界市场，爆发了关税战、倾销战、货币战等，最终导致多边支付体系的崩溃和集团对抗，国际协调失败。愈演愈烈的商战成为世界大战的序曲。

16.2.1　关税战和倾销

英国在放弃自由贸易的同时，规定凡英联邦自治领地和殖民地的商品仍可享受自由进口或低关税优惠，这就是所谓的帝国特惠制。事实上，这种做法树立了英国和英联邦以外的广大范围的关税壁垒，将其他国家排斥在外，等于向其他国家宣布了以关税为武器的商战，引发了一场关税大战。欧洲的关税壁垒逐年加高：1937—1938年，农业国对工业国的关税，匈牙利由31.8%增至42.6%，保加利亚由75%增至90%，西班牙由62.7%增至75.5%，罗马尼亚由48.5%增至55%；工业国对农业国的关税，德国由27%增至82.5%，法国由19.1%增至53%，意大利由24%增至66%，捷克斯洛伐克从36.3%增至84%。

除了用关税保护本国市场以外，各国还采用进口配额制和其他贸易数量控制形式限制其他国家的商品进入本国市场的数量。法国是第一个大规模使用进口配额作为反危机手段的国家，其他国家很快群起效仿。到1939年，有28个国家（其中19个是欧洲国家）对大多数商品使用配额或许可证制度。进行数量控制对实行金本位的国家非常重要，因为它们坚持金本位，外汇管制起不到作用，而其他没有实行金本位的国家和地区货币贬值会导致价格下降，占领本国市场，导致金本位国家出现贸易逆差。这些国家只有实施严格的进口管制以平衡贸易。在放弃金本位的国家，数量管制往往与外汇管制结合使用。因为，在大危机年代，外国严重的和不可预期的通货贬值压力所导致的商品倾销，仅用关税已不足以保护本国产业，只有进口配额才能保证严格限制进口并减少对国内生产的损害。数量限制比关税对国际贸易的损害更大，它使价格机制失灵，不能充分反映国内和国际的供求状况，导致国际贸易受阻，国家福利降低。

16.2.2　多边支付体系的崩溃

1870年以后，在自由贸易的基础上发展起来的多边支付体系，可以通过各个国家之间的债务互相冲抵，而减少在国际贸易中黄金在不同国家之间的流动。在经济危机爆发的情况下，各国为了保证国际收支平衡，金本位国家采取了贸易管制，限制外国商品进入本国市场的数量；而没有实行金本位制的国家大多采用了外汇管制手段，贸易伙伴国为了保持账户平衡，或者尽量减少以黄金和稀缺外汇作结算，或者实行关税歧视、进口配额和其他贸易数量控制形式的贸易管制，或者制定支付协定。这些做法使国际贸易受到限制，造成多边支付的比例大大降低。而且，英国的经济地位下降使多边支付体系缺少维系者。

20世纪30年代，贸易伙伴国为了尽量减少稀缺的外汇和黄金在贸易顺差或逆差时的流动，采取了3种主要的支付手段：

①私人抵偿协定。抵偿协定是古老的物物交换的现代形式，它是没有货币参与的等价商品的直接交换。1932年和1933年，德国相当一部分对外贸易是根据这些抵偿协定进行的，如价值约9亿马克的德国煤炭与巴西咖啡的交换。抵偿协定仍带有物物交换的落后性。

②清算协定。这也就是以记帐的方式，清算两国贸易的价值。两个国家之间的贸易通过进出口的差额互相冲抵，剩余的部分作为存款，存在对方中央银行帐户。这样使国际贸易减少了货币的流动。

③支付协定。这是20世纪30年代债权国和债务国维持债务本息偿付的一种权宜手段。英国在20世纪30年代的大危机中，由于延期偿付的实施，大量债权被冻结。1934年11月签署的《英德协定》被看做是支付协定的样板。《英德协定》指定专门用途的资金用于清算两国的交往，把每月德国从英国的进口限制在其对英国出口的55%以内，其余45%的指定资金用于偿付道威斯贷款和扬格贷款中英国份额的本息以及支付其他费用。

双边支付协定使贸易双方能在外币短缺的困难条件下进行专业化的商品贸易，而且使债务冻结的解冻成为可能，双边贸易协定还能为一国垄断和控制其他遭到贸易歧视的小国提供机会。但是，与多边条件下进行的贸易相比，贸易参加国所获福利减少，最终引起20世纪30年代的贸易萎缩和世界实际收入的减少。同时，双边协定本身就意味着贸易保护和国别歧视，在这个过程中不可避免地会发生贸易扭曲。

16.2.3 货币战

货币战是在各国相继放弃金本位的形势下展开的，也就是各国政府为了扩大对外出口数量、减少进口数量而采用的使本国货币贬值或降低汇率政策，以相对抬高别国商品的价格，从而使其他国家的产品在本国市场缺少竞争力。货币手段的使用，使世界商战空前激烈。

英国脱离金本位，英镑贬值 30%。英镑贬值后，许多国家货币相继贬值，甚至比英镑贬值得更加厉害。瑞典货币以比英镑更大幅度的贬值被看做是瑞典经济复苏的首要因素，它的汇价从 18 克朗兑换 1 英镑，降为 19.5 克朗兑换 1 英镑。这使它成为除日本之外世界各国中出口增长超过工业生产增长的国家，瑞典每月平均出口价值从 1932 年的 7000 万克朗增为 1935 年的 1.08 亿克朗。丹麦、芬兰也用同样的手段，在最困难的年份取得了出口的增长。日元在英镑跌价后，立即贬值。在军费开支大规模增加的支持下，日本银行发行的纸币从 1.2 亿日元增加到 10 亿日元。随着外汇贬值，日本的对外倾销取得了新的进展。例如，日本在荷属东印度的进口额中所占的比例，由 1930 年的 12% 提高到 1933 年的 31%，迫使该地区采取贸易保护措施。英镑贬值后英国经济复苏。注重国内经济的罗斯福也使美元贬值。罗斯福认为，对于一个国家来说，健康的国内经济形势是比其货币价格更为重要的一个因素。1934 年，美国增发 30 亿美元钞票，使美元贬值。英镑同美元的比价提高到 1 英镑兑换 5 美元，股票和商品的价格也随着美元的贬值而上升。后来，为了控制美元的黄金价格，美国继续在公开市场上购买新开采出来的黄金。美国的贬值措施加剧了国际金融市场的动荡，金集团国家的黄金储备受到威胁。美国宣布，只要物价水平没恢复，美元的价值就不会固定下来。

在英镑贬值后，德国马克没有贬值，其原因是多方面的。①德国受到扬格计划的约束，它的汇率要与黄金保持固定比例；②法国的威胁，如果马克贬值，它将收回对德国的贷款；③德国已经决定不使马克和英镑联系在一起，它的对外贸易交付手段已经有了创新；④背负巨额战争债务的德国，借马克升值、经济遭受严重损害的时机，要求结束赔款。对于当时的布吕宁总理来说，只有通过实施紧缩政策，才能指望保持信誉，最终实现免除赔款。

实行金本位的国家都是在第一次世界大战后深受通货膨胀之苦的国家，放弃金本位导致金本位制度的崩溃。崩溃后，1936 年贬值的通货增至 40 种左右，其中多数通货的黄金平价比 1929 年低了 40%~60%。实行外汇管制的国家 1930 年仅有土耳其，1931 年增为 19 国，1932 年为 23 国，1936 年多达 30 个国家和地区。

16.2.4 **集团对抗**

各国的关税战、倾销战、货币战在外汇管制和双边协定的刺激下，很快演化成为集团对抗的方式。英联邦集团、美元集团、金集团、德国集团、日元集团等逐步形成，世界经济失去了使它们结合为一体的内聚力。

1932 年，根据《渥太华协定》，英联邦国家一致同意扩大相互间的进口优惠。英联邦内部削减关税，提高对英联邦以外国家的关税，这就是帝国特惠制。一方面，它增加了英联邦内部的贸易，1938 年，英国出口货物的 62％都是卖给英联邦和英镑集团国家的，而 1929 年则为 42％；另一方面，提高了英国在英联邦国家贸易中所占的份额。英国放弃金本位制后，与英国有贸易联系的国家，如英联邦的大多数国家、瑞典、丹麦、挪威、葡萄牙和拉丁美洲几个国家，使自己的货币与英镑保持一定的比例关系，各国以英镑作为主要的外汇储备，在国际结算中也以英镑作为清算手段，从而形成以英国为首的货币集团，即英镑集团。英联邦集团虽然是一个松散的非正式组织，但在当时是势力最大的，具有一定的排他性。

1934 年，美国联合一些中美洲国家、菲律宾和利比里亚，组成美元集团。日本组建的日元集团包括其殖民地和它占领的中国地区。日本与日元集团之间的贸易发生了引人注目的变化，日本对集团内的出口从占日本出口总额的 24％上升到 55％，进口从 20％上升到 41％。金集团紧随英镑贬值而形成。法国凭借其雄厚的黄金储备、巨大的贸易和预算盈余，成为金集团的首领。比利时、瑞士、荷兰、意大利等欧洲国家参加了金集团。它们企图继续维持金本位制，面对其他集团的货币贬值，它们希望通过通货紧缩来维持贸易平衡和保存黄金储备。德国利用抵偿贸易协定和清算贸易协定，在东南欧市场上占据了垄断地位。东南欧国家是欧洲重要的农产品和原料供应国，它们的产品被英国和法国拒之门外，德国趁机利用抵偿贸易协定和清算协定与它们互通有无。20 世纪 30 年代，在东南欧国家的进出口中，德国所占的比例无一例外地成倍或几倍地增长。德国还用同样的办法与拉丁美洲若干国家进行贸易交往。1929—1938 年，在拉美 20 个国家的进出口贸易中，英、美两国的比重在下降，德国的比重显著上升，分别由 10.6％和 8.1％上升到 17.8％和 10.3％。德国同拉丁美洲的贸易额几乎回升到 20 世纪 20 年代的水平。

由于区域性货币集团的发展，贷款方向比以前受到了更多的限制，资本运动更集中于某些优惠的地区。例如，只有英联邦成员国和某些英镑区国家才能在伦敦发行债券，美国向加拿大提供贷款，瑞典向斯堪的纳维亚国家贷款，以及比利时、荷兰和瑞士向法国贷款。区域性货币集团妨碍了资本在国际上的流动，这对 20 世纪 30 年代迫切需要资本应付危机的世界经济来讲是致命的。20 世纪 30 年代，世界经济中利益集团的林立，是在国际经济原有秩序崩溃后，各方寻求经济合作的尝试。但是，由于霸权主义和国家之间的矛盾，每个集团都谋求自身的利益，反而加剧了经济危机。

16.2.5 国际协调的失败

面对国际贸易混乱的局面，各个国家以本国利益为中心，相互防备，国际商贸秩序大乱。国际社会也曾进行过协调。1933 年召开的世界经济会议，目的是稳定货币、处理关税休战、兴建国际公共工程和战争债务等问题。

其一，关于稳定货币，各个国家都希望英镑价值能够尽快稳定下来。英国表示只要价格不提高，至少战争债务未清理，就不可能把英镑稳定下来。随着美元脱离金本位，稳定货币的焦点集中在美元的稳定上。但是，罗斯福很快就表明了立场。他认为，只图暂时地、多半是人为地稳定少数大国的汇率，纯同似是而非的谬论，这种谬论是不会使世界长时期得到平静和安宁的。也就是说，美国在贬低汇率、提高物价之前，无意缔结国际协定。稳定货币的计划破产了，大英帝国属下的各国举行正式会议，组成了英镑区，金集团也因此组织起来。

其二，在处理关税混战问题上，每个国家都要求破例对待。至于兴建国际公共工程，存在着两个问题：一是资金来源，大会建议成立一个国际基金。美国鉴于过去的贷款总存在借方拖欠的风险，不参加这个基金。二是兴办公共工程是否真的有效。法国财政部长博内宣称，法国实行了好几年公共工程计划，但物价并没有显著提高，反而造成了让人担心的财政赤字。最终，搁浅了这项建议。

其三，战争债务问题是最引起纷争的议项。法国在第一次世界大战中损失最严重，它对德国赔款问题毫不让步。美国则要求英国和法国尽快偿还它们在战争期间的债务，英、法的赔款来源直接关系到德国的还债能力，而德国的还款能力，完全依靠其出口大于进口获取的外汇或黄金，而同盟国对德国的制裁，使其不可能通过每年的顺差来支付赔款。赔款成为了一个复杂的问题，大会已经没有能力解决，最终不得不采取了回避的方式。1933 年的世界经济会议就这样流产了。

到 1936 年，金集团国家纷纷放弃金本位，人们再次提出了采取某些国际金融合作的必要性。法郎贬值以前，1936 年 9 月，法国同英国、美国达成了三国货币协定，以免对方报复。后来，比利时、荷兰和瑞士加入该协定。这项协定主要是技术上的合作：协定国内部自由兑换黄金，当国际游资从一国转移至另一国时，各国中央银行进行合作维持汇率。它实际上是管制汇率制度下的国际合作。以后，有管理的汇率原则代替了金本位制度下的自由汇率原则。

三国货币协定给予黄金不再值钱的信号，于是黄金持有者纷纷抛售黄金，购买有价证券。但是，欧洲政局越来越不稳定、战争威胁日益增长，使大部分的资本流向了美国寻求避难所。美国的黄金储备按 1934 年 1 月重新估价后的数目，共为 68 亿美元，到 1936 年 10 月达到 110 亿美元。1937 年 4 月，黄金恐慌达到高潮，欧洲货币竞相转变为美元，当月黄金流入量达到 2.16 亿美元。随着黄金大量流向美国，三国货币协定中有管理的汇率原则也被冲垮，商战逐步升级，几次的国际协调都以失败告终。国际关系既复杂混乱，又波动频繁，到最后所有手段都用尽，仍不能解决矛盾，不得不付诸战争。

16.3 世界大战的出现

1914 年到 1918 年，爆发了第一次世界大战；1939 年至 1945 年，第二次世界大战爆发。在短短的 30 年里，连续发生了两次世界大战，这在人类历史上是空前的。世界大战的发生表面上看是由于政治的原因，但是探究其根源，与各国经济利益也密不可分。我们来分析一下世界大战发生的原因及其经济后果。

16.3.1 第一次世界大战

第一次世界大战的直接原因是对殖民地的争夺。

在最早兴起的资本主义国家中，英国和法国由于较早进行殖民扩张，占有较多的殖民地，而美国和德国属于"迟到者"。随着工业革命的进展，到 19 世纪后半期，美国和德国实力逐渐强大，经济发展极快，实力已超过英国和法国。而当时的殖民地具有特别重要的意义，它不仅是帝国主义国家重要的原料产地、商品销售市场和投资场所，而且是国内经济和政治矛盾的缓冲地。可以说，殖民地是这些国家的生命线。对殖民地的争夺，使这些国家瓜分世界的斗争越来越激烈，最后导致世界大战。

战争的导火索是萨拉热窝事件。1914 年 6 月 28 日上午 9 时正，塞尔维亚青年普林西普（当时仅 19 岁）在萨拉热窝刺杀主张吞并塞尔维亚的奥匈帝国皇储斐迪南大公夫妇。普林西普的行动是热爱民族的一种伟大表现，但是刺杀斐迪南的这一事件被奥匈帝国当作了对塞尔维亚发动战争的口实。奥匈帝国向塞尔维亚政府提出一系列极其苛刻的要求。尽管塞尔维亚政府接受了绝大部分要求，但奥匈帝国仍于 1914 年 7 月 28 日向塞尔维亚宣战。7 月 30 日，俄国动员，出兵援助塞尔维亚。8 月 1 日，德国向俄国宣战；8 月 3 日，德国向法国宣战。8 月 4 日，德国入侵保持中立的比利时，比利时对德国宣战；同日，英国考虑到比利时对自己国土安全的重要性，和早前为了确保比利时的中立，而在 1839 年签署的伦敦条约，于是向德国宣战。8 月 6 日，奥匈帝国向俄国宣战，塞尔维亚对德国宣战，意大利宣布中立。8 月 12 日，英国向奥匈帝国宣战，第一次世界大战爆发。

第一次世界大战从 1914 年 8 月 4 日全面爆发到 1918 年 11 月 11 日结束，前后持续了 4 年零 3 个多月，参战的有 30 个国家，约 15 亿人，占当时世界人口总数的 67%。战争中，双方动员了约 7351 万人走上前线，其中协约国方面达 4835 万，同盟国方面为 2516 万。主要交战国中被动员入伍者在有劳动能力的男性公民中所占比例高达 50%。在整个战争中，在长达几千公里的战线上，大规模会战不下几十次，每次会战几乎都是一场大屠杀。交战各国不仅动用了全部新型武器，而且动员了所有的政治、经济和宣传舆论力量。

在大战期间，协约国和同盟国各方都曾分别签订过一系列重新瓜分欧洲各国和切割殖民地与半殖民地领土的秘密条约或阴谋计划，充分暴露了第一次世界大战的掠夺性质。战争所带来最直接、最明显的后果是人力、物力的巨大损失和破坏，直接死于战争的军人即超过 900 万人，另有 2000 多万人受伤、350 万人成为终生残疾。战争导致经济的破坏，饿死、疫死者大约 1000 万人；直接经济损失约 1805 亿美元，间接经济损失约 1516 亿美元；大量的房屋、铁路、桥梁、工厂、农田遭到破坏。协约国和中立国的商船损失以吨位计高达 1285 万吨，其中被潜艇击沉的达 1115 万吨。生产遭到沉重打击，纯粹从经济角度估计，欧洲的工业发展倒退了 8 年。第一次世界大战使欧洲在国际上的统治地位发生动摇。几个世纪以来以欧洲为中心的世界格局受到了挑战。战后，出现了人类历史上第一个世界性国际政治组织——国际联盟。

16.3.2　第一次世界大战的经济后果

第一次世界大战是人类有史以来最大规模的一场战争，给世界人民带来深重的灾难。从经济角度来看，其后果主要表现在以下方面。

16.3.2.1　国际贸易中断

战争双方为了打击对方的经济实力，实施封锁，特别是英国凭借海上的优势对德国

港口进行了封锁，而且试图阻止中立国，如美国与德国的接触。德国利用当时新奇的武器——潜水艇来进行报复，阻止海外向英国的物资输入，结果不管船只是英国的还是中立国的，不管是商船还是客船，都受到德国潜水艇的袭击。第一次世界大战使国际贸易额下降了40%。

16.3.2.2 对外投资收入严重损失

第一次世界大战前，英国、法国、德国是最重要的对外投资者。战争期间，英国和法国被迫出卖它们对外投资的一部分，来购买急需的战争原料，其他的投资则因为通货膨胀而贬值。另外，新的苏维埃政府拒绝承认在原俄国的大量投资。总之，英国的对外投资损失了15%，法国损失了50%。德国在各交战国的投资，在战争期间被没收，第一次世界大战后被充作赔款。

16.3.2.3 国际金融秩序被打乱

战争期间财政开支巨大，使参战国普遍利用大规模借款和印发纸币来资助战争，从而出现了严重的通货膨胀。战争临近结束的时候，英国的平均物价水平比1914年高3倍，法国高5.5倍，美国高2.4倍，德国则高15倍多，保加利亚则达到20倍。各国物价的极大悬殊和货币价值差，使战前用以稳定物价的金本位制陷于崩溃，金本位的两个基本条件，即纸币与黄金自由兑换和黄金的自由输出名存实亡。

16.3.2.4 战争使美国经济实力大幅度增长

美国由于远离战场和在战争初期恪守中立，成为交战国最大的物资和军火供应者，同时利用英国、法国和德国暂时退出世界贸易和投资市场的机会，大发战争财。美国的贸易顺差从1914年的4.3亿美元激增到1917年的35.6亿美元，对外投资总额在1914—1919年翻了一番，由35亿美元增加到70亿美元。1919年，协约国欠美国的债务约为100亿美元，其中英国有41亿美元。世界黄金储备的30%集中在美国人手中。美国和英国的地位颠倒了，美国成为了20个国家的债权国，而且是英国的债权国，英国作为国际经济和货币体系的领导者的地位受到了威胁。

16.3.2.5 第一次世界大战遗留了赔款问题

在战争中，战败国赔款是惯例。战争赔款问题是一个非常复杂的问题，因为战胜国有很多，每个国家获得多少赔款各国存在着严重的分歧，不得不指定一个赔款委员会专门负责欠款问题。然而，当时要求德国赔款和参战国偿还美国的借款是联系在一起的。因为，法国、英国和其他国家只有从德国得到赔款后，才有可能归还美国的债务，德国的还款能力完全依靠其出口大于进口而获取的外汇和黄金。但是，在国际市场越来越受到限制和协约国对德国实行经济制裁的情况下，德国已经不可能有足够的贸易顺差来支付每年的赔款。赔款在20世纪20年代和整个大危机期间都使国际经济形势复杂化、恶化。德国甚至整个欧洲经济前景十分可悲。

16.3.2.6 第一次世界大战诞生了第一个社会主义国家苏联

沙皇俄国参加第一次世界大战，战争导致国内经济陷入一片混乱，物价飞涨，生活必需品奇缺，工业、农业全面衰退。1917年，俄国布尔什维克领导人列宁结束流放生活，回到圣彼得堡，建立了新政府，成立了世界上第一个社会主义国家。1922 年，列宁对原俄国的非俄罗斯民族的地区实行联邦的政策；1922 年 12 月 30 日，苏维埃社会主义共和国联盟诞生了，它包括俄罗斯苏维埃社会主义共和国联邦、乌克兰共和国、白俄罗斯和外高加索；后来，中亚和其他地区的共和国也并入其领土。

16.3.2.7 第一次世界大战后确立了凡尔赛体系格局

这是在德意志帝国、奥匈帝国、俄罗斯帝国和奥斯曼帝国崩溃的废墟上建立起来的世界性体系，它根据战胜国列强，尤其是英、法两国的意志，强行重新划定欧洲、西亚、非洲的政治版图，把德国和苏维埃俄国这两个大国排除在世界政治舞台之外，维持了英国的殖民霸权和海上优势，确立了法国在欧洲大陆的盟主地位。凡尔赛体系影响了第一次世界大战后的世界经济格局。

16.3.3 第二次世界大战

1939 年 9 月 1 日—1945 年 8 月 15 日，发生了第二次世界大战，以德国、意大利、日本法西斯轴心国（及芬兰、匈牙利、罗马尼亚等国）为一方，以反法西斯同盟和全世界反法西斯力量为另一方进行了第二次全球规模的战争。从欧洲到北非，从大西洋到太平洋，先后有 61 个国家和地区、20 亿以上的人口被卷入战争，作战区域面积 2200 万平方千米。据不完全统计，战争中军民共伤亡 9000 余万人，4 万多亿美元付诸流水。

第二次世界大战的直接原因是对市场的争夺。第一次世界大战导致殖民地的重新瓜分，但随着经济的发展变化，殖民地的作用已不像第一次世界大战前那么重要，真正困扰各国经济发展的主要问题是市场不足。所以，第二次世界大战前曾经历一场旷日持久、异常激烈的争夺市场、争夺生存空间的商战。当时，各国基本上都有一个牢固的观念：或是出口，或是死亡。当时，各国国内的生产与消费的矛盾已无法解决，社会大多数人生活在贫困之中，购买力低下，而生产又急剧扩张，如果不出口，生产必然停滞，失业必然扩大。这会导致社会动荡，政局不稳，威胁到各国政府的统治。因此，几乎每一个国家都采取以邻为壑的政策，牺牲其他国家以改善本国的情况。资本主义国家间争夺市场的竞争绝不会带来和平，只会带来武装冲突。20 世纪 30 年代大危机使各资本主义国家的经济遭到严重的打击，美国、英国、法国的经济一直在危机和萧条中挣扎。德国和日本选择了扩军备战和对外侵略，把本国经济转向了军事化轨道，经济迅速恢复，并变本加厉地加强对外扩张。1939 年 8 月，法西斯德国悍然进攻波兰，第二次世界大战终于爆发。

总的来看，两次世界大战的原因，都是由于市场经济运行过程的矛盾和运行故障造成的。19 世纪末 20 世纪初，资本主义各国完成了工业革命并基本实现了工业化，市场经济制度主宰了全球经济生活的大部分。能维系再生产而保证社会群体物质利益的，乃是市场连续和正常的运动。如果市场运行稳定，那么表现出来的就是：商品畅销、原料充裕、就业充分、利润丰厚；若是市场运行存在障碍，则商品过剩、原料短缺、失业严重、人口过剩、资本无出路、生存空间紧张。在后一种情况下，资本主义列强之间争夺商品市场、原料产地、资本输出场所、殖民地，乃至世界霸权的斗争将日益激化，国际商战全面爆发。当关税战、倾销战、货币战和伴随商业角逐的外交战等仍不足以达到预期目的时，个别国家很可能不惜军事冒险，因此，战争不可避免。

　　人类经历了两次世界大战，为经济发展和人权维护留下了不可磨灭的伤痕。和平成为世界人民的统一认识。只有在和平的环境下，科技才能进步、经济才能发展。二战以后，世界进入了长期和平的时期。在这种环境下，科学技术前进的步伐比以往任何时代更加迅猛，人类进入太空时代、数码时代。航天技术的发展使人类能够进入太空，而电子信息技术的发展彻底改变了人们的生活模式和经济模式，交通技术的发展使人们能够快速到达地球的每个角落，而通信技术的发展则使信息能够便捷地传递，人与人之间的距离越来越小。这一切变化，使人类经济发展的轨迹与以往有着极大的不同，经济史进入一个新的时期。二战以后人类社会经济发展历史将在不断总结与研究中提出更多新的观点。

参考文献

[1] 高德步，王珏. 世界经济史（第三版）[M]. 北京：中国人民大学出版社，2011.

[2] 高德步，王珏. 世界经济史（第二版）[M]. 北京：中国人民大学出版社，2005.

[3] 高德步，王珏. 世界经济史（第一版）[M]. 北京：中国人民大学出版社，2001.

[4] [美] 道格拉斯·C. 诺思，等著；张炳九，译. 西方世界的兴起 [M]. 北京：学苑出版社，1988.

[5] [美] 道格拉斯·C·诺思，著，厉以平，译. 经济史上的结构和变革 [M]. 北京：商务印书馆，1992.

[6] [法国] J. 杜丹，著，志扬，译. 古代世界经济生活 [M]. 北京：商务印书馆，1963.

[7] [英] 克拉潘，著；姚曾廙，译. 现代英国经济史（上卷）[M]. 北京：商务印书馆，1964.

[8] [英] 克拉潘，著；姚曾廙，译. 现代英国经济史（上卷）[M]. 北京：商务印书馆，1975.

[9] [英] 克拉潘，著；姚曾廙，译. 现代英国经济史（上卷）[M]. 北京：商务印书馆，1977.

[10] 黄洋. 古代希腊土地制度研究 [M]. 上海：复旦大学出版社，1995.

[11] 李天祜. 古代希腊史 [M]. 兰州：兰州大学出版社，1991.

[12] 解光云. 古典时期的雅典城市研究：作为城邦中心的雅典城市 [M]. 北京：中国社会科学出版社，2006.

[13] [法] G. 格洛兹. 古希腊的劳作 [M]. 上海：格致出版社，上海人民出版社，2010.

[14] [美] William L. Westmann. 古希腊罗马奴隶制 [M]. 郑州：大象出版社，2011.

[15] [美] Thomas R. Martin. 古希腊简史：从史前到希腊化时代 [M]. 上海：上海三联书店，2011.

[16] [古希腊] 色诺芬. 希腊史 [M]. 上海：上海三联书店，2013.

[17] 杨作龙. 中国古代经济史研究 [M]. 北京：民族出版社，2002.

[18] 齐涛. 中国古代经济史 [M]. 济南：山东大学出版社，1999.

[19] 胡寄窗. 从世界范围考察中国古代经济思想的光辉成 [M]. 北京：中国社会科学出版社，1981.

[20] [印] R·塔帕尔. 印度古代文明 [M]. 林太译，张荫桐校. 杭州：浙江人民出

版社，1990.

[21] 刘欣如. 印度古代社会史 [M]. 北京：中国社会科学出版社，1990.

[22] 李明水. 古代日本史 [M]. 台北：鸿儒堂出版社，1989.

[23] 付美榕. 美国经济史话 [M]. 北京：对外经济贸易大学出版社，2004.

[24] [美] 福克讷. 美国经济史（上卷）[M]. 王昆译，许乃炯校. 北京：商务印书馆，1964.

[25] [美] 福克讷. 美国经济史（下卷）[M]. 王昆译，许乃炯校. 北京：商务印书馆，1964.

[26] [美] H·N·沙伊贝，H·G·瓦特，H·U·福克讷，著；彭松建，熊必俊，周维，译；唐璞，校. 近百年美国经济史 [M]. 北京：中国社会科学出版社，1983.

[27] 契波拉著，刘增云译. 欧洲经济史（工业革命篇）[M]. 北京：人民出版社，1989.

[28] 契波拉著，刘增云译. 欧洲经济史（中古篇）[M]. 北京：人民出版社，1989.

[29] 契波拉著，刘增云译. 欧洲经济史（工业社会的兴起）[M]. 北京：人民出版社，1989.

[30] [英] 波斯坦，等主编，王春法，等译. 剑桥欧洲经济史（第1卷）[M]. 北京：经济科学出版社，2002.

[31] [意] 卡洛·M·奇波拉著，林尔蔚译. 欧洲经济史（第四卷）上 [M]. 北京：商务印书馆，1989.

[32] [意] 卡洛·M·奇波拉著，吴良健译. 欧洲经济史（第一卷）[M]. 北京：商务印书馆，1988.

[33] [意] 卡洛·M·奇波拉，著，贝昱，张菁，译. 欧洲经济史（第二卷）[M]. 北京：商务印书馆，1988.

[34] [意] 卡洛·M·奇波拉，著，吴良健，等译. 欧洲经济史（第三卷）[M]. 北京：商务印书馆，1989.

[35] 高德步. 中国经济史的结构与变迁 [J]. 政治经济学评论，2014（1）.

[36] 高德步. 论中国价值传统的转化与价值体系的重建 [J]. 中国人民大学学报，2014（3）.

[37] 高德步. 公司制度与工业革命和市场经济 [J]. 读书，2011（2）.

[38] 高德步. 历史主义与中国经济学的当代建构 [J]. 政治经济学评论，2012（1）.

[39] 高德步. 论经济学研究的历史方法 [J]. 政治经济学评论，2006（1）.

[40] 高德步. 工业化过程中的"中间部门"与"过渡性"就业——英国经济史实例考察 [J]. 东南大学学报（哲学社会科学版），2003（6）.

[41] 高德步. 英国工业革命时期的"城市病"及其初步治理 [J]. 学术研究，2001（1）.

[42] 高德步. 英国工业革命的技术创新机制 [J]. 华中师范大学学报（人文社会科学版），2000（4）.

［43］高德步. 论经济史学的对象、任务与方法［J］. 南开经济研究，2000（6）.

［44］高德步. 经济史与经济学［J］. 经济学家，1998（5）.

［45］高德步. 美国反托拉斯法及其实施原则的变迁［J］. 学习与探索，1998（6）.

［46］高德步. 制度变迁理论：马克思与诺斯［J］. 经济学家，1996（5）.

［47］高德步. 十八世纪初英国泡沫经济的产生与破灭及其历史教训［J］. 中国人民大学学报，1994（2）.

［48］高德步. 从冷战到商战：当今国际经济发展的一个趋势［J］. 教学与研究，1995（4）.

［49］高德步. 十八世纪初英法两国的泡沫危机［J］. 学术研究，1995（6）.

［50］高德步. 英国工业化过程中的农业劳动力转移［J］. 中国人民大学学报，1995（3）.

［51］高德步. 世纪之交：从冷战到全球商战［J］. 经济世界，1995（7）.

［52］高德步. 美日工业化时期的对外贸易战略及其对我们的启示［J］. 晋阳学刊，1992（2）.

后　记

在四川大学教务处的资助下和四川大学出版社的支持下，这本《中外经济史》教材终于出版了，解决了长期以来我校经济学本科生学习经济史无适当教材的状况。

对于跨入经济学殿堂的本科生来讲，经济史是一门重要的基础课程，了解人类社会经济发展的历史进程，是一名合格经济学学生的基本素养。人类社会的经济活动发展轨迹遵循由简单到复杂的模式，从刀耕火种的原始农业发展到机器化大生产的现代工业，从男耕女织的自然经济发展到有着细致社会分工与合作的市场经济，从以物易物的简单交换方式发展到现代复杂的金融体系，了解这一发展过程，对于理解和掌握经济学的有关理论是有帮助的。经济史提供了大量的经验与史实，学习经济史可以发现隐藏在现象背后的经济运行规律，也可以验证已经学到的经济学理论。

四川大学经济学院对于经济史教学非常重视，但是一直没有适合的教材。过去我们使用的是高德步、王珏两位老师合著的《世界经济史》（中国人民大学出版社版）作为教材。虽然这本教材内容丰富，写作严谨，资料翔实，结构合理，但是与我校的教学进程和教学计划并不吻合，在使用中存在一些不便之处。为方便教学，我们在《世界经济史》这本教材的基础上，结合教学实践对有关内容进行调整，加入一些教学中需要学生了解的新内容，撰写完成了这本四川大学经济史教学规划教材。本教材中的大量内容直接引自《世界经济史》，但因篇幅限制，并没有对引用之处进行标注。在此向高德步、王珏两位老师表示衷心感谢，正是在他们成果的基础上，才有了这本《中外经济史》教材。根据四川大学教学计划，"中外经济史"课程有 16 次上课时间，故而本教材内容分编为 16 章，每次课学习一章。

在本教材编写过程中，四川大学经济学院吴先强博士生付出了很多劳动，从文字整理到素材搜集都花费了很多心血。张海洋硕士生对本书初稿进行了文字整理。四川大学出版社的编辑为本书的出版付出了很多努力。在此对他们一并表示感谢。

因时间仓促，本教材仍存在很多不尽如人意的地方，敬请各位读者指正，以便在今后的修订中完善。

编著者
2016 年 1 月于四川大学经济学院